Willkommen! 1
German
Beginner's course THIRD EDITION

Paul Coggle and Heiner Schenke

JOHN MURRAY LEARNING

First published in Great Britain 1998. Third edition published 2018 by John Murray Learning

ISBN 978 1473 67265 9
Impression number 10 9 8 7 6 5 4 3 2 1

The publisher has used its best endeavours to ensure that any website addresses referred to in this book are correct and active at the time of going to press. However, the publisher and the author have no responsibility for the websites and can make no guarantee that a site will remain live or that the content will remain relevant, decent or appropriate.
The publisher has made every effort to mark as such all words which it believes to be trademarks. The publisher should also like to make it clear that the presence of a word in the book, whether marked or unmarked, in no way affects its legal status as a trademark.
Every reasonable effort has been made by the publisher to trace the copyright holders of material in this book. Any errors or omissions should be notified in writing to the publisher, who will endeavour to rectify the situation for any reprints and future editions.

Cover image © Shutterstock.com
New illustrations for this edition: © Oxford Designers & Illustrators, © Barking Dog Art.
Typeset by Integra Software Services Pvt. Ltd., Pondicherry, India
Printed and bound in Dubai by Oriental Press.

John Murray Learning policy is to use papers that are natural, renewable and recyclable products and made from wood grown in sustainable forests. The logging and manufacturing processes are expected to conform to the environmental regulations of the country of origin.

Carmelite House
50 Victoria Embankment
London EC4Y 0DZ
www.hodder.co.uk
jmlearning@hodder.co.uk

Acknowledgements

The authors would like to thank the Hodder team for their help, guidance and support for the course, especially Sarah Cole, Shirley Baldwin, Emma Green, Karyn Bailey, Michelle Armstrong and Cecilia Bembribe and Federico Louhau. Thanks are also due to Sahin Mackrodt in Berlin.

They are grateful to Ingrid and Dieter Schenke, Leo and Oliver and Ann Coggle. They would also like to thank all those whose feedback enabled them to produce the latest, improved course, in particular Regina Milne and Anna Miell and other colleagues from the University of Westminster.

Sources:

Allgemeine Elektrizitäts-Gesellschaft (AEG), AOK-Mediendienst, Bayerische Motoren Werke (BMW), be Berlin, Bild der Frau, Bundesliga, Deutsche Bahn AG (DB), Deutsches Reisebüro (DER), Deutsche Zentral-Genossenschaftsbank, Deutsche Telekom, EUxUS www.euxus.de, Friedrich-Schiller-Universität Jena, hamburg.de GmbH & Co. KG, Hansestadt Lübeck, Hotel und Gaststättenverband – Ortsverband Travemünde und Kurverwaltung Travemünde, Joop!, NDR Media GmbH, Neckermann, Neue Hannoversche Presse, Schlosshotel Breitenfeld (Leipzig), Steigenberger Grandhotels, Süddeutsche Zeitung, Tip Berlin, Toto-Lotto Niedersachsen GmbH, Vereinigte Elektrizitäts- und Bergwerks-Aktiengesellschaft (VEBA), Verkehrsamt der Stadt Leipzig, Volkswagen AG (VW)

Photo acknowledgements

Shutterstock.com: p19 (2nd from top) © Oleg Golovnev, p34 (centre left) © Mor65_Mauro Picardi/Shuttterstock.co, p38 (centre right) © Iakov Filimonov, (bottom left) © JPWallet, p45 (bottom left) © Minerva Studio, p53 © Lisa S., p58 (top) © goodluz, (2nd from top) © Martin Ebel, (2nd from bottom) © Speedkingz, (bottom) © Lopolo, p84 (top) © LuckyImages, (bottom) © Foottoo, p86 (left) Monkey Business Images, p92 © Robert Kneschke, p95 (top) © Juergen Wachenhut/Shutterstock.com, p105 © VGstockstudio, p124 (right) © ESB Professional, p125 (top right) © William Perugini/Shutterstock.com, p129 (left) © Juergen Wachenhut/Shutterstock.com, p136 (top left) © stockfour, (bottom right) © Maridav, p145 © Roman Voloshyn, p179 © FashionStock.com/Shutterstock.com, p201 © pkchai, p206 © Alexander Raths, p216 © Ulf Wittrock/Shutterstock.com, p219 © Daniel M Ernst.

© Zoë Hockings p9 (centre); © Flouhau pp226, 249, 250, 251, 252, 253, 255, 257, 259, 260, 261, 262, 263, 265.

Thanks are also due to Dirk Ihle for his photographs of the Weltzeituhr and underground train (p6 & p125), Jochen and Edeltraut Schenke for their photographs, Norma Copa-Schenke for the many photos she took for this book, and all those taking part in the photo and video sessions. Other photos taken by the authors.

The authors

Heiner Schenke is Principal Lecturer in German and Director of the institution-wide language programme at the University of Westminster. He has taught German at all levels and is the co-author of several German language and grammar books, including *Teach Yourself German* and *Improve your German*.

Paul Coggle was Senior Lecturer in German at the University of Kent, where he taught German at all levels. He has co-authored a number of German courses, including *Teach Yourself German* and *Improve your German*. He was Course Consultant for the BBC course *Deutsch Plus 2* and assisted the Language Centre, University of Cambridge in the development of multi-media German language materials.

Introduction

Welcome to Willkommen! 1

Willkommen! 1 is an exciting course for adults who are
starting German or who have some knowledge already
and would like to take it further. Specifically designed for
classroom use, **Willkommen! 1** will also be invaluable as
a revision course for those wishing to brush up their language skills, for one-to-one
instruction or self-study.

The approach aims to involve learners as much as possible in the learning process. The
course is built around interesting and authentic materials relevant to everyday communication
needs. It covers a wide range of themes and situations including ordering in a café, talking
about past events and writing your own CV.

All four language skills – listening, speaking, reading and writing – are developed, with the
emphasis on *using* German. Insights are also provided into how the language works, so you
can create sentences of your own.

The coursebook contains 12 units **(Lektionen)**, a list of irregular verbs, followed by video
activities and a glossary of grammatical terms. For maximum benefit when using the course,
it is essential to have access to the recordings, and the videos will also be invaluable (see
opposite). The elements of each unit can be categorised as follows:

Preview	At the beginning of each unit an outline of the contents is provided, both in terms of what you will be able to do in German by the end of the unit and also mentioning the main grammar points to be covered.
Presentation of new language	This is both through dialogues and through reading texts (**Lesen und Lernen**). The dialogues are recorded on the audio and are also included in this book or the Support Book for you to read. Some assistance with vocabulary is also given (**Vokabeln**). The language is presented in manageable chunks, building carefully on what you have learned in earlier units.
Listening and reading	Listening passages, recorded on the audio CDs, will prepare you for listening to spoken German in real-life situations. The reading texts are carefully graded so that you can progress to tackling longer and more difficult texts as you work your way through the course.
'Recycling'	The language points and vocabulary you learn in earlier units are 'recycled' in later units, so that you have a chance to revise them and master them thoroughly.

Practice of the new language	Practice is graded, so that activities which require mainly *recognition* come first. As you grow in confidence in manipulating the language forms, you are encouraged to *produce*, both in writing and speech.
Description of language forms	Information on how the language works is presented both within the units (**Sprachinfo**) and in the Grammar sections (**Grammatik**) at the end of each unit. Here, in a simple and straightforward manner, you learn about the *forms* of the language, which enable you to construct your own sentences correctly.
Pronunciation	Sounds used in German are often subtly different from those used in English, so there is specific advice on pronunciation within the units.
Information on Germany	In a section called **Deutschland-Info** you will find information on various aspects of life in Germany – from the level of formality that is appropriate when you talk to people, to advice on presenting your CV.
Information gap activities	In these activities you work in pairs. One partner within a pair is given information which the other has to discover. The information for one partner is provided within the body of the unit, while the information for the other partner is provided in a separate section at the back of the book (see pages 235–41).
Additional exercises	These (**Mehr Übungen ...**) give you more opportunity to practise the new vocabulary and structures you have learned and also to check your progress. Half-way through the book, at the end of **Lektion 6**, there is a self-assessment test (**Test your German**) so that you can monitor your own performance.
Checklist	At the end of each course unit you will find a list of the new words and expressions (**Checkliste**). Organised in certain categories, they will help you to learn the new vocabulary.
Videos	**Willkommen! I** is supported by a programme of I2 videos, available as part of the CD & DVD Set or Course Pack. These feature authentic interviews with German speakers and expand on the themes in each of the I2 coursebook units. Linked exercises provide the opportunity for learners to go beyond the more controlled language on the CDs, to increase their vocabulary and to improve their understanding of German spoken at a faster speed. It is highly recommended that students have access to the video programme.

A separate **Support Book** containing answers to the activities and scripts of audio and video recordings can be found online at http://www.hodderplus.co.uk/willkommen. Also available:

Willkommen! I CD & DVD Set (contains I DVD, 2 CDs)
Willkommen! I Course Pack (contains a coursebook, I DVD, 2 CDs)
Willkommen! I Activity Book – provides additional grammar and vocabulary, reading, writing and speaking activities.

Study Programme

Activity instructions

These expressions are used frequently in the instructions to the activities in **Willkommen! 1**. You will soon get to know them all as you work through the book, but we have listed them all here so you can quickly refer back if you need to.

Beantworten Sie (die Fragen).	*Answer (the questions).*
Ergänzen Sie.	*Complete.*
Fragen Sie Ihre Partnerin/Ihren Partner.	*Ask your partner.*
Hören Sie (zu).	*Listen.*
Korrigieren Sie die falschen Aussagen.	*Correct the wrong statements.*
Lesen Sie (den Text).	*Read (the text).*
Ordnen Sie zu.	*Match up.*
Schreiben Sie (mehr Beispiele).	*Write (more examples).*
Setzen Sie (die fehlenden Wörter) ein.	*Fill in (the missing words).*
Üben Sie.	*Practise.*
Und jetzt Sie!	*And now it's your turn!*

Guten Tag!

- Greetings and farewells
- Saying who you are
- Saying where you come from and where you live

- Numbers 0–10
- The alphabet
- Forming questions
- Verb endings *(ich, du, Sie)*

A | Guten Tag
Hello

ÜBUNG
1

1:2

Hören Sie zu.
Listen.

Listen to how these people introduce themselves.

In the boxes, write down the order in which these people speak.

a) Guten Tag. Mein Name ist Juliana Peters. ☐
b) Guten Tag. Mein Name ist Heinz Fuhrmann. ☐
c) Hallo. Ich heiße Nicolai. ☐
d) Guten Tag. Ich heiße Anna Miell. ☐

Did you notice the different ways they give their names?

ÜBUNG
2

Und jetzt Sie!
And now it's your turn!

Ich heiße ... / Mein Name ist ...
*Now introduce yourselves
in turn to the rest of the group.*

V O K A B E L N

Mein Name ist ...	My name is ...
Ich heiße ...	I am called ... (lit.)*
Guten Tag.	Good day. (lit.)*
Hallo.	Hello.

* A literal translation (lit.) of the German is sometimes given to help you understand what the German actually says. But don't always think in terms of single-word translations: try to learn to use complete expressions.

ÜBUNG 3

1:3

Hören Sie zu.
Listen.

Which of these short dialogues are formal and which are informal? The answers are in your support book.

– Guten Tag. Wie heißen **Sie**?
– Ich heiße Bettina Oppermann.

– Wie ist **Ihr** Name, bitte?
– Mein Name ist Peter Maier.

HALLO SPIELZEUGE

– Wie ist **dein** Name, bitte?
– Mein Name ist Nadine Werner.

UNIVERSITÄT ZU KÖLN WILLKOMMEN

– Hallo. Wie heißt **du**?
– Ich heiße Alexander.

Deutschland-Info

DU OR SIE? THAT IS THE QUESTION!

Use **Sie** with people you are not particularly close to.
Sie is spelt with a capital **S** wherever it comes in the sentence.
You can use **Sie** to address one or more persons.

Use **du** to a person you feel close to, and to a child or a pet.
du is also used among young people and students.
du can only be used to address one person. (There is yet another word for addressing more than one person. You'll meet this later in the book.)

When you are not sure, use **Sie**.

In everyday situations where English speakers might immediately adopt first-name terms, many German speakers tend to prefer a certain degree of formality. For instance, work colleagues often call each other '**Herr X**' or '**Frau Y**' and use the **Sie**-form to each other.

Formal or informal?

a) _____

b) _____

c) _____

d) _____

V O K A B E L N

Wie heißen Sie?	
Wie heißt du?	} *What are you called?*
Wie ist Ihr Name?	
Wie ist dein Name?	} *What is your name?*
bitte	*please*
Ich heiße ...	*I am called ...*
Mein Name ist ...	*My name is ...*

4

Und jetzt Sie!
And now it's your turn!

Form groups and introduce yourselves. Ask your partners for their names. Decide whether the Sie-form or the du-form is appropriate for the members of your class.

Wie heißt du?

Ich heiße ...

Wie ist dein Name?

Mein Name ist ...

Wie heißen Sie?

Wie ist Ihr Name?

5

Du oder Sie?
How would you ask these people for their names? Use heißen and either Sie or du. You can check your answers with the support book.

a) _____ Tag. Wie _____ _____, bitte?

b) _____ _____ . Wie _____ _____ ?

c) _____ . Wie _____ _____ ?

d) _____ _____ . _____ _____ _____ ?

6

1:4

Ein Unfall
An accident.

Hören Sie zu.
Listen. Make a note of the names of the driver and the two witnesses.

B | Begrüßungen
Greetings

Guten Tag! Guten Morgen!

Hören Sie zu und wiederholen Sie.

Listen and repeat.

Guten Morgen!

Hallo!
Grüß dich!
(informal, **du**-form)

Guten Tag!

Guten Abend!

Auf Wiedersehen!
Tschüss!
(informal)

Note that there is no German equivalent of 'good afternoon'.

Gute Nacht!

Guten Abend! Gute Nacht!

Which greetings or farewells go with which picture?

a

b

c

d

1 Gute Nacht! – Auf Wiedersehen!
2 Hallo, Birgit! – Grüß dich, Markus!

3 Guten Abend! – Guten Abend!
4 Tschüss, Birgit! – Tschüss, Markus!

ÜBUNG
9

1:6

Grüße im Radio und Fernsehen
Greetings on radio and TV

Hören Sie zu.
Listen.

How many different greetings did you hear? What were they?

> Guten Abend, meine Damen und Herren.

> Guten Morgen, liebe Zuhörer.

Nouns

All nouns, or naming words, begin with a capital letter in German:

Guten **T**ag.
Guten **M**orgen.
Guten **A**bend.
Gute **N**acht.
Mein **N**ame ist Claudia.

Why is it Gu**ten** Tag *but* Gut**e** Nacht?
This is because Tag *is a masculine noun and* Nacht *is feminine.*

There are three genders in German and nouns can be masculine (der), feminine (die) or neuter (das).

We will deal will this a bit later.

Deutschland-Info

CUSTOMS AND TRADITIONS

Germans often shake hands when they meet and when they say goodbye. They also often give their surname only when they introduce themselves or answer the phone.

The courtesy titles **Herr** ... and **Frau** ... are used rather like *Mr* ... and *Mrs* ... in English, but the word **Fräulein** (*Miss*) is hardly used in modern German. Women over 18 are normally referred to as **Frau** ... irrespective of whether they are married or not.

C | Zahlen 0–10

Numbers

ÜBUNG 10

Hören Sie zu und wiederholen Sie.
Listen and repeat.

Das ist die Weltzeituhr in Berlin.

0	null	6	sechs
1	eins	7	sieben
2	zwei	8	acht
3	drei	9	neun
4	vier	10	zehn
5	fünf		

World clock in Alexanderplatz, Berlin

ÜBUNG 11

Handy- und Telefonnummern

Mobile and telephone numbers

Hören Sie zu und lesen Sie.
Listen and read.

To get used to German numbers, practise your own telephone number (real or imaginary!).

Und jetzt Sie. Fragen Sie andere Leute.
And now it's your turn. Ask other people.

You – formal / informal

- *formal,* **Sie**-*form*

Wie ist **Ihre** Handynummer?	*What is your mobile number?*
Wie ist **Ihre** Telefonnummer?	*What is your telephone number?*

- *informal,* **du**-*form*

Wie ist **deine** Handynummer?	*What is your mobile number?*
Wie ist **deine** Telefonnummer?	*What is your telephone number?*

Meine Handynummer ist …	*My mobile number is …*
Meine Telefonnummer ist …	*My telephone number is …*

1:9

Fußballbundesliga
Federal German soccer league

Hören Sie zu.

Listen to the audio and fill in the results of each match.

*Note that Germans often use **zu** (lit. to) when referring to results and scores:*

Borussia Dortmund – Werder Bremen: 4 zu 0.

Borussia Dortmund	:	Werder Bremen
RB Leipzig	:	1. FSV Mainz 05
1. FC Köln	:	SC Freiburg
Borussia Mönchengladbach	:	FC Schalke 04
Eintracht Frankfurt	:	Bayern München
FC Augsburg	:	Hertha BSC
Hamburger SV	:	VfL Wolfsburg
Hannover 96	:	1899 Hoffenheim
VfB Stuttgart	:	Bayer 04 Leverkusen

D | Das Alphabet
The alphabet

TIPP
Note how you pronounce A, E *and* I *in German:* A *as in* **A**frika; E *as in* **E**lefant; I *as in* **I**srael
Don't mix them up with the English letters!

1:10

Jakob lernt das Alphabet.
Jakob is learning the alphabet.

Hören Sie zu.
Listen.

A-B-C D-E-F G-H-I *J-K-L*

M-N-O **P-Q-R** S-T-U **V-W-X** Y-Z

1:11

Wer ist da?
Who has arrived?

Listen to these people checking in at a conference and tick off the names as they arrive.

Die Umlaute und scharfes s
The umlauts and sharp s

Umlaute: Ä Ö Ü
ß (sz, *or* scharfes s *sharp* s)

. . . .
Krischer, Markus ☐
Lorch, Peter ☐
Martin, Susanne ☐
Paulsen, Hermann ☐
Renke, Michael ☐
Retzlaff, Bettina ☐
Schidelowskaja, Tanja ☐
Walz, Georg . . . . ☐

Welche Firmennamen hören Sie?
Which company names can you hear?

Hören Sie zu.

*Listen to this radio excerpt from a stock exchange report.
Which of the companies whose logos appear below are
mentioned?*

Wie schreibt man Ihren Namen?
How do you spell your name?

Work in pairs and ask for each other's names and how to spell them.

Beispiel I
– Wie ist Ihr Name?
– Franks, Karen Franks.
– Und wie schreibt man das?
– F-R-A–N–K-S.

Beispiel 2
– Wie heißt du?
– Worth, Michael Worth.
– Und wie schreibt man das?
– W-O-R-T-H.

Wettbewerb
Competition

Wer findet das längste Wort?
Who can find the longest word?

*Take turns, working in pairs to see who can find the longest word
(excluding names) which has so far appeared in the coursebook.
Your partner must check that you have spelt the word correctly.
One point is awarded for each correct letter.*

Now take turns to practise spelling more words from
Lektion I. *Your partner will tell you which words to spell!*

Nützlicher Ausdruck

Bitte buchstabieren Sie!
Please spell!

ÜBUNG
18

1:13

E | Woher kommen Sie? Wo wohnen Sie?

Ich komme aus ... Ich wohne in ...

Hören Sie zu.

Listen to these people introducing themselves.
Where do they all come from?

c

Ich heiße Gediz Yalman. Ich
komme aus der Türkei, aus
Istanbul. Ich wohne jetzt in
Bremen.

a

b

Ich heiße Corinne Martine.
Ich komme aus Frankreich,
aus Toulon. Ich wohne in
Hamburg.

Mein Name ist Elmar
Schmeichel. Ich komme aus
Kopenhagen in Dänemark,
aber ich wohne jetzt in
Berlin.

ÜBUNG
19

Länder
Countries

Ich komme aus:

Deutschland	Großbritannien
Frankreich	England
Spanien	Wales
Italien	Schottland
Griechenland	Irland
Polen	

d

Ich heiße Elisabeth
Fuhrmann. Ich komme
aus Wien in Österreich.
Ich wohne jetzt in
Hannover.

For a map of Europe and more countries look at
Lektion 2, *pages 20–21.*

V O K A B E L N

Ich komme aus ...	*I come from ...*
Ich wohne in ...	*I live in ...*
... aus der Türkei	*... from Turkey.*
aber	*but*
jetzt	*now*

* For Turkey the word for 'the' (**der**) is
needed too.

ÜBUNG 20

Und jetzt Sie!
And now it's your turn!

Woher kommen Sie?
Say where you come from and where you live.

ÜBUNG 21

1:14

Auf dem Ku'damm
On the Kurfürstendamm

Hören Sie zu und lesen Sie.

The Ku'damm is one of the most famous streets in Berlin, where people from all over the world meet. With the help of a reporter from a German TV channel find out their names, where they come from and where they live.

Interview 1

Reporter	Entschuldigen Sie, bitte. Ich bin vom Fernsehen. Darf ich Ihnen ein paar Fragen stellen?
Passant	Ja, bitte.
Reporter	Wie heißen Sie?
Passant	Ich heiße Gerd Koch.
Reporter	Und woher kommen Sie?
Passant	Ich komme aus Bonn.
Reporter	Wo wohnen Sie jetzt, bitte?
Passant	Ich wohne jetzt in Köln.

Interview 2

Reporter	Wie heißt du, bitte?
Passantin	Ich heiße Eva.
Reporter	Ah. Und woher kommst du Eva?
Passantin	Ich komme aus München.
Reporter	Und wo wohnst du?
Passantin	Ich wohne jetzt in Berlin. Ist doch klar!

VOKABELN

wo?	*where?*
woher?	*where ... from?*
Woher kommen Sie?	*Where do you come from?*
Wo wohnen Sie?	*Where do you live?*
Woher kommst du?	*Where do you come from?*
Wo wohnst du?	*Where do you live?*
Entschuldigen Sie	*excuse (me)*
Ich bin vom Fernsehen	*I'm from television*
Darf ich Ihnen ein paar Fragen stellen?	*May I ask you a few questions?*
Ist doch klar!	*That's obvious, isn't it!*

Hören Sie noch einmal zu.
*Now listen to the recording
again.*

*Fill in the grid as you listen.
Try not to look at the text.*

Name	*Geburtsort*	*Wohnort*
Ich heiße ...	Ich komme aus ...	Ich wohne in ...
1		
2		

ÜBUNG **22**

Und jetzt Sie. Fragen Sie in der Klasse!
And now it's your turn. Ask around the class.

Make a list using these headings: Name /
Geburtsort / Wohnort / Handynummer /
Telefonnummer / E-Mail-Adresse. *To ask
someone's e-mail address you say:* Wie ist
Ihre/deine E-Mail-Adresse?

V O K A B E L N

| Geburtsort | *place of birth* |
| Wohnort | *place of residence* |

ÜBUNG **23**

Partner A – Diese Seite (*this page*)
Partner B – Seite 235 (*page 235*)

Partner A: *Choose one of the cards on the
right* (Visitenkarten) *and introduce yourself.
Ask for the name of your partner. Ask him or
her to spell his or her name. Write the name
down and check it later. Repeat the game
with another card.*

Beispiel
A: Ich heiße Matthias Peters.
   Wie heißen Sie, bitte?
B: Ich heiße ...
A: Wie schreibt man das? Bitte
   buchstabieren Sie.
B: ...

Antiquitäten Center

Marienstraße 21
44000 Münster

DOROTHEA JOHANNSEN
Art Deco, Art Nouveau

Handy 0177 462 2751
Telefon 02 51/51 43 85

Δ Delta Software GmbH

Matthias Peters
Marketing

Burchardstraße 34 20095 Hamburg
Telefon 040-300526
Mobil 0152 772 0965
E-Mail m.peters@delta.com

■ **Druckhaus Europa**
Jenaerstraße 18
07545 Gera   Telefon 0365 / 617384
Handy +49 161 963 7105
http://www.druckhauseuropa.de

Hartmut Klausthaler
   Geschäftsführer
   Zeitschriften, Kataloge, Plakate, Bücher,
   Broschüren, Werbeprospekte

TIPPS ZUR
AUSSPRACHE

Hören Sie zu und sprechen Sie nach!

ei *in German is pronounced like the English letter*
i: B**ei**spiel, h**ei**ßen, **Ei**nstein, W**ei**n.
ie *is pronounced like the English letter* **e**:
D**ie**trich, S**ie**, W**ie**n (*Vienna*).

Beispiel
Ich trinke Wein in Wien. *I drink wine in Vienna.*

☺ *How are these words pronounced?* eins,
sieben, drei, zwei, wie, dein

Grammatik
Grammar

Statements

In a German sentence the verb is usually the second item.

Ich	heiße	Jörg.
Mein Name	ist	Claudia.
Das	ist	Michael.

Wh- questions

Wie	heißen	Sie?
Wo	wohnst	du?
Woher	kommen	Sie?

Verb endings

A *verb* normally expresses an action or state. **Heißen, kommen** and **wohnen** are verbs you have met in this unit. The form of the verb that you find in a dictionary or glossary is called the *infinitive*: **wohnen** (*to live*).

The infinitive can be divided into two parts: **wohn-** the *stem* and **-en** the *ending*.
The endings change according to the subject used (i.e. **ich, du, Sie**, etc).
For most verbs the endings you add are:

		wohn-en	**komm-en**	**heiß-en**
ich	**-e**	wohn**e**	komm**e**	heiß**e**
du	**-st**	wohn**st**	komm**st**	heiß**t** (ß doesn't need another s)
Sie	**-en**	wohn**en**	komm**en**	heiß**en**

My, your (formal), your (informal)   Mein, Ihr, dein

Words like **mein** (*my*), **dein** (*your*) and **Ihr** (*your*) are called *possessives*.

Sie	**du**
Wie ist **Ihr** Name?	Wie ist **dein** Name?
Wie ist **Ihre** Telefonnummer?	Wie ist **deine** Telefonnummer?

The reason for the -e on **deine** and **Ihre** when used with **Telefonnummer** or **Handynummer** is that these nouns are feminine. (The genders in German will be explained later in Lektion 3 and Lektion 4.)

Mehr Übungen ...
More practice ...

I Wo, woher or wie?
  a) _____ heißen Sie?
  b) _____ wohnst du?
  c) _____ kommen Sie?
  d) _____ ist deine Handynummer?
  e) _____ schreibt man das?
  f) _____ kommst du?

2 -e, -st or -en?
  a) Ich heiß... Simone. Wie heiß... du?
  b) Ich wohn... in Berlin. Wo wohn... du?
  c) Ich komm... aus Großbritannien. Woher komm... Sie?
  d) Ich heiß... Hartmann. Wie heiß... Sie?
  e) Ich trink... Wein in Wien.

3 Welche Antwort passt?
  Which answer fits?
  a) Guten Morgen, Herr Becker!
     I Hallo! Wie heißt du?
     2 Guten Morgen, Frau Mönch!
     3 Grüß dich! Ich heiße Susanne.

  b) Hallo! Mein Name ist Klaus. Wie heißt du?
     I Grüß dich! Ich heiße Bernd.
     2 Guten Abend! Wie heißen Sie?
     3 Mein Name ist Herr Gruber.

  c) Guten Abend! Wie ist Ihr Name, bitte?
     I Das ist Anke.
     2 Guten Tag! Ich heiße Michael.
     3 Mein Name ist Schmidt – Hans Schmidt.

  d) Auf Wiedersehen und gute Nacht, Frau Renke!
     I Tschüss, Paul!
     2 Gute Nacht, Herr Müller!
     3 Tschüss, Stefan!

4 Was kann man auch sagen?
  What can you say instead?
  Match the sentences in Teil A with their near equivalents in Teil B.

Teil A	**Teil B**
a) Wie heißt du?	I Wie ist Ihr Name?
b) Heißt du Klaus?	2 Mein Name ist Klaus.
c) Wie heißen Sie?	3 Und Ihr Name ist Klaus?
d) Ich heiße Klaus.	4 Ist dein Name Klaus?
e) Und Sie heißen Klaus?	5 Wie ist dein Name?

5   Welche Worte fehlen?
    Which words are missing?

    Here is the dialogue from Übung 6 (page 3) with some of the words missing. Working in groups of four, act out the dialogue and supply the missing words.

Polizist	Wie a) _____ Sie, bitte?
Ältere Dame	Ich b) _____ Emma Klein.
Polizist	Klein, Emma. Und Sie? Wie ist c) _____ Name?
Fahrer	d) _____ Name ist Schwarz, Martin Schwarz.
Polizist	Schwarz, Martin. Und du? e) _____ heißt du?
Junge	f) _____ heiße Sander Schmidt.
Polizist	Schmidt, Sander.

1:17

6   *Can you say these sentences correctly? Listen to the audio to check your pronunciation. Pay special attention to* **ie** *and* **ei**.
    a) **Wie heißt sie? Heike oder Helga?**
    b) **Wie schreibt man deinen Namen?**
    c) **Ich heiße Heinz Dietrich.**
    d) **Heinrich Schmeichel wohnt in Heidelberg.**
    e) **Wien liegt in Österreich und nicht in der Schweiz.**

Now you have completed Lektion 1, can you:

		tick
1	greet someone formally or informally? *See pages 1–2.*	❏
2	say what your name is and ask someone else for their name? *See pages 2–3.*	❏
3	say goodbye? *See page 4.*	❏
4	count from zero to ten? *See pages 6–7.*	❏
5	spell your name in German? *See pages 7–8.*	❏
6	say where you come from and where you live? *See pages 9–10.*	❏

Congratulations, you have reached the end of Lektion 1. Now check through the vocabulary and phrases to make sure you know them all.

Vokabeln

Was haben Sie gelernt?
What have you learned?

BEGRÜSSUNGEN UND ABSCHIEDE	*Greetings and farewells*
Hallo	*hello (informal)*
Grüß dich	*hi, hello (informal)*
Guten Tag	*good day (includes good afternoon)*
Guten Morgen	*good morning*
Guten Abend	*good evening*
Gute Nacht	*good night*
Auf Wiedersehen	*goodbye*
Tschüss / Tschüs	*bye*
PERSONAL-PRONOMEN	*Personal pronouns*
ich	*I*
du	*you (informal)*
Sie	*you (formal)*
man	*one*
FRAGEN	*Questions*
Wie heißen Sie?	*What are you called? (formal)*
Wie heißt du?	*What are you called? (informal)*
Wie ist Ihr Name?	*What is your name? (formal)*
Wie ist dein Name?	*What is your name? (informal)*
Mein Name ist ...	*My name is ...*
Woher kommen Sie?	*Where do you come from? (formal)*
Wo wohnst du?	*Where do you live? (informal)*
Wie ist Ihre Handynummer?	*What is your mobile number? (formal)*
Wie ist Ihre Telefonnummer?	*What is your telephone number? (formal)*
Wie ist deine E-Mail-Adresse?	*What is your e-mail address? (informal)*
Wie schreibt man das?	*How do you write that?*

VERBEN	*Verbs*
buchstabieren	*to spell*
entschuldigen	*to excuse*
heißen	*to be called*
kommen	*to come*
schreiben	*to write*
wohnen	*to live*
NÜTZLICHE AUSDRÜCKE	*Useful expressions*
aber	*but*
bitte	*please*
jetzt	*now*
in	*in*
aus	*from (countries and towns)*
NOMEN	*Nouns*
die E-Mail-Adresse (-n)	*e-mail address*
die Frau (-en)	*woman, Mrs*
die Fußballbundesliga (-ligen)	*Federal football league*
der Geburtsort (-e)	*place of birth*
die Handynummer (-n)	*mobile number*
der Herr (-en)	*Mr*
der Name (-n)	*name*
die Telefonnummer (-n)	*telephone number*
die Visitenkarte (-n)	*(business / visiting) card*
der Wohnort (-e)	*place of residence*
die Zahl (-en)	*number*

Sprechen Sie Deutsch?

- Saying how you are
- Talking about nationality and languages
- Talking about personal details

- Numbers 11–100
- *Personal pronouns*
- *Yes-no questions*
- *Using **nicht***
- *Verb endings (**er, sie, es**)*

ÜBUNG 1

1:18

A | Wie geht es Ihnen?
How are you?

Hören Sie zu.
How are these people feeling?

a

- Guten Tag, Frau Schmidt. Wie geht es Ihnen?
- Gut, danke. Und Ihnen?
- Sehr gut, danke.
- Das freut mich.

b

- Hallo Gaby. Wie geht es dir?
- Prima, danke. Und dir?
- Es geht.

c

- Guten Abend, Herr König. Wie geht's?
- Ausgezeichnet. Vielen Dank. Und Ihnen?
- Ganz gut.

ÜBUNG 2

Wie geht's?

Look at the range of ways of saying how you feel.

V O K A B E L N

Sie	Wie geht es **Ihnen?**	*How are you?*
Du	Wie geht es **dir?**	*(lit. How goes*
Sie/du	Wie geht's?	*it to you?)*

Das freut mich. *I am pleased.*

sehr gut

gut

ganz gut

es geht

nicht (so) gut

schlecht

ÜBUNG **3**

1:19

Im Café
In the café

Hören Sie zu.

Wie geht's?

Which three of these six responses did you hear in the recording and in what order?

a) Danke, gut.
b) Ach, es geht.
c) Mir geht's wirklich sehr gut.
d) Mir geht's heute wirklich schlecht.
e) Mir geht's heute nicht so gut.
f) Nicht schlecht. Und dir?

V O K A B E L N

You can also say:
Mir geht es gut.   *I am fine.*
Mir geht's gut.   *I'm fine.*

wirklich   *really*
heute   *today*

ÜBUNG **4**

Wie geht es diesen Leuten?
How are these people?

Work in pairs. Imagine how these people are and take it in turns to answer for them.

ÜBUNG 5

Und wie geht's Ihnen?

Greet each other around the class and enquire how people are.

Wie geht's dir heute?

Und dir?

UND IHNEN?

Wie geht es Ihnen?

Nicht so gut.

Danke, gut.

Mir geht's heute schlecht.

Es geht.

ÜBUNG 6

Wortsuche
Word search

How many words can you find? They have all occurred in Lektion 1 or Lektion 2. You should be able to find at least 15.

B | Sie kommt aus ...? Wo liegt ...?
She comes from ...? Where is ...?

Ü B U N G
7

Lesen und Lernen
Reading and learning

Woher kommen die Leute? Wo wohnen die Leute?

a Harald Zvornak kommt aus Berlin. Aber er wohnt nicht mehr in Berlin.
Er wohnt jetzt in Frankfurt am Main. Frankfurt ist in Deutschland.

b Maria Schott kommt aus Basel. Sie wohnt noch in Basel. Basel liegt nicht in Deutschland, sondern in der Schweiz.

c Marianne Eberle kommt aus Brüssel in Belgien. Sie wohnt aber nicht mehr dort.
Sie ist jetzt Empfangsdame im Hotel Lindenhof in Düsseldorf.

d Martin Trautmann kommt aus Dresden. Er wohnt jetzt in Salzburg.
Liegt Salzburg in der Schweiz? Nein! Es ist in Österreich und es ist sehr schön.

V O K A B E L N

nicht mehr	*no longer (lit. not more)*
am Main	*on the (river) Main*
nicht ..., sondern ...	*not ..., but ...*
in der Schweiz	*in Switzerland*
schön	*beautiful, nice*
noch	*still*
liegen	*to lie, be*
dort	*there*

3rd person verbs ending / singular

For the 3rd person singular – **er** *(he),* **sie** *(she),* **es** *(it),* **man** *(one) – you add a* **-t** *to the stem of the verb:*
er komm **-t**   sie wohn **-t**   es lieg **-t**   man buchstabier **-t**

man *is used more frequently in German than 'one' in English.*

The verb **sein** *(to be) does not follow this pattern. It is irregular.*

Ich	**bin**	Martin Trautmann.	*I am Martin Trautmann.*
Du	**bist**	Kurt Feldmann?	*You (informal) are Kurt Feldmann?*
Sie	**sind**	Karin Wiener?	*You (formal) are Karin Wiener?*
Er/Sie	**ist**	aus Brüssel.	*He/She is from Brussels.*

ÜBUNG 8

Wie gut sind Sie in Geografie?
How good is your geography?

Richtig oder falsch?
True or false?

Decide whether these statements are true or false. Correct the false statements.

Beispiel

    Freiburg liegt in der Schweiz.
    Falsch! Freiburg liegt nicht in der Schweiz. Es liegt in Deutschland.

oder   Falsch! Freiburg liegt nicht in der Schweiz, sondern in Deutschland.

Beispiel

    Wien liegt in Österreich.
    Richtig! Wien liegt in Österreich.

Place names

Some place names are spelt the same in both English and German, but are pronounced differently: e.g. London, Paris, Frankfurt and Berlin.

Others are different in German from their English versions:
Köln *(Cologne)*   München *(Munich)*
Wien *(Vienna)*   Braunschweig *(Brunswick)*

Using *nicht*

Nicht *is used to negate individual items or whole sentences:*
Wie geht's? **Nicht** schlecht.
Freiburg liegt **nicht** in der Schweiz.

	Richtig	Falsch
a) Zürich liegt in der Schweiz.	❏	❏
b) Heidelberg liegt in Österreich.	❏	❏
c) Köln ist in Belgien.	❏	❏
d) Salzburg liegt in Deutschland.	❏	❏
e) Bonn ist in Deutschland.	❏	❏

ÜBUNG 9

1:20

Einige Länder Europas
Some countries of Europe

Hören Sie zu und sprechen Sie nach.
Listen and repeat.

Underline the stressed syllable.

Beispiel
<u>Deutsch</u>land

Which syllable is most often stressed?

die Schweiz, **die** Türkei
but Ich wohne in **der** Schweiz, in **der** Türkei.
and Ich komme aus **der** Schweiz, aus **der** Türkei.

die Niederlande
but Ich wohne in **den** Niederlande**n**.
and Ich komme aus **den** Niederlande**n**.

This will be explained later.

Belgien	Irland	Schweden
Dänemark	Italien	die Schweiz
Deutschland	die Niederlande	Spanien
Frankreich	Österreich	die Tschechische Republik
Griechenland	Polen	die Türkei
Großbritannien	Portugal	Ungarn

Die Länder Europas

Work with a partner. What are the missing country names?
Beispiel
Was ist Nummer 1? Nummer 1 ist Deutschland.

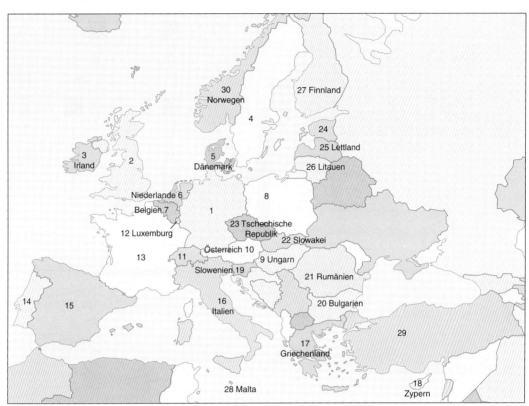

Wer kommt woher? Wer wohnt wo?

*Divide the class into teams. Think of some famous people. You
must know where they come from and where they now live! Tell
the others the person's name. If they can say in German where he
or she comes from and where he or she now lives, they get two
points. If they fail to answer correctly, they will get no points.*

Beispiele
Mannschaft 1:   (*Team 1*): Die Person heißt Kate Moss.

Mannschaft 2:   Kate Moss kommt aus England.
(Richtig = 1 Punkt)
Sie wohnt noch in England.
(Richtig = 1 Punkt)

Mannschaft 1:   Die Person heißt Leroy Sané.

Mannschaft 2:   Leroy Sané kommt aus Österreich.
(Falsch = 0 Punkt)
Er wohnt jetzt in ..., usw.

- usw. = und so weiter
  (*and so on*)
- aus **den** USA / aus **den**
  Vereinigten Staaten

Welche Buchstaben fehlen?

What letters are missing?

Fill in the missing letters.

Beispiel
Eins ist D... usw.

You already know 14 of these words. The 15th word is new to you. Which one? What do you think it means?

```
W  I  E  ■  E  R  S  ■  H  E  N
O     E        R        A
      U     W           C
P  O  S  ■  L  E  ■  T  Z  A  ■  L
      S        E        T
      C                 N
B  U  C  ■  S  T  A  ■  I  E  R  ■
      L           I     I        S
N     A           T     N        C
■  B  E  ■  D     T              H
M     D     ■  I  E              Ü
E              O                 S
                                 S
```

C | Zahlen 11–100

🎧 1:21

Hören Sie bitte und wiederholen Sie.
Listen and repeat.

How do you think you say 38, 42, 63, 81 and 99 in German? The answer is on the recording!

Now ask each other around the class about your address, your post code, your mobile and your phone number.

Wie ist deine/Ihre Adresse?
Wie ist deine/Ihre Postleitzahl?
Wie ist deine/Ihre Handynummer?
Wie ist deine/Ihre Telefonnummer?

Meine Adresse ist …
Meine Postleitzahl ist …
Meine Handynummer ist …
Meine Telefonnummer ist …

32: zweiunddreißig   98: achtundneunzig
71: einundsiebzig

* Numbers in German are written as *one* word. German speakers don't seem to mind long words, as you will discover!

11	elf
12	zwölf
13	dreizehn
14	vierzehn
15	fünfzehn
16	sechzehn
17	siebzehn
18	achtzehn
19	neunzehn
20	zwanzig
21	einundzwanzig
22	zweiundzwanzig
23	dreiundzwanzig
24	vierundzwanzig
25	fünfundzwanzig
26	sechsundzwanzig
27	siebenundzwanzig
28	achtundzwanzig
29	neunundzwanzig
30	dreißig
40	vierzig
50	fünfzig
60	sechzig
70	siebzig
80	achtzig
90	neunzig
100	(ein)hundert

ÜBUNG 13

1:22

Die Lottozahlen
The national lottery numbers

Hören Sie bitte zu.

*Choose six numbers. You will
then hear a recording from
a German draw. Fill in the
numbers in the circles below
as they are read out and see if
you have won.*

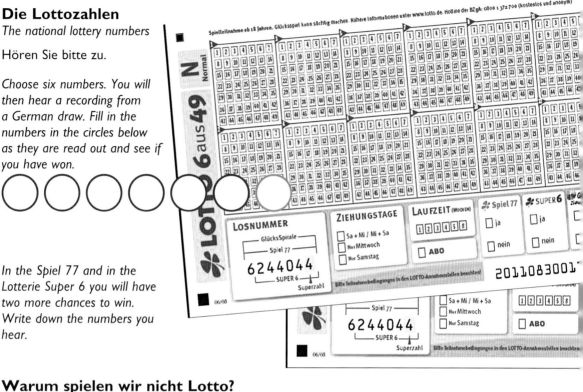

*In the Spiel 77 and in the
Lotterie Super 6 you will have
two more chances to win.
Write down the numbers you
hear.*

ÜBUNG 14

Warum spielen wir nicht Lotto?
Why don't we play lotto?

*Choose six other numbers, read them aloud.
Then have a draw in the classroom. Find out if
you have a new millionaire among you!*

ÜBUNG 15

1:23

Meine Kontaktdaten
My contact details

*At the end of a workshop three participants
exchange their details. Listen and write them
down.*

a) Name: _____
   Handynummer: _____
   E-Mail-Adresse: _____

b) Name: _____
   Handynummer: _____
   E-Mail-Adresse: _____

c) Name: _____
   Handynummer: _____
   E-Mail-Adresse: _____

Swapping phone numbers

*Here's another way of asking for and giving
telephone and mobile numbers:*

Welche Handynummer hast du?
Meine Handynummer ist 0 75 86 49 75 31.

null – fünfundsiebzig – sechsundachtzig –
neunundvierzig – fünfundsiebzig –
einunddreißig

Welche Telefonnummer haben Sie?
Ich habe die Telefonnummer 562 82 91.

fünf-sechs-zwei – zweiundachtzig –
einundneunzig

*You can give numbers individually: 562 fünf-
sechs-zwei or in pairs: 82 zweiundachtzig.
You need to be familiar with both forms.*

ÜBUNG 16

Networking
Practise your networking skills.

Und jetzt Sie!

*Work in pairs and practise names, mobile
numbers and e-mail addresses using the information below.*

Nützliche Ausdrücke

Wie ist Ihre
E-Mail-Adresse?
Meine E-Mail-Adresse
ist …@ = at
. = Punkt

Partner A
Pia/Peter Bartels – 0 17 35 24 66 50 – bartels02@gmail.com
Denise/Deniz Feldmann – 0 76 21 14 18 88 – d.feldmann@yahoo.de
Maide/Malik Özil – 0 71 22 33 45 45 – m.oezil@gmx.de
Elena/Emilio Jimenez – 0 54 12 14 97 92 – E.Jimenez@outlook.com

Partner B's details are in the Partner B section on page 235.

D | Ich spreche Deutsch
I speak German

ÜBUNG 17

1:24

Ein Abendkurs
An evening course

Hören Sie zu.

*These people are introducing themselves
to their fellow course-members.*

*Listen to the recording and answer the true/false
questions. Then read the text and check your
answers.*

Deutschland-Info

VOLKSHOCHSCHULEN

Volkshochschulen, or **VHS**, are adult
education institutions and are usually run by
local authorities. They offer a wide range of
evening classes and residential courses.

Certificates are awarded in some subjects,
such as languages, maths, science and
technology. Approximately six million people
attend around half a million courses every year.

Richtig oder falsch?

		Richtig	Falsch
1	Gerhard Langer kommt aus Hamburg.	❏	❏
2	Er kann sehr gut Russisch.	❏	❏
3	Susi Renger ist aus der Schweiz.	❏	❏
4	Sie arbeitet nicht weit von Hamburg.	❏	❏
5	Mehmet kommt aus Berlin.	❏	❏
6	Er studiert im Moment.	❏	❏
7	Leni Hochstädter kommt aus Österreich.	❏	❏
8	Sie versteht ein bisschen Spanisch.	❏	❏

VOKABELN

Deutscher	(a) German (male)
ich spreche ...	I speak ...
Deutsch	German (the language)
ich kann ...	I can (speak) ...
auch	also
Russisch	Russian (the language)
verheiratet	married
pensioniert	retired

Guten Abend! Mein Name ist Gerhard Langer und ich bin Deutscher.

Ich komme aus Leipzig, aber ich wohne jetzt hier in Hamburg.

Ich spreche Deutsch und ich kann auch sehr gut Russisch.

Ich bin verheiratet und ich bin pensioniert.

Hallo! Ich heiße Susi Renger und bin Deutsche.

Ich komme aus Hamburg.

Ich spreche natürlich Deutsch und auch ein wenig Französisch.

Ich arbeite in Pinneberg, nicht weit von Hamburg.

VOKABELN

Deutsche	(a) German (female)
natürlich	of course
ein wenig	a little
Französisch	French (the language)
ich arbeite in ...	I work in ...
nicht weit von	not far from

VOKABELN

Türke	(a) Turk (male)
in der Nähe von	near
ziemlich gut	fairly well
Englisch	English (the language)
ledig	single, unmarried
ich studiere ...	I am studying ...

Hallo! Mein Name ist Mehmet Gunesay.

Ich bin Türke und komme aus Berlin.

Ich wohne jetzt in der Nähe von Hamburg, in Elmshorn.

Ich spreche Türkisch, Deutsch und ziemlich gut Englisch.

Ich bin ledig.

Ich studiere in Hamburg.

Österreicherin	*(an) Austrian (female)*
ich verstehe	*I understand*
ein bisschen	*a bit (of)*
Spanisch	*Spanish (the language)*
seit zwei Jahren	*for (lit. since) two years*
zurzeit	*at the moment*

Ich heiße Leni Hochstädter und bin Österreicherin.

Ich komme aus Salzburg, wohne aber jetzt in Norderstedt, hier in der Nähe von Hamburg.

Ich spreche Deutsch und Englisch und ich verstehe ein bisschen Spanisch.

Ich bin seit zwei Jahren verheiratet und arbeite zurzeit hier in Hamburg.

MALE PERSON	FEMALE PERSON	SPRACHE
Ich bin **Deutscher**.	Ich bin **Deutsche**.	Deutsch
Er ist **Engländer**.	Sie ist **Engländerin**.	Englisch
Bist du **Amerikaner**?	Bist du **Amerikanerin**?	Englisch
David ist **Waliser**.	Sîan ist **Waliserin**.	Englisch/Walisisch
Mehmet ist **Türke**.	Yildiz ist **Türkin**.	Türkisch
Iain ist **Schotte**.	Una ist **Schottin**.	Englisch/Gälisch
Padraig ist **Ire**.	Maire ist **Irin**.	Englisch/Irisch-Gälisch

18

Wer ist das?
Who is that?

Match the descriptions with the four people in the Hamburg evening class (Übung 17).

Beispiel
Er ist ledig und studiert in Hamburg.
– Das ist Mehmet Gunesay.

a) Sie ist Österreicherin und kommt aus Salzburg.

b) Er kommt aus Berlin und wohnt jetzt in Elmshorn.

c) Er ist Deutscher und kommt aus Leipzig.

d) Sie spricht ein bisschen Spanisch.

e) Sie spricht ein wenig Französisch und arbeitet in Pinneberg.

f) Er spricht Türkisch und kann auch ziemlich gut Englisch.

g) Er ist pensioniert und spricht sehr gut Russisch.

ÜBUNG 19

🎧 1:25

✏️

Was ist hier falsch?
What is wrong here?

Gerhard Langer is telling a few fibs at his evening class.

*First fill in Gerhard's details as he claims them to be. Then say whether they are **Richtig** or **Falsch**. Correct the false claims.*

Name *name*	Gerhard Langer	Richtig
Staatsangehörigkeit *nationality*		
Geburtsort *place of birth*	Dresden	Falsch – Leipzig
Wohnort *place of residence*		
Sprachen *languages*		
Familienstand *marital status*		
Arbeit? *work?*		

ÜBUNG 20

💬

✏️

a) Jetzt sind Sie dran. Wer sind Sie?
Now tell the rest of the class about yourself.

b) Natalie Waters.
Natalie has written down what she wants to say when it is her turn. Write down your own details following the same pattern.

> Mein Name ist Natalie Waters.
> Ich bin Engländerin. Ich komme
> aus Coventry. Ich wohne jetzt in
> Birmingham. Ich spreche Englisch
> und ein bisschen Deutsch. Ich
> bin ledig und ich arbeite hier in
> Birmingham.

ÜBUNG
21

1:26

Machen Sie ein Interview.

Work in pairs. Use the questions from Nützliche Ausdrücke *below and interview each other.*

Partner A: *Choose the appropriate role – either Jürgen or Jutta – and answer the questions from Partner B.*

Name	Jürgen Krause	Jutta Wieland
Staatsangehörigkeit	Österreicher	Schweizerin
Geburtsort	Wien	Basel
Wohnort	Salzburg	Zürich
Sprachen	Deutsch und Englisch	Schwyzerdütsch, Deutsch und Italienisch
Familienstand	seit fünf Jahren verheiratet	seit zwei Jahren geschieden
Arbeit?	ja, in Salzburg	nein, zurzeit arbeitslos

Now interview Partner B.

Partner B: *Your roles – either Izzet or Marga – are in the Partner B section on page 236.*

Finally, use your own details.

TIPP
Ja, ich habe eine Partnerin/
einen Partner.
Nein, ich habe keine
Partnerin/keinen Partner.

N Ü T Z L I C H E   A U S D R Ü C K E

FRAGEN (Questions)

	Sie-Form	du-Form
Name	Wie ist Ihr Name?	Wie ist dein Name?
	Wie heißen Sie?	Wie heißt du?
Staatsangehörigkeit	Sind Sie Engländer(in)?	Bist du Deutsche(r)?
Geburtsort	Woher kommen Sie?	Woher kommst du?
Wohnort	Wo wohnen Sie?	Wo wohnst du?
Sprachen	Sprechen Sie Deutsch?	Sprichst du Englisch?
Familienstand	Sind Sie verheiratet?	Bist du verheiratet?
	Sind Sie ledig?	Bist du ledig?
	Haben Sie eine Partnerin?	Hast du eine Partnerin?
	Haben Sie einen Partner?	Hast du einen Partner?
Arbeit?	Arbeiten Sie?	Wo arbeitest du?
Studium?	Studieren Sie?	Wo studierst du?

ÜBUNG
22

Im Hotel
In the hotel

Was antworten Sie?
What do you answer?

*Fill in the answers and practise the dialogue with
a partner.*

Frau Peters	Guten Tag! Mein Name ist Ulrike Peters.
Sie	_____
	(Return the greetings and say your name.)
Frau Peters	Ach, dann sind Sie Amerikaner(in)?
Sie	_____
	(Say what your nationality is and ask Ulrike whether she is German.)
Frau Peters	Ach nein, ich bin Schweizerin. Wo wohnen Sie?
Sie	_____
	(Say where you live and ask where she lives.)
Frau Peters	In München.
Sie	_____
	(Say that Munich is beautiful. Ask her if she speaks English.)
Frau Peters	Nur ein bisschen. Aber Sie sprechen sehr gut Deutsch.
Sie	_____
	(Thank her.)

TIPPS ZUR AUSSPRACHE

 1:27

Hören Sie zu und sprechen Sie nach!

The letter **w** in German is pronounced rather like a *v* in English, and a **v** in German is pronounced rather like an *f* in English.
Wie?, Wo?, Wer?, verheiratet, verwitwet, Vorwahlnummer

St in German is normally pronounced like *sht* in English, and **sp** in German like *shp* in English.
Straße, studieren, verstehen, Sport, Spanisch, sprechen, versprechen

☺ *How are these words pronounced?* viel, wirklich

Grammatik

Yes-no questions

As you saw in Lektion 1, the verb in German is usually the second item of a sentence. However, there are some exceptions. If you want to ask a question without using a question word (**wer**, **wo**, **wie**, etc.) the verb moves to the first position. This type of question is called a *yes-no question*.

Heißt	du	Michael?	Ja.
Ist	dein Name	Claudia?	Ja.
Ist	das	Klaus?	Nein.
Sprechen	Sie	Deutsch?	Ja.

Personal pronouns

Personal pronouns is the term given to those words you use instead of people's names, such as *he, she, you*. The German personal pronouns you have met so far are:

Singular (one person)		
1	ich	*I*
2	du	*you* (informal)
	Sie	*you* (formal)
3	er/sie	*he, she*
	es/man	*it, one*

Verb endings

Almost all the verbs you have met so far are regular and follow the same pattern:

ich	komm**e**	hör**e**	wohn**e**
du	komm**st**	hör**st**	wohn**st**
Sie	komm**en**	hör**en**	wohn**en**
er/sie/es	komm**t**	hör**t**	wohn**t**

Exceptions

1   For verbs like **arbeiten** (*to work*) and **reden** (*to speak*):
    If the stem of a verb ends with **-t** or **-d**, you put an extra **e** before **-st** and **-t:**

ich	arbeit**e**	red**e**
du	arbeit**est**	red**est**
er/sie	arbeit**et**	red**et**

2   Some verbs have a change in the vowel for **du** and **er, sie, es** and **man:**
    sprechen (*to speak*).

Ich spreche Deutsch.	*I speak German.*
Du spr**i**chst Englisch.	*You speak English.*
Sie sprechen Italienisch.	*You speak Italian.*
Er/Sie spr**i**cht Französisch.	*He/She speaks French.*

3 **Können** does not follow the regular pattern. In the **ich** form and the **er/sie/es** form **kann** is used (without the endings found on regular verbs):

Ich **kann** ziemlich gut Deutsch.   *I can (speak) German fairly well.*
Du **kannst** auch Englisch.   *You can (speak) English too.*
Sie **können** sehr gut Französisch. *You can (speak) French very well.*
Er/Sie **kann** ein wenig Russisch. *He/She can (speak) a little Russian.*

Using *nicht* (negative sentences)

nicht (*not*)
Ich wohne in London.   *I live in London.*
Anke wohnt **nicht** in London.   *Anke doesn't live in London.*

Nicht can be used both in statements and in questions:

Ich wohne **nicht** in München.   *I don't live in Munich.*
Wohnst du **nicht** in London?   *Don't you live in London?*

Mehr Übungen ...

1 Verbendungen
   Verb endings

   Complete these sentences using the correct verb endings.

   a) Ich komm... aus Berlin. Woher komm... du?
   b) Er wohn... in Monaco.
   c) Hör... du Bruce Springsteen?
   d) Er spr... sehr gut Englisch.
   e) Wie buchstabier... man Kiebitzstraße?
   f) Frau Müller arbeit..., Karin studier... .

2 *Supply the appropriate forms of* **sein** (*to be*) *to complete these sentences:*
   a) Ich _____ aus München. Woher _____ du?
   b) Das _____ Imelda. Sie _____ aus München.
   c) Ich _____ Martin Trautmann. Wer _____ Sie?
   d) Wie _____ Ihr Name?
   e) _____ du Kurt aus Berlin?
   f) Zürich _____ in der Schweiz.

3 Schreiben Sie die Fragen.
   Write out the questions.

   Find the questions that these sentences would answer. Use the polite Sie *form.*

   Beispiel
   Antwort (*answer*):   Mir geht's gut, danke.
   Frage (*question*):   Wie geht es Ihnen?

   a) Ich heiße Susi Renger.
   b) Ich komme aus Köln.

c) Nein, ich spreche nur Deutsch.
d) Mir geht es heute nicht so gut.
e) Nein, ich bin Österreicherin.
f) Nein, ich bin ledig.

4 Beantworten Sie die Fragen im Negativ.
Answer these questions in the negative.

Beispiel
Sind Sie ledig?
Nein, ich bin nicht ledig.

a) Sind Sie verheiratet?
b) Kommt Heidi aus Zürich?
c) Wohnen Sie in London?
d) Heißen Sie Florian Meyer?
e) Ist das Jutta Leinemann?
f) Wohnt Sabine in Großbritannien?

5 Schreiben Sie Porträts.
Look back at the four people on the evening course from Übung 17. Write brief portraits of them.

Beispiel
Er heißt Gerhard Langer und er ist Deutscher. Er kommt aus Leipzig, aber er wohnt jetzt in Hamburg. Er spricht Deutsch and er kann auch sehr gut Russisch. Er ist verheiratet und er ist pensioniert.

a) Sie heißt Susi Renger und ... .
b) Das ist Mehmet Gunesay. Er ist ... .
c) Sie heißt Leni Hochstädter und ist ... .

Now you have completed Lektion 2, can you:

		tick
1	say how you are and ask other people how they are? *See pages 16–18.*	❏
2	say what nationality you are and what languages you speak? *See pages 19–21.*	❏
3	give your phone number, postcode, etc. and ask other people for theirs? *See pages 22–24.*	❏
4	say whether you are married and whether you work or study? *See pages 24–28.*	❏

Vokabeln

Was haben Sie gelernt?

FRAGEN	*Questions*
Wie geht es Ihnen?	*How are you?* (**Sie**-form)
Wie geht's?	*How are you?* (less formal, **Sie**- or **du**-form)
Wie geht es dir?	*How are you?* (**du**-form)
Sprechen Sie Deutsch?	*Do you speak German?*
Das freut mich.	*I am delighted.*
Das tut mir leid.	*I am sorry.*

VERBEN	*Verbs*
arbeiten	*to work*
können	*to be able, can*
sprechen	*to speak*
verstehen	*to understand*

PERSÖNLICHE ANGABEN	*Personal details*
arbeitslos	*unemployed*
geschieden	*divorced*
ledig	*single*
pensioniert	*retired*
verheiratet	*married*
verwitwet	*widowed*
der Partner (-) / die Partnerin (-nen)	*partner*

NÜTZLICHE AUSDRÜCKE	*Useful expressions*
ja	*yes*
nein	*no*
nicht	*not*
noch	*still*
vielleicht	*perhaps*
wirklich	*really*
natürlich	*of course, naturally*
ziemlich	*fairly*
wenig	*little*
ein bisschen	*a little*
ach so	*oh, I see*
im Moment	*at the moment*
in der Nähe von	*near*
nicht weit von	*not far from*

ADJEKTIVE	*Adjectives*
ausgezeichnet	*excellent*
gut	*good, fine*
prima (informal)	*brilliant, great*
schlecht	*bad*
schön	*beautiful*

NOMEN	*Nouns*
die Auskunft (¨e)	*information, directory enquiries*
die Empfangsdame (-n)	*receptionist (female)*
das Hotel (-s)	*hotel*
das Lotto (-s)	*national lottery*
Albanien	*Albania*
Belgien	*Belgium*
Bosnien-Herzegowina	*Bosnia-Herzegovina*
Bulgarien	*Bulgaria*
Dänemark	*Denmark*
Deutschland	*Germany*
Estland	*Estonia*
Frankreich	*France*
Finnland	*Finland*
Griechenland	*Greece*
Großbritannien	*Great Britain*
Irland	*Ireland*
Italien	*Italy*
Kroatien	*Croatia*
Lettland	*Latvia*
Litauen	*Lithuania*
Luxemburg	*Luxembourg*
Niederlande	*Netherlands*
Österreich	*Austria*
Polen	*Poland*
Portugal	*Portugal*
Rumänien	*Romania*
Russland	*Russia*
Schweden	*Sweden*
die Schweiz	*Switzerland*
die Slowakei	*Slovakia*
Slowenien	*Slovenia*
Spanien	*Spain*
die Tschechische Republik	*Czech Republic*
die Türkei	*Turkey*
die Ukraine	*Ukraine*
Ungarn	*Hungary*
Vereinigtes Königreich	*United Kingdom*
Zypern	*Cyprus*

3 | *drei*
Arbeit und Studium

- Towns and cities
- Jobs and professions
- Work and study

- *Numbers 101 upwards*
- *Gender and articles*
- *Verb endings (plural forms)*
- *Summary of verb endings in the present tense*

ÜBUNG 1

A | Was ist das?
What is that?

Lesen und Lernen

a

Das ist ein Bahnhof.
Das ist der Bahnhof in Hannover.

b

Das ist ein Weihnachtsmarkt.
Der Weihnachtsmarkt in Hannover.

c

Das ist ein Biergarten.
Der Waterloo-Biergarten in Bremen.

d

Das ist eine Bäckerei.
Die Bäckerei Doppelkorn.

e

Das ist eine Kneipe.
Die Kneipe heißt „Das Weinloch".

Gender and indefinite / definite articles

All German nouns have a gender and are either masculine, feminine or neuter:

	the ...	a ...
Masculine	**der** Bahnhof	**ein** Bahnhof
Feminine	**die** Bäckerei	**eine** Bäckerei
Neuter	**das** Fitnesscenter	**ein** Fitnesscenter

NB

In the plural, the word *the* is **die**.

das Bier + **der** Garten = **der** Biergarten
das Telefon + **die** Nummer = **die** Telefonnummer

Words like **mein** *(my) and* **Ihr** *(your) also have masculine, feminine and neuter forms:*

Masculine	**Mein** Name ist Ulrike Weber. Wie ist **Ihr** Name? (der Name)
Feminine	**Meine** Telefonnummer ist 774876. Wie ist **Ihre** Telefonnummer? (die Telefonnummer)
Neuter	Das ist **mein** Haus. Wo ist **Ihr** Haus? (das Haus)

Das ist eine Kirche.
Die Michaeliskirche in Hamburg.

Das ist ein Fitnesscenter.
Das aquaFit-Fitnesscenter.

Das ist ein Café.
Das Café Extrablatt in Hannover.

Das ist ein Hotel.
Das Hotel Schmidt in Celle.

VOKABELN

die Arbeit	the work
das Studium	the study
der Bahnhof	the railway station
der Weihnachtsmarkt	the Christmas market
der Biergarten	the beer garden
die Bäckerei	the bakery
die Kneipe	the pub
die Kirche	the church
das Fitnesscenter	the gym
das Hotel	the hotel
das Café	the café

Und jetzt Sie! Stadtpläne
Town maps

This is a map of the German town of Dittburg.

Partner A: *You are visiting Dittburg and would like to find out what buildings 1–6 are. Ask your partner who lives locally to provide you with the missing information.*

Partner B: *Go to page 236.*

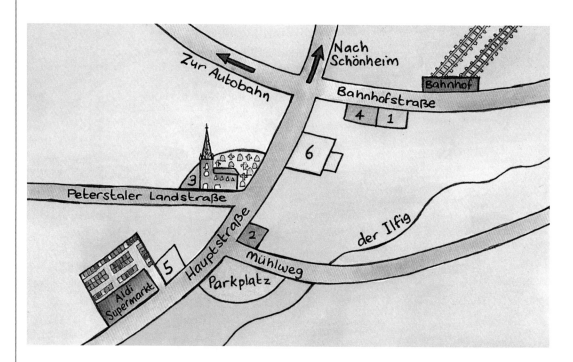

Beispiele (für Partner A)
A: Was ist Nummer 1?
B: Das ist **eine** Kneipe.
A: Wie heißt **die** Kneipe?
B: **Die** Kneipe heißt Bierstübl / **Sie** heißt Bierstübl.

Now change roles.

Partner A: *Your partner is visiting the German town of Schönheim and would like to know what buildings 1–6 on his/her map on page 236 represent. Here is the missing information that Partner B will ask you about.*

1   Bäckerei – Stadtbäckerei
2   Café – Café am Marktplatz
3   Kneipe – Weinstube
4   Kirche – Paulskirche
5   Fitnesscenter – Fitnesscenter Fitness Future
6   Hotel – Hotel zum Ritter

ÜBUNG 3

Wortspiel
Word game

*Write the words which the pictures represent and another word appears vertically. You have to add a letter to complete the word for **6**.*

1 ....
2 ....
3 ....
4 ....
5 ....
6 ....

ÜBUNG 4

Eine WhatsApp-Message aus München
A WhatsApp message from Munich

Lesen Sie die WhatsApp-Message und beantworten Sie dann die Fragen.
Read the WhatsApp message and answer the questions.

O2 WiFiCall 🔋   17:50   ⚹ 54% ▮

‹ 1   **Jochen Müllermann**
          online   ▢ ◄ 📞

> Hallo Jochen,
> wie geht's? Mir geht es ausgezeichnet. Ich bin jetzt eine Woche in München. Ich finde, die Stadt ist sehr schön, besonders das Stadtzentrum und der Englische Garten. Ich gehe auch in eine Sprachschule. Die Sprachschule heißt Interling. Ich spreche viel Deutsch. Das Bier in München ist sehr gut. Es heißt Weizenbier.
> Bis bald
> Mary   14:56 ✓

+   📷 ⋮ 🎤

Beantworten Sie.

a) Wo ist Mary?
b) Wie ist die Stadt?
c) Was ist besonders schön?
d) Wie heißt die Sprachschule?
e) Spricht Mary nur Englisch?
f) Was ist auch sehr gut in München?
g) Wie heißen die Artikel: der, die oder das?

____ Woche (*week*)
____ Stadtzentrum (*city centre*)
____ Garten (*garden*)
____ Sprachschule (*language school*)
____ Bier (*beer*)

V O K A B E L N

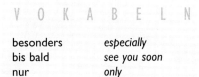

besonders	*especially*
bis bald	*see you soon*
nur	*only*

ÜBUNG
5

Welche Endungen?
Which endings?

In some cases no ending is needed.

a) Das ist ein… Fitnesscenter.
b) D… Hotel heißt Vier Jahreszeiten.
c) Dort ist ein… Bäckerei.
d) Wie ist Ihr… Vorname?
e) Wo ist d… Bäckerei?
f) Das ist ein… Café.

B | Berufe
Occupations

Lesen und Lernen
Was sind diese Leute von Beruf?

ÜBUNG
6

Peter Müller

Günther Schmidt

**Carmen da
Silva-Kern**

Anja Meier

Max Weber

Marcel Wagner

Monika Thielicke

Welches Wort passt zu welchem Bild?
Which word matches which picture?

1 Kundenberaterin
2 Automechaniker
3 Kellnerin
4 Koch
5 Designerin
6 Taxifahrer
7 IT-Spezialist

Designer/in ☺
auch mit Fremdsprachen ...
0 889 2 60 33 62
P&C Team für Zeitarbeit GmbH
Rosental 8 – 80331 München

PC Techniker/in
Bereich: Konfiguration, Reparaturen, Instal-
lationen von Soft-u. Hardware und Peripherie.
Erfahr. Linux, HTML, MS Office, etc.
Firma CM GmbH,
Adalbertstr. 10 80799 München

ÜBUNG
7

Wer ist das?

Write short descriptions of the people from Übung 6.

Beispiele
1 Das ist Peter Müller. **Er** ist Taxifahrer.
2 Das ist Günter Schmidt. **Er** ist Automechaniker.
3 Das ist _____. **Sie** ist ..., usw.

Mehr Berufe

der – masculine	**die** – feminine	
Automechaniker	Automechaniker**in**	*car mechanic*
Friseur/Frisör	Friseur**in**/Frisör**in**	*hairdresser*
IT-Spezialist	IT-Spezialist**in**	*IT specialist*
Journalist	Journalist**in**	*journalist*
Kellner	Kellner**in**	*waiter / waitress*
Kundenberater	Kundenberater**in**	*customer adviser*
Lehrer	Lehrer**in**	*teacher*
Maurer	Maurer**in**	*bricklayer*
Musiker	Musiker**in**	*musician*
Sekretär	Sekretär**in**	*secretary*
Student	Student**in**	*student*
Tischler	Tischler**in**	*carpenter*
Verkäufer	Verkäufer**in**	*shop assistant*

Ausnahmen (*Exceptions*)

Arzt	**Ä**rztin	*doctor*
Koch	K**ö**ch**in**	*chef, cook*
Angestellter	Angestellt**e**	*employee*
Haus**mann**	Haus**frau**	*househusband / housewife*
Bankkauf**mann**	Bankkauf**frau**	*qualified bank clerk*
Kranken**pfleger**	Kranken**schwester**/	*nurse*
	Krankenpfleger**in**	

1.28–
1.29

Sind Sie berufstätig?
Do you have a job?

Martina Volz aus Borken lernt Renate Harris aus Whitstable kennen.
Martina Volz from Borken gets to know Renate Harris from Whitstable.

Hören Sie zu.

a

Kreisstadt
Borken

Partnergemeinden

Albertslund
Borken
Whitstable

Partnerstädte *(Twinned towns)*

M: Willkommen in Borken! Mein Name ist Martina Volz. Hoffentlich sprechen Sie Deutsch!
R: Guten Abend! Ja, ich spreche Deutsch. Ich heiße Renate Harris.
M: Prima! Sie sprechen ja sehr gut Deutsch. Sind Sie denn Deutsche?
R: Ja, aber mein Mann ist Engländer und ich wohne seit 18 Jahren in England.
M: Ach so. Sind Sie berufstätig?
R: Ja, ich bin Verkäuferin.

V O K A B E L N

lernt . . . kennen	*gets to know*
willkommen	*welcome*
denn	*here: then*
mein Mann	*my husband*
Sind Sie berufstätig?	*Do you have a job?*

b

V O K A B E L N

Was macht Ihr Mann?	*What does your husband do?*
war	*was*
Was sind Sie von Beruf?	*What job do you do? (lit. What are you by profession?)*
Seit wann?	*Since when?*
Seit drei Jahren	*For (lit. since) three years*
Wo arbeiten Sie?	*Where do you work?*
Er arbeitet bei ...	*He works for ...*
der Supermarkt	*supermarket*

M: Was macht Ihr Mann?
R: Er ist jetzt pensioniert, aber er war Journalist. Und Sie? Was sind Sie von Beruf?
M: Ich bin Krankenschwester. Mein Mann ist von Beruf Mechaniker und er arbeitet bei Opel. Und wo arbeiten Sie?
R: Ich arbeite bei Sainsbury's, das ist ein Supermarkt in Großbritannien.
M: Seit wann arbeiten Sie dort?
R: Seit drei Jahren.

ÜBUNG 9

Richtig oder falsch? Korrigieren Sie die falschen Aussagen.

a) Renate Harris ist Österreicherin.
b) Renate wohnt seit 18 Jahren in England.
c) Sie ist Verkäuferin von Beruf.
d) Mr Harris ist Journalist von Beruf.
e) Martina Volz ist Bankkauffrau von Beruf.
f) Herr Volz ist Mechaniker und arbeitet bei Ford.

DasPhon

Verkäufer (m/w) in unseren Shops
DasPhon Shops GmbH

📍 Berlin, Düsseldorf, Frankfurt, Hamburg, Köln, München und Nürnberg

🗓 vor 3 Tagen

Wir sind ab sofort auf der Suche nach sympathischen **Verkaufstalenten** (m/w) an den Standorten Berlin, Düsseldorf, Frankfurt, Hamburg, Köln, München und Nürnberg.

DB

Willkommen, du passt zu uns!
IT-Security Spezialist (w/m)
Deutsche Bahn AG
📍 Frankfurt am Main, Erfurt, Berlin
🗓 vor einem Tag
Wenn es darum geht, zukünftig Millionen Fahrgäste und tausende Züge auch digital auf den Weg zu bringen, braucht es die besten **IT-Experten. IT**-Security **Spezialist** (w/m)

Gastro99

Koch (m/w)
Presented by GASTRO99
📍 Berlin   🗓 vor 3 Tagen
Wir suchen ab sofort engagierte **Köche** (m/w) in Voll- und Teilzeit. * Abgeschlossene Berufsausbildung als Koch * Berlin * Feste Anstellung * Teilzeit, Vollzeit

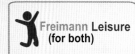

Freimann Leisure (for both)

Fitness Trainer (m/w)
Steiner Leisure Ltd.
📍 weltweit   🗓 vor 4 Tagen
Seit über 50 Jahren ist Steiner Leisure Ltd. ein Synonym für Qualität und der weltweit größte Betreiber für Wellness-Bereiche auf Kreuzfahrtschiffen. Wir suchen ab sofort Fitness Trainer (m/w)

ÜBUNG 10

Hermann Hümmer aus Dresden lernt Bernd Brückner aus Coventry kennen.

Hören Sie zu.

1.30

Welche Antwort passt?

a) Herr Brückner ist Engländer / Deutscher / Schweizer.
b) Frau Brückner ist Engländerin / Deutsche / Schweizerin.
c) Herr Brückner wohnt seit 6 Jahren / 8 Jahren / 10 Jahren in England.
d) Herr Brückner ist Kellner / Tischler / Kaufmann von Beruf.

Besuch aus Partnerstädten
Visitors from twinned towns

Partner A: Wählen Sie Ihre Rolle: Sie sind entweder Helga oder John und wohnen in Hannover.
Choose the appropriate role – either Helga or John from Hanover – and answer the questions from your partner who lives in Bristol.

Helga McCarthy-Winkler	**John McCarthy**
Deutsche	Ire
Sie ist mit John McCarthy verheiratet.	Er ist mit Helga McCarthy-Winkler verheiratet.
John ist Ire.	Helga ist Deutsche.
Sie wohnt seit 31 Jahren in Hannover.	Er wohnt seit 12 Jahren in Hannover.
Sie ist Sekretärin bei Sennheimer.	Er ist Angestellter bei BMW.

Nun fragen Sie Ihre Partnerin/Ihren Partner:
Sind Sie Engländer(in)? Sind Sie verheiratet? Ist Ihr Mann/Ihre Frau Engländer(in)? Wie lange wohnen Sie in Bristol? Was sind Sie von Beruf? Wo arbeiten Sie?

Partner B: *Your roles are in the Partner B section on page 237.*

Schreiben Sie jetzt Ihre eigenen Karten.

Anagramme: Was sind diese Leute von Beruf?
Anagrams: What jobs do these people do?

NREIRLEH *a*

ERURAM *b*

ANSTUJORIL *c*

ERNISÄTERK *d*

C | Was studierst du?
What are you studying?

ÜBUNG

13

1:31

In der Jugendherberge. Teil 1.

Adrian lernt Karin und Anke kennen.
Adrian gets to know Karin and Anke.

Hören Sie zu.

Adrian	Grüß euch! Ich heiße Adrian. Wie heißt ihr?
Karin	Hallo! Mein Name ist Karin.
Anke	Und ich bin die Anke.
Adrian	Und woher kommt ihr?
Anke	Wir kommen aus Gießen. Und du? Woher kommst du?
Adrian	Aus Frankfurt. Ich studiere dort Romanistik. Studiert ihr auch?
Karin	Ja, wir studieren BWL in Marburg.
Adrian	Und ist das interessant?
Anke	Na ja, es geht, ein bisschen langweilig.

Richtig oder falsch?

1 Anke und Karin kommen aus Gelsenkirchen.
2 Adrian kommt aus Frankfurt.
3 Adrian studiert Germanistik.
4 Anke und Karin studieren BWL.
5 Sie studieren in Marburg.
6 Sie finden es sehr interessant.

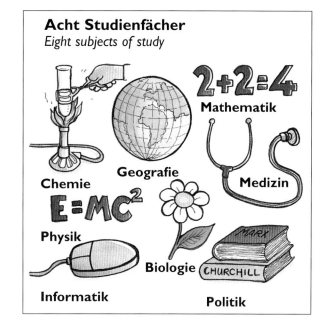

Acht Studienfächer
Eight subjects of study

$2+2=4$ **Mathematik**

Geografie

Chemie

Medizin

$E=MC^2$

Physik

Biologie CHURCHILL

Informatik

Politik

MARX

V O K A B E L N

Grüß euch!	*Hello, hi!* (informal greeting plural)
Wie heißt ihr?	*What are you* (familiar plural) *called?*
Na ja	*Oh well* (colloquial, conversational)
es geht	*it's all right*
langweilig	*boring*

V O K A B E L N

Acht weitere Studienfächer
Eight more subjects

Anglistik	*English language and literature*
Betriebswirtschaftslehre (BWL)	*management studies*
Germanistik	*German language and literature*
Geschichte	*history*
Jura	*law*
Romanistik	*Romance studies*
Volkswirtschaftslehre (VWL)	*economics*
Zahnmedizin	*dentistry*

* **studieren** means to study at a university; **lernen** is more appropriate for study at lower levels, such as in schools, further education and adult education.

In der Jugendherberge. Teil 2.

Anke und Karin lernen Thomas und Peter kennen.

Anke and Karin get to know Thomas and Peter.

Hören Sie zu.

V O K A B E L N

eine Banklehre	*an apprenticeship in a bank*
meine Eltern	*my parents*
eine Wohnung	*a flat, apartment*
im Stadtzentrum	*in the city centre*

Anke	Hallo! Ich heiße Anke und das ist Karin. Wie heißt ihr?
Thomas	Hallo! Ich heiße Thomas und das ist Peter.
Peter	Grüß euch!
Anke	Und woher kommt ihr?
Peter	Wir sind aus Leipzig.
Karin	Seid ihr Studenten?
Peter	Ich bin Student. Ich studiere Chemie in Leipzig.
Thomas	Und ich mache in Leipzig eine Banklehre. Meine Eltern wohnen dort. Sie haben eine Wohnung im Stadtzentrum.

Richtig oder falsch?

		Richtig	Falsch
1	Thomas und Peter kommen aus Leipzig.	❑	❑
2	Peter studiert Physik.	❑	❑
3	Thomas macht eine Banklehre.	❑	❑
4	Seine Eltern wohnen in Dresden.	❑	❑
5	Seine Eltern haben ein Haus im Stadtzentrum.	❑	❑

ÜBUNG
14

Was studieren sie?

Fill in the information that these students give about themselves.

Name	Paul	Daniel	Heike	Martina
Wohnort				
Studienort				
Studienfach				

Verbs in the plural				
Wir	komm**en**	aus	Leipzig.	*We come from Leipzig.*
Ihr	komm**t**	aus	Gießen.	*You (both or all) come from Gießen. (informal)*
Sie	komm**en**	aus	Dresden.	*You (both or all) come from Dresden. (formal)*
Komm**en**	sie	aus	Marburg?	*Do they come from Marburg?*

Sie

The formal **Sie** *is used for both the singular and the plural. This* **Sie** *is always written with a capital* **S**:

Woher kommen Sie, Herr Fischer? *(to one person)*

Wo wohnen Sie in Deutschland? *(to two or more people)*

sein *(to be) (irregular verb)*

Wir	sind	Studenten.	*We are students.*
Ihr	seid	hier.	*You (both or all) are here. (informal)*
Sie	sind	hier.	*You (both or all) are here. (formal)*
Sind	sie	Österreicher?	*Are they Austrians?*

ÜBUNG **15**

Du, Sie oder ihr?

Ask these people for their name and where they come from.

a) _____?

b) _____?

c) _____?

d) _____?

e) _____?

Deutschland-Info

BILDUNG UND AUSBILDUNG

Full-time attendance at school is compulsory in Germany from six to 15 years of age. Those who leave school at 15 have to attend a vocational school part-time for a further three years.

Vocational training in Germany is well organised; apprenticeships, lasting two to three and a half years, prepare young people for a wide range of occupations.

Almost three million students are registered at 428 German higher education institutions. German universities have introduced BA and MA courses along the lines of British and American universities, which are shorter than the traditional German Diplom and Magister degrees. This makes it easier for students to enter the job market at a younger age.

There are about 350,000 foreign students studying at German higher education institutions and an increasing number of universities offer degree courses taught in English.

Well-known institutions include the University of Heidelberg, founded in 1386, the Ludwig-Maximilians-Universität in Munich and the Humboldt-Universität in Berlin.

Und jetzt Sie!

Work in pairs or small groups and ask each other – whether you have a job and, if so, what you do, where you work and for how long; whether you are a student and, if so, what, where you are studying and for how long.

Sind Sie berufstätig?

Wo studieren Sie?

Was sind Sie von Beruf?

Wo arbeiten Sie?

STUDIEREN SIE?

Was studieren Sie?

Seit wann arbeiten Sie?

Seit wann studieren Sie?

Ich über mich
Me about myself

Write as much information about yourself as your German will allow. Use Darleen Briggs' answer to help you.

Nützliche Ausdrücke

Seit wann?
Since when?

Was studiert ihr?
What do you study? (informal)

Was studierst du?
What do you study?

Ich über mich

Ich heiße Darleen Briggs.
Ich komme aus Manchester, aber ich wohne jetzt in Pimlico. Das ist in London.
Meine Eltern wohnen noch in Manchester.
Ich bin Krankenschwester und ich arbeite in Fulham.
Ich spreche Englisch, Französisch und ein bisschen Deutsch.
Mein Partner heißt Duane und er ist Automechaniker. Er arbeitet in Chelsea.
Er spricht sehr gut Deutsch und er kommt aus London.

ÜBUNG 18

Welche Antwort passt?

a) Was ist das?

   1 Das ist sehr schön.
   2 Das ist Herr Schneider.
   3 Das ist das Brandenburger Tor.

d) Was studiert ihr?

   1 Sie studieren Geschichte in Gießen.
   2 Wir studieren Jura in München.
   3 Er studiert BWL in Marburg.

b) Sind Sie berufstätig?

   1 Nein, ich bin Lehrer.
   2 Ja, ich bin Lehrerin.
   3 Ja, ich studiere Germanistik.

e) Ist Ihre Frau berufstätig, Herr Meinert?

   1 Ja, sie studiert Chemie.
   2 Nein, sie sind arbeitslos.
   3 Ja, sie ist Ärztin.

c) Bist du Studentin?

   1 Ja, ich studiere Anglistik in Jena.
   2 Ja, ich bin Kauffrau von Beruf.
   3 Nein, ich studiere Elektronik in Darmstadt.

f) Woher kommt ihr?

   1 Sie kommen aus Dresden.
   2 Wir kommen aus Leipzig.
   3 Ihr kommt aus Köln.

FRIEDRICH-SCHILLER-
UNIVERSITÄT
JENA

ÜBUNG 19

Sagen Sie es anders!

Match the questions in Teil A with their near equivalents in Teil B.

Teil **A**

  a) Wie schreibt man das?
  b) Woher kommen sie?
  c) Wie heißen Sie?
  d) Woher kommen Sie?
  e) Woher kommt ihr?
  f) Woher kommst du?
  g) Wie heißt du?
  h) Arbeitet ihr?

Teil **B**

  1 Seid ihr berufstätig?
  2 Wie ist dein Name?
  3 Wie buchstabiert man das?
  4 Wie ist Ihr Name?
  5 Woher bist du?
  6 Woher sind sie?
  7 Woher seid ihr?
  8 Woher sind Sie?

ÜBUNG
20

1:34

Zahlen 101 und aufwärts
Numbers 101 and upwards

Hören Sie zu und wiederholen Sie!

101	hunderteins
102	hundertzwei
110	hundertzehn
111	hundertelf
120	hundertzwanzig
121	hunderteinundzwanzig
201	zweihunderteins
312	dreihundertzwölf
999	neunhundertneunundneunzig
1 000	(ein)tausend
2 843	zweitausendachthundertdreiundvierzig
10 962	zehntausendneunhundertzweiundsechzig
1 000 000	eine Million
4 000 000	vier Millionen
1 000 000 000	eine Milliarde

Notrufe

Polizei	110
Feuer	112
Notarzt	115

1:35

T I P P S   Z U R   A U S S P R A C H E

Hören Sie zu und sprechen Sie nach!
In German the use of the Umlaut (¨) always changes the way a vowel
*(such as **a**, **o** or **u**) or a diphthong (such as **au**) is pronounced.*

*Listen to the way **a** plus an Umlaut is pronounced in these words:*
Engländer, Universität, berufstätig, Sekretärin, Kindergärtnerin.

*Listen to the way **au** plus an Umlaut is pronounced:* Verkäufer,
Fräulein.

☺ *How would you pronounce these words?* Ärztin, Bäckerei,
Dänemark, Häuser.

Grammatik

Verbs – present tense endings

Here is a summary of the verb endings used for regular verbs, and slightly irregular verbs, in the present tense:

Infinitive: wohnen   **Stem:** wohn-

Singular

ich	wohne	komme	arbeite	spreche
du	wohnst	kommst	arbeitest	sprichst
Sie	wohnen	kommen	arbeiten	sprechen
er/sie/es	wohnt	kommt	arbeitet	spricht

Plural

wir	wohnen	kommen	arbeiten	sprechen
ihr	wohnt	kommt	arbeitet	sprecht
Sie	wohnen	kommen	arbeiten	sprechen
sie	wohnen	kommen	arbeiten	sprechen

Sein (*to be*) and **haben** (*to have*) are irregular verbs:

Singular

Ich	bin	Student.
Du	bist	Sekretärin.
Sie	sind	verheiratet.
Er/Sie/Es	ist	alt.

Plural

Wir	sind	Engländer.
Ihr	seid	Amerikaner.
Sie	sind	Japaner.
Sind	sie	arbeitslos?

Singular

Ich	habe	ein Haus.
Du	hast	eine Wohnung.
Sie	haben	ein Café.
Er/Sie/Es	hat	ein Hotel.

Plural

Wir	haben	ein Elektroauto.
Ihr	habt	meine Adresse.
Sie	haben	meine Telefonnummer.
Haben	sie	jetzt Mathematik?

Gender of nouns

As you have seen, German nouns are either *masculine*, *feminine* or *neuter*. This is their *gender*. The words for *the* and *a* (the so-called *definite* and *indefinite articles*) have to match the gender of the nouns:

Masculine	der Bahnhof	*the station*	ein Bahnhof	*a station*
Feminine	die Kirche	*the church*	eine Kirche	*a church*
Neuter	das Café	*the café*	ein Café	*a café*

NB: In the plural the word *the* is **die**.

If a noun is made up of more than one noun it is the last element that defines the gender:

das Bier + **der** Garten = **der** Biergarten
das Haus + **die** Frau = **die** Hausfrau

The gender of nouns has to be learned. There are a few rules to help you. For instance, most nouns ending in **-in** are feminine (**die Sekretärin**, **die Amerikanerin**, etc.). In general, however, you need to learn the noun with its definite article: **der**, **die** or **das**.

Plural of nouns

German nouns do not simply add **-s** to form their plurals (*a book, two books*). The plurals have to be learned. Two of the main categories which you have met so far are:

a) nouns which do not change: **ein Engländer, zwei Engländer**.

b) nouns which add **-nen**: **eine Amerikanerin, zwei Amerikanerinnen**.

Mehr Übungen ...

1 *What gender is each of the following nouns, masculine (**der**), feminine (**die**) or neuter (**das**)?*
   a) Fitnesscenter
   b) Bahnhof
   c) Haus
   d) Bäckerei
   e) Kellnerin
   f) Telefonnummer

2 *Fill in the gaps with the correct versions of* **Ihr(e)** *or* **mein(e)***:*
   a) Wie ist ___ Name? ___ Name ist Astrid.
   b) Wie ist ___ Adresse? ___ Adresse ist Hauptstraße 45.
   c) Wo liegt ___ Haus? ___ Haus liegt im Zentrum.
   d) Wie ist ___ Telefonnummer? ___ Telefonnummer ist 753412.
   e) Wie heißt ___ Mann? ___ Mann heißt Gerhard.

3 Berufe

Schreiben Sie bitte.
a) Er ist Taxifahrer.
b) Sie ist ...
c) Er ist ..., etc.

4 Verbendungen
Complete these sentences with the correct verb endings.
a) Woher komm... ihr?
b) Wir _____ (sein) aus Bristol.
c) Herr und Frau McCarthy wohn... in Hannover.
d) Herr und Frau Miller arbeit... beide als Verkäufer.
e) Studier... ihr in Frankfurt?
f) Wir mach... beide eine Banklehre.

5 Schreiben Sie Ihre erste WhatsApp-Message.
Write your first WhatsApp message in German.

*You just have to fill in the missing
words. You choose the person you
would like to write to.*

der – schön – Die – fantastisch –
bald – eine – das – heißt –
spreche – geht's – eine – Die

O2 WiFiCall 17:50 ⚹ 54%
‹ 1 online 📹 📞

Hallo ... ,
wie _____? Mir geht es _____ .
Ich bin jetzt _____ Woche
in Berlin.
Ich finde, _____ Stadt ist
sehr _____, besonders _____
Zentrum und _____ Tiergarten.
Ich gehe jetzt auch in _____
Sprachschule.
_____ Sprachschule
_____ Euro-Müller. Ich _____
viel Deutsch.
Was machst du?
Bis _____
...
14:56 ✓✓

+ 📷 ⋮ 🎤

Now you have completed Lektion 3, can you:

tick

I	name some important facilities in towns and cities? *See pages 34–5.*	❏
2	ask people their occupation and give your own? *See pages 38–40.*	❏
3	ask people what study or training courses they are doing and where? *See pages 43–6.*	❏
4	count from 101 upwards? *See page 48.*	❏

Vokabeln

Was haben Sie gelernt?

BERUFE	*Professions*
der Angestellte (-n) / die Angestellte (-n)	*employee*
der Arzt (¨e) / die Ärztin (-nen)	*doctor*
der Automechaniker (-) / die Automechanikerin (-nen)	*mechanic*
der Friseur (-e) / die Friseurin (-nen)	*hairdresser*
der Ingenieur (-e) / die Ingeneurin (-nen)	*engineer*
der IT-Spezialist (-en) / die IT-Spezialistin (-nen)	*IT specialist*
der Journalist (-en) / die Journalistin (-nen)	*journalist*
der Kellner (-) / die Kellnerin (-nen)	*waiter/waitress*
der Krankenpfleger / die Krankenpflegerin (-nen)	*nurse*
die Krankenschwester(-n)	*used for female nurse(s) only*
der Kundenberater (-) / die Kundenberaterin (-nen)	*customer advisor*
der Maurer (-) / die Maurerin (-nen)	*bricklayer*
der Lehrer (-) / die Lehrerin (-nen)	*teacher*
der Mechaniker (-) / die Mechanikerin (-nen)	*mechanic*
der Musiker (-) / die Musikerin (-nen)	*musician*
der Sekretär (-e) / die Sekretärin (-nen)	*secretary*
der Student (-en) / die Studentin (-nen)	*student*
der Taxifahrer (-) / die Taxifahrerin (-nen)	*taxi driver*
der Verkäufer (-) / die Verkäuferin (-nen)	*carpenter*

FRAGEN	*Questions*
Was sind Sie von Beruf?	*What job do you do?*
Wo arbeiten Sie?	*Where do you work?*
Sind Sie berufstätig?	*Do you have a job?*
Seit wann?	*Since when?*
Was studiert ihr?	*What do you study? (informal plural)*
Was studierst du?	*What do you study? (informal)*

PERSONAL-PRONOMEN	*Personal pronouns*
wir	*we*
ihr	*you (informal)*
Sie	*you (formal)*
sie	*they*

VERBEN	*Verbs*
arbeiten	*to work*
machen	*to do, make*
studieren	*to study*
war/waren	*was/were – past tense of **sein** (to be)*

ADJEKTIVE	*Adjectives*
interessant	*interesting*
langweilig	*boring*
fantastisch	*fantastic*

NÜTZLICHE AUSDRÜCKE	*Useful expressions*
besonders	*especially*
Na ja	*Oh well*
nur	*only*

GEBÄUDE	*Buildings*
die Bäckerei (-en)	*bakery*
der Bahnhof (¨e)	*railway station*
die Bank (-en)	*bank*
das Café (-s)	*café*
das Fitnesscenter (-)	*gym*
das Haus (¨er)	*house*
das Hotel (-s)	*hotel*
das Kino (-s)	*cinema*
die Kirche (-n)	*church*
die Kneipe (-n)	*pub*
die Hauptpost (-s)	*main post office*
das Rathaus (¨er)	*town hall*
die Schule (-n)	*school*
die Sprachschule (-n)	*language school*
der Supermarkt (¨e)	*supermarket*

ANDERE NOMEN	*Other nouns*
der Biergarten (¨)	*beer garden*
der Flohmarkt (¨e)	*flea market*
der Park (-s)	*park*
die Stadt (¨e)	*town, city*
das Stadtzentrum (-zentren)	*city centre*
das Bier (-e)	*beer*
die Lehre (-n)	*apprenticeship*
die Woche (-n)	*week*
die WhatsApp-Message (-s)	*WhatsApp message*

Familie und Freizeit

- Activities
- Leisure pursuits
- Stating likes and dislikes
- Family relationships

- *Verbs with vowel changes*
- *Possessives*
- *Plural of nouns*
- *The accusative case*

A | Was machen die Leute?
What are these people doing?

ÜBUNG
1

Lesen und Lernen

Frau Thielemann kocht.

Die Kinder schwimmen.

Rebecca hört Musik.

Sie spielen Fußball.

Frau Copa liest ein Buch.

Herr Schenke arbeitet im Garten.

Die Leute machen ein Picknick.

Herr Hinschken kauft Lebensmittel.

Die Leute essen und trinken.

Sulaya schreibt eine SMS.

ÜBUNG 2

Wie heißen die Verben?

Beispiel

Englisch, Deutsch: lernen

a) Musik: _____

b) Wasser, Kaffee: _____

c) eine SMS / eine Message: _____

d) Buch: _____

e) Lebensmittel: _____

f) Pasta: _____ oder _____

g) Fußball: _____

Vowel changes

Some verbs in German have a change in the vowel in the du and er, sie and es forms:

	sprechen	lesen	essen
ich	spreche	lese	esse
du	sprichst	liest	isst
er/sie/es	spricht	liest	isst

ÜBUNG 3

Frau Neumann ist sehr beschäftigt.

Frau Neumann is very busy.

Schreiben Sie, was sie macht!

a) Frau Neumann _trinkt_ Kaffee.

b) Sie _____ .

c) Sie _____ Lebensmittel.

d) Frau Neumann _____ Pasta.

e) Sie _____ einen Text auf Englisch.

f) Sie _____ _____ .

g) Sie _____ Englisch.

h) Sie _____ ein Glas Bier.

ÜBUNG 4

Was machen die Leute?

Hören Sie zu und schreiben Sie.

a) Die Leute spielen Tennis.
b) Die Leute _____ .
c) Die Leute _____ .
d) Die Leute _____ .

e) Die Leute _____ .
f) Die Leute _____ .
g) Die Leute _____ .

ÜBUNG 5

Üben Sie Verbendungen und irreguläre Verben.
Practise verb endings and irregular verbs.

a) Er spr... sehr gut Deutsch.
b) Koch... Sie oft?
c) Trink... ihr viel Wasser?
d) Arbeit... du bei Opel?
e) Frau Peters l... ein Buch über Berlin.
f) Er ... Pasta und Salat. (essen)

B | Hobbys und Freizeit

Hobbies and leisure time

ÜBUNG 6

Was ist Ihr Hobby?

Eine Radio-Umfrage in Travemünde.
Hören Sie zu.

Reporter	Guten Tag. Wir sind vom Radio und machen eine Umfrage. Was ist Ihr Hobby, bitte?
Touristin A	Mein Hobby? Also, mein Hobby ist mein Garten. Und ich wandere gern.

Reporter	Entschuldigen Sie, bitte. Haben Sie ein Hobby?
Tourist A	Ein Hobby? Ja, ich schwimme gern, ich gehe gern ins Kino und ich lese gern.
Reporter	Lesen Sie gern Krimis?
Tourist A	Nein, ich lese nicht gern Krimis. Ich lese gern Romane und Biografien.

V O K A B E L N

die Umfrage (-n)	*survey*
der Krimi (-s)	*crime story, detective story*
der Roman (-e)	*novel*
die Biografie (-n)	*biography*
Ich wandere gern.	*I **like** hiking.*
Ich reise gern.	*I **like** travelling.*
Ich gehe gern ins Kino.	*I **like** going to the cinema.*

Reporter	Kann ich Sie etwas fragen? Was ist Ihr Hobby, bitte?
Tourist B	Mein Hobby ist Fotografie. Ich fotografiere gern.
Reporter	Und haben Sie noch ein Hobby?
Tourist B	Ja, ich reise auch gern.

●

Reporter	Entschuldigen Sie. Haben Sie ein Hobby?
Touristin B	Ein Hobby? Mmh, Sport und Musik.
Reporter	Sport und Musik? Joggen Sie gern?
Touristin B	Nein, ich jogge nicht gern. Ich spiele gern Tennis und Golf. Ich gehe oft ins Fitnesscenter und ich höre gern Klassik, Jazz, Rock und Popmusik. Ist das genug?
Reporter	Ja, ja. Vielen Dank.

Was waren die Hobbys?

Listen to the interviews again and tick ✔ the hobbies mentioned. Put a cross ✗ against those which were not.

1.37

Lesen	☐	Kino	☐	Segeln	☐
Surfen	☐	Garten	☐	Sport	☐
Fotografieren	☐	Computer	☐	Wandern	☐
Reisen	☐	Tennis	☐	Joggen	☐
Schwimmen	☐	Jazz	☐	Golf	☐
Popmusik	☐	Klassische Musik	☐	Fitness	☐
Fußball	☐	Pilates	☐	Rockmusik	☐

BUNDESLIGA

Deutschland-Info

VEREINE

There are many kinds of **Vereine** (*clubs*) in Germany covering a multitude of interests, from gardening to coin collecting or singing. Singing clubs alone total over two million members and sport clubs manage to attract nearly ten times that figure.

In recent years many sports clubs have introduced activities such as Pilates, Yoga or Fitness in order to attract more people.

ÜBUNG 7

Fragen Sie Ihre Partnerin/Ihren Partner, was sie/er gern oder nicht gern macht.

Beispiel
A: Sprechen Sie/Sprichst du gern Deutsch?
B: Ja, ich spreche gern/sehr gern Deutsch. – Nein, ich spreche **nicht** gern Deutsch.
   Und Sie?/Und du?
   Sprechen Sie/Sprichst du gern Deutsch? ...

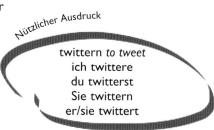

Nützlicher Ausdruck

twittern *to tweet*
ich twittere
du twitterst
Sie twittern
er/sie twittert

Fragen	Ihr Partner	Sie
Sprechen Sie gern Deutsch?		
Lesen Sie gern ?		
Hören Sie gern Musik?		
Essen Sie gern Pizza?		
Reisen Sie gern?		
Arbeiten Sie gern im Garten?		
Gehen Sie gern ins Fitnesscenter?		
Twittern Sie gern?		
Welche sozialen Netzwerke nutzen Sie gern?		

Feel free to form more questions. When you are not sure about something, ask your teacher.

ÜBUNG 8

Was haben Sie herausgefunden? Sagen Sie drei Dinge, die Ihr Partner gern und nicht gern macht.

What did you discover? State three things your partner likes doing and three he or she doesn't like.

Die beliebtesten Freizeitbeschäftigungen der Deutschen ...
Germans' most popular leisure activities ...

1 Fernsehen
2 Radio hören
3 Telefonieren
4 Internet
5 Zeitungen, Magazine lesen

ÜBUNG
9

C | Tandempartner
Tandem partners

Wir suchen Tandempartner
We are looking for tandem partners

These four people are looking for a tandem partner, someone with whom they can practise their language skills.

Thorsten Schmidt, Berlin

Muttersprache: Deutsch

Hallo! Mein Name ist Thorsten Schmidt. Ich wohne in Berlin und ich bin 34 Jahre alt. Meine Hobbys sind: Fußball und Musik. Ich höre sehr gern Indierock, aber ich hasse deutsche Musik. Ich spreche Französisch und ein bisschen Englisch und ich suche eine Tandempartnerin oder einen Tandempartner in Großbritannien oder Irland.

Kontaktieren

Louise Rotherbaum, Berlin

Muttersprache: Deutsch

Hallo! Ich heiße Louise Rotherbaum und bin jetzt Rentnerin. Ich war Geschichtslehrerin. Ich wohne in Berlin und habe dort ein kleines Haus. Ich trinke sehr gerne englischen Tee und ich lese viel über das englische Königshaus. Ich liebe englische Cookies. Ich suche eine Tandempartnerin aus England, die ein bisschen Deutsch kann. Bitte schreiben Sie mir.

Kontaktieren

Michael, Köln

Muttersprache: Deutsch

Hallo! Fitness ist super, Couchpotatoes sind langweilig. Michael, 18, aus Köln sucht Tandempartner für Spanisch und Englisch. Meine Hobbys sind: Sport, Politik, Ökologie und Instagram. Außerdem reise ich gern und besuche gern Freunde in der ganzen Welt.

Kontaktieren

Petra Baum, München

Muttersprache: Deutsch

Hallo! Mein Name ist Petra Baum. Ich komme aus München und bin Architektin. Ich koche sehr gern und habe auch ein Motorrad (BMW). Ich spreche Französisch, Italienisch und Englisch und reise gern. Außerdem tanze ich gut und ich liebe soziale Medien.

Kontaktieren

Richtig oder falsch? Korrigieren Sie die falschen Aussagen.

	Richtig	Falsch
a) Thorsten Schmidt hört sehr gern deutsche Musik.	☐	☐
b) Frau Rotherbaum ist Geschichtslehrerin.	☐	☐
c) Sie hat ein kleines Haus in Berlin.	☐	☐
d) Michael findet Fitness super.	☐	☐
e) Er reist nicht gern.	☐	☐
f) Die Hobbys von Frau Baum sind Kochen, Motorradfahren, Sprachen, Tanzen und soziale Medien.	☐	☐

Ich über mich

You are looking for a German tandem partner. Write a short description of yourself similar to the ones in Übung 9. You could also prepare an answer to one of the advertisements.

Keine

Kein(e) *can mean* no *or* not a:

Ich bin kein Deutscher.   *I am not a German.*
Ich habe keine Zeitung.   *I don't have a newspaper.*

D | Familien
Families

Eine Familie stellt sich vor!
A family is introduced!

Work out what the names are for as many family relationships as you can find here.

Familie Neumann

Das ist Familie Neumann aus Mannheim. Die Großmutter heißt Helene und ist 82 Jahre alt. Sie war Hausfrau. Ihr Mann heißt Albert und ist 84 Jahre alt. Er war Bankkaufmann. Georg ist 55 und er ist Ingenieur. Seine Frau Anne ist 52 und sie ist Lehrerin. Ihre Kinder heißen Axel und Annett. Axel ist Bankkaufmann und seine Schwester Annett studiert noch. Sie ist Single.

Axel ist mit Nicole verheiratet. Nicole ist IT-Expertin und kommt eigentlich aus China. Sie haben zwei Kinder. Ihre Tochter heißt Nadine und ist vier Jahre alt. Der Bruder von Nadine heißt Florian und ist zwei. Außerdem haben sie eine Katze und einen Hund. Der Hund heißt Harro und die Katze Mia.

ÜBUNG
12

Schreiben Sie einen Stammbaum der Familie Neumann.
Write a family tree of the Neumann family.

Use the information given in the text.

VOKABELN

der Sohn (¨e)	son
die Großmutter (¨)	grandmother
die Mutter (¨)	mother
die Schwiegertochter (¨)	daughter-in-law
der Schwiegersohn (¨e)	son-in-law
das Enkelkind (-er)	grandchildren

Großvater   =   Großmutter
Name: _____   Name: _*Helene*_
Alter: _____   Alter: _____
Beruf: _____   Beruf: _____

Vater   =   Mutter
Name: _*Georg*_   Name: _____
Alter: _____   Alter: _____
Beruf: _____   Beruf: _*Lehrerin*_

Sohn   =   Schwiegertochter   Tochter
Name: _____   Name: _*Nicole*_   Name: _____
Beruf: _____   Beruf: _____   Beruf: _____

Haustiere
Katze: _____   Hund: _____

Gender and possessives

Use **ihr** for *her* and **sein** for *his*.

Remember that feminine, masculine and neuter endings are needed depending on the gender of the nouns. The -e ending is used for all genders in the plural.

	Singular		**Plural**	
Masculine	ih**r** Sohn	sei**n** Sohn	ih**re** Söhne	sei**ne** Söhne
Feminine	ih**re** Tochter	sei**ne** Tochter	ih**re** Töchter	sei**ne** Töchter
Neuter	ih**r** Kind	sei**n** Kind	ih**re** Kinder	sei**ne** Kinder

ÜBUNG **13**

Ihr, ihre, sein, seine? Was passt?

If you cannot remember the gender of a word, look it up in a dictionary.

a) Wie ist sein... Handynummer?
b) Das ist ihr... Computer.
c) Das sind sein... Kinder.
d) Ist das ihr... Tochter?
e) Das ist ihr... Hund.
f) Sein... Katze heißt Cleopatra.

ÜBUNG **14**

Das britische Königshaus

Wer ist wer?

Write down the words 1 to 5 and the sixth word will appear vertically.

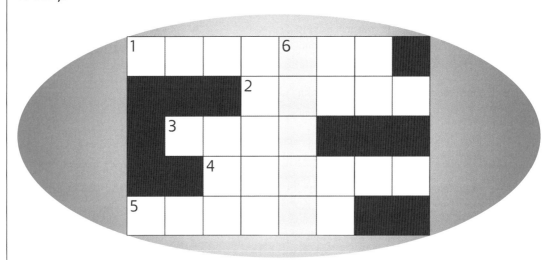

1 Prinzessin Charlotte ist die _____ von Prinz William.
2 Prinz Charles ist der _____ von Prinz William.
3 Prinz Harry ist der _____ von Charles und Diana.
4 Diana war die _____ von Prinz William und Prinz Harry.
5 Prinz William ist der _____ von Prinz Harry.
6 Pippa Middleton ist die _____ von Prinz George.

Nützlicher Ausdruck

Alles klar?
Everything OK?

Haben Sie Geschwister?
Have you any brothers or sisters?

Gespräch in der Pause. Die Studenten aus der Volkshochschule Hamburg unterhalten sich über ihre Familien.
During a break the students of the Volkshochschule in Hamburg talk about their families.

V O K A B E L N

die Enkeltochter (·)	*granddaughter*
der Enkelsohn (·e)	*grandson*
ein stolzer Opa	*a proud grandfather*

Herr Langer	Und Sie, Frau Renger, haben Sie noch Geschwister?
Frau Renger	Ja, ich habe einen Bruder und zwei Schwestern.
Herr Langer	Und was machen sie beruflich?
Frau Renger	Mein Bruder ist Kfz-Mechaniker. Meine Schwestern sind Ärztin und Lehrerin. Und Sie Herr Langer, haben Sie Kinder?
Herr Langer	Ja, natürlich. Eine Tochter und einen Sohn.
Frau Renger	Und wohnen beide hier in Hamburg?
Herr Langer	Mein Sohn wohnt noch hier, aber meine Tochter wohnt jetzt in Berlin und hat schon Kinder.
Frau Renger	Dann sind Sie ja schon stolzer Opa.
Herr Langer	Ja, ja. Ich habe zwei Enkeltöchter und einen Enkelsohn.
Frau Renger	Und was macht Ihr Sohn beruflich?
Herr Langer	Mein Sohn ist Koch hier in Hamburg. Er kocht oft für mich und meine Frau. Das ist fantastisch.

Bitte antworten Sie.

a) Wie viele Geschwister hat Frau Renger?
b) Was machen ihre Schwestern beruflich?
c) Wo wohnt die Tochter von Herrn Langer?
d) Wo wohnt sein Sohn und was macht er beruflich?
e) Wie viele Enkelkinder hat Herr Langer?

Ein → einen

Das ist ein Hund. (der Hund)
Das ist ein Kaffee. (der Kaffee)

Familie Marcus	hat	ein**en** Hund.
Nadja	trinkt	ein**en** Kaffee.
subject	verb	object

*As you can see, the article for masculine nouns (**ein**) changes for the object (to **einen**) if you have a subject (e.g. **Familie Marcus**) and an object (e.g. **Hund**). This happens when you use almost any verb apart from **sein** (to be), e.g. Artos ist ein Hund. It also applies when you talk about male family members:*

Ich habe einen Bruder.
Hast du einen Freund?
Sie hat einen Partner.

*You will see more of this structure (the accusative case) in **Lektion 5**. Here you have the opportunity to practise these changes.*

1.39

Frau Hochstädter und Herr Gunesay sprechen über ihre Familien. Hören Sie zu. Welche Antwort passt?

a) Frau Hochstädter hat
   1　einen Bruder und zwei
      Schwestern.
   2　einen Bruder und eine Schwester.
   3　zwei Brüder und eine Schwester.

b) Ihre Geschwister wohnen
   1　auch in Hamburg.
   2　in Österreich und Deutschland.
   3　in Österreich.

c) Herr Gunesay hat noch
   1　fünf Geschwister.
   2　zwei Geschwister.
   3　keine Geschwister.

d) Seine Geschwister
   1　wohnen in der Türkei.
   2　wohnen bei den Großeltern.
   3　studieren an der Universität.

NÜTZLICHE AUSDRÜCKE

	Fragen (Sie- und du-Form)	Antworten
Familie	Haben Sie ... / Hast du ... Kinder / Geschwister / Enkelkinder?	Ich habe ... ein**en** Sohn / Bruder usw. kein**en** Sohn / Bruder. drei Söhne / Brüder usw. eine Tochter / Schwester usw. zwei Töchter / Schwestern usw. keine Geschwister / Kinder usw.
Alter	Wie alt ist ... Ihr / dein Sohn / Vater usw? Ihre / deine Tochter / Mutter usw.?	Mein Sohn / Vater usw. ist ... Meine Tochter / Mutter usw. ist ...
Beruf	Was macht ... Ihr / dein Sohn usw. beruflich? Ihre / deine Tochter usw. beruflich?	Sein Beruf ist ... / Er ist ... Ihr Beruf ist ... / Sie ist ...
Familienstand	Ist Ihr / dein Sohn usw. verheiratet? Hat Ihre / deine Tochter usw. einen Freund?	Er ist ... Ja, sie hat einen... / Nein, sie hat keinen ...
Haustiere	Haben Sie / Hast du Haustiere?	Ich habe ein**en** Hund Ich habe ein**e** Katze Ich habe **keine** Haustiere.

ÜBUNG
18

Familienbeziehungen
Family relationships

Partner A: *Take either the role of Petra or Otto whose details are given on the next page. Be prepared to talk about your family relationships. Partner B has similar information about another family. Find out as much as you can from him or her by using the questions and answers as a guide. Take some notes (in German) and write a short portrait of your partner.*

Partner B → *page 237.*

Angaben zur Person
Personal details

Name: Petra Siegel - 48 Jahre alt
verheiratet mit Otto
wohnt in Düsseldorf
ist Kindergärtnerin

Name: Otto Siegel - 51 Jahre alt
verheiratet mit Petra
wohnt in Düsseldorf
ist Architekt

Kinder: zwei Töchter, einen Sohn
Töchter: Steffi, 23, studiert Medizin; Sandy: 21, arbeitet als Fitnesstrainerin
Sohn: Marcus, 18, geht noch zur Schule

Eltern
Mutter: Emma, 74, war Friseurin
Vater: Georg, 75, war Boxer

Eltern
Mutter: Edeltraud, 68, war Lehrerin, pensioniert
Vater: Heinrich, 72, war Beamter

Geschwister: zwei Schwestern, einen Bruder
Schwestern: Julia, 53, war Schwimmlehrerin;
Anna, 49, ist Rechtsanwältin
Bruder: Karl, 56, ist Verkäufer

Geschwister: eine Schwester, einen Bruder
Schwester: Margret, 51, arbeitet in einer Bank
Bruder: Philipp, 38, ist Arzt; beide verheiratet

Enkelkinder: Valerie und Boris

Haustiere: zwei Katzen - Cäsar und Cleopatra

ÜBUNG **19**

Meine Familie

Schreiben Sie so viel wie Sie können über Ihre Familie, Eltern, Geschwister usw.
Write as much as your German will allow about your family, parents, brothers and sisters, etc. For more vocabulary relating to family members, see Vokabeln, page 69.

Liebe Kirstin,

mein Name ist Richard Woods. Ich wohne in London. Ich bin verheiratet und habe einen Sohn und eine Tochter. Meine Frau heißt Mandy und meine Tochter heißt ...

TIPPS ZUR AUSSPRACHE
1.40

Hören Sie zu und sprechen Sie nach!
Here are some nouns with their plural forms. Notice what an important difference the adding of an Umlaut can make to the pronunciation and to the meaning:

Tochter, Töchter, Koch, Köche, Mutter, Mütter, Kuss, Küsse.

 What are the plural forms of these words? Bruder, Sohn, Buch.

Grammatik

Possessives

Possessives enable you to say that something is *yours*, *his*, *hers*, *ours*, etc. In German the possessives take the same ending as **ein** (*indefinite article*).

	Masculine nouns: **der**	Feminine nouns: **die**	Neuter nouns: **das**
ich	Das ist mein Hund.	Das ist meine Katze.	Das ist mein Bier.
du	Ist das dein Hund?	Ist das deine Katze?	Ist das dein Bier?
er	Das ist sein Hund.	Das ist seine Katze.	Das ist sein Bier.
sie	Das ist ihr Hund.	Das ist ihre Katze.	Das ist ihr Bier.
es	Das ist sein Hund.	Das ist seine Katze.	Das ist sein Bier.
wir	Das ist unser Hund.	Das ist unsere Katze.	Das ist unser Bier.
ihr	Ist das euer Hund?	Ist das eure Katze?	Ist das euer Bier?
Sie	Ist das Ihr Hund?	Ist das Ihre Katze?	Ist das Ihr Bier?
sie	Ist das ihr Hund?	Ist das ihre Katze?	Ist das ihr Bier?

The **plural** for all genders takes the **-e** ending:

Das sind unsere Katzen.   *Those are our cats.*
Sind das deine Bücher?   *Are those your books?*

Kein takes the same endings as **mein**, **dein**, etc.:

Das ist keine Bank! (fem. sing.)   *That's not a bank!*
Habt ihr kein Wasser? (neut. sing.)   *Don't you have any water?*

Plural of nouns

You have now met several different kinds of plural nouns:

nouns which do not change	**ein Engländer**	**zwei Engländer**
nouns which add **-nen**	**eine Amerikanerin**	**zwei Amerikanerinnen**
nouns which add an Umlaut	**ein Bruder**	**zwei Brüder**
nouns which add an **-e**	**ein Hund**	**zwei Hunde**
nouns which add an Umlaut and an **-e**	**ein Sohn**	**zwei Söhne**
nouns which add **-er**	**ein Kind**	**zwei Kinder**
nouns which add an Umlaut and **-er**	**ein Buch**	**zwei Bücher**
nouns which add an **-s**	**ein Hobby**	**zwei Hobbys**
A very common plural form for feminine nouns is **-en** or **-n**	**eine Bank** **eine Kneipe**	**zwei Banken** **zwei Kneipen**

The nominative and accusative cases

In the sentence *My friend has a son*, 'my friend' is said to be the *subject* of the sentence and 'a son' is said to be the *object*. In German the object has to be in what is called the *accusative case*. When using the indefinite article ('a') for *masculine* nouns in the accusative, the correct form to use is **einen**. The feminine and neuter forms are the same as in the nominative (**eine** and **ein**):

Subject	Verb	Object	Gender of the object
NOMINATIVE CASE		ACCUSATIVE CASE	
Mein Freund	hat	ein**en** Sohn.	Masculine
Meine Tochter	hat	ein**en** Hund.	Masculine
Mein Vater	kauft	eine Kneipe.	Feminine
Ich	trinke	ein Wasser.	Neuter

Mehr Übungen ...

1 Verben. Ergänzen Sie.
   Complete.
   a) _____ du gern Pizza? (essen)
   b) Sein Hobby _____ Pilates. (sein)
   c) _____ du Deutsch? (sprechen)
   d) Er _____ Karten. (spielen)
   e) _____ ihr Deutsch? (sprechen)
   f) Ich _____ gern. (twittern)
   g) Er _____ Zeitung. (lesen)
   h) Ihre Hobbys _____ Sport und Reisen. (sein)

2 Singular und Plural. Ergänzen Sie.

	Singular	**Plural**
Beispiel	Tochter	Töchter
a)	Tante	_____
b)	_____	Söhne
c)	_____	Brüder
d)	_____	Nichten
e)	Schwester	_____
f)	Vater	_____
g)	_____	Kinder
h)	_____	Opas

3 Welche Antwort passt?

   a) Schwimmen Sie gern?
       1 Ja, ich spiele sehr gern Fußball.
       2 Ja, ich schwimme gern.
       3 Nein, ich wandere nicht gern.

   b) Was macht Frau Baier?
       1 Sie liest ein Buch.
       2 Sie arbeitet gern im Garten.
       3 Ja, sie arbeitet bei einer Bank.

c) Haben Sie Geschwister?
  1 Nein, ich bin ledig.
  2 Nein, ich habe keine Schwester.
  3 Ja, ich habe einen Bruder.

d) Was macht Ihre Schwester beruflich?
  1 Er ist Busfahrer.
  2 Sie ist Krankenschwester.
  3 Sie hat zwei Enkelkinder.

4 Tandempartner

Schreiben Sie die Porträts der Leute von Übung 9 (Seite 58) in der 3. Person Singular (sie oder er).

Write portraits of the people from Übung 9 (page 58) in the 3rd person singular – she or he.

a) Sein Name ist Thorsten Schmidt. Er kommt aus Berlin und ist _____ .
b) Sie heißt _____ .
c) Michael kommt aus _____ .
d) Ihr Name _____ .

5 Eine E-Mail

Marcus Siegel, der Sohn von Petra und Otto Siegel (Übung 18) schreibt eine E-Mail an einen Freund. Welche Wörter fehlen?

An e-mail. Marcus Siegel, son of Petra and Otto – Übung 18 – writes an e-mail to a friend. Which words are missing? Check again on page 65.

Boxer – Mein – einen – Tanten – eine – einen – Architekt – unsere – Mein – hört – studiert – keinen – zwei – Meine

---

✉ ◀ ANTWORTEN   ◀ ALLE ANTWORTEN   📎

Lieber Michel,

unsere Familie ist sehr groß: Ich habe noch _____ Schwestern, aber _____ Bruder. Meine Schwester Steffi _____ BWL. Sandy ist Fitnesstrainerin und hat _____ Tochter und _____ Sohn. _____ Vater heißt Otto und ist _____ . _____ Mutter ist in Ordnung. Sie _____ gern Musik. Ich habe auch noch zwei Omas und zwei Opas. _____ Opa Georg ist interessant: Er war _____ . Außerdem habe ich noch drei _____ und zwei Onkel. Na ja, und _____ Neffen: Boris, 2 Jahre alt. Und natürlich _____ Katzen: Cleopatra und Cäsar. Wie ist deine Familie?

Bis bald
Marcus

Now you have completed Lektion 4, can you:

tick

1 talk about people's leisure pursuits and hobbies?   ❏
   See pages 53–4.
2 say what you like and don't like doing?   ❏
   See pages 55–7.
3 talk about your family and say whether you have any children, brothers and sisters, etc.?   ❏
   See pages 59–62.

Vokabeln

Was haben Sie gelernt?

FRAGEN — *Questions*

Was ist dein/ Ihr Hobby?	*What is your hobby?*
Tanzen Sie gern?	*Do you like dancing?*
Reisen Sie gern?	*Do you like travelling?*
Haben Sie Geschwister?	*Do you have brothers and sisters?*
Was macht Ihr Bruder beruflich?	*What does your brother do?*
Ist Ihre Tochter verheiratet?	*Is your daughter married?*

VERBEN — *Verbs*

besuchen	*to visit*
essen	*to eat*
finden	*to find, think*
fotografieren	*to take photos*
hassen	*to dislike, hate*
kaufen	*to buy*
kochen	*to cook*
lesen	*to read*
lieben	*to like very much, love*
nutzen	*to use (sth.)*
reisen	*to travel*
schwimmen	*to swim*
suchen	*to look for, seek*
tanzen	*to dance*
trinken	*to drink*
twittern	*to tweet*
wandern	*to hike, ramble*

ADJEKTIVE — *Adjectives*

fantastisch	*fantastic*

FAMILIE — *Family*

die Mutter (¨)	*mother*
der Vater (¨)	*father*
das Kind (-er)	*child*
der Bruder (¨)	*brother*
die Schwester (-n)	*sister*
das Enkelkind (-er)	*grandchild*
die Großmutter (¨)	*grandmother*
der Großvater (¨)	*grandfather*
der Neffe (-n)	*nephew*
die Nichte (-n)	*niece*
der Onkel (-)	*uncle*
der Sohn (¨e)	*son*
die Tante (-n)	*aunt*
die Tochter (¨)	*daughter*

der Schwager (¨)	*brother-in-law*
die Schwägerin (-nen)	*sister-in-law*
die Schwiegermutter (¨)	*mother-in-law*
der Schwiegervater (¨)	*father-in-law*
der/die Verlobte (-n)	*fiancé(e)*
der Partner (-)/ die Partnerin (-nen)	*partner*
Stief-	*step-*
der Stiefsohn (¨e)	*stepson*
die Stieftochter (¨)	*stepdaughter*
der Hund (-e)	*dog*
die Katze (-n)	*cat*

HOBBYS — *Hobbies*

das Lesen	*reading*
die Musik	*music*
das Segeln	*sailing*
das Wandern	*hiking, rambling*
das Tanzen	*dancing*
das Fitnesscenter	*fitness centre*
das Motorradfahren	*motor cycling*
das Reisen	*travelling*
der/das Pilates	*pilates*

MEHR NOMEN — *More nouns*

der Krimi (-s)	*detective novel*
die Message (-s)	*message*
soziale Medien	*social media*
die SMS (-)	*text message*
der Tandempartner (-)/ die Tandempartnerin (-nen)	*tandem partner*
die Umfrage (-n)	*survey*
das Wasser (-)	*water*
der Wein (-e)	*wine*
die Zeitung (-en)	*newspaper*

5 | *fünf*
Essen und Einkaufen

- Asking the way
- Ordering food and drink
- Shopping – asking and giving prices
- Saying how often you do things
- Stating preferences

- *More on the accusative case*
- *More noun plurals*
- *The imperative*

A | Gibt es hier in der Nähe ein Café?

ÜBUNG **1**

Lesen und Lernen

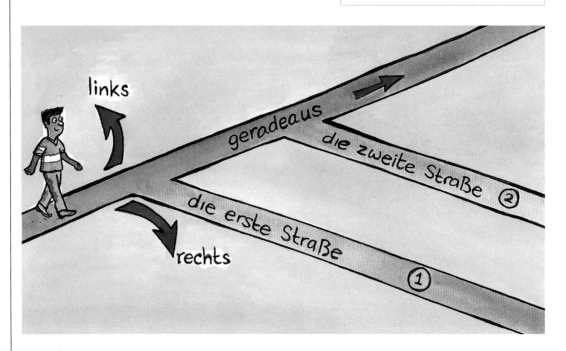

ÜBUNG **2**

1.41

Hören Sie zu.

Listen to the three dialogues and match the maps to the dialogues.

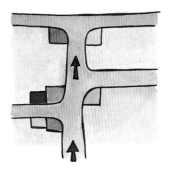  

Now read the dialogues and check your answers.

– Entschuldigen Sie, bitte. Gibt es hier in der Nähe eine Bank?
– Ja, gehen Sie die erste Straße links. Da ist eine Bank.
– Ist es weit?
– Nein, ungefähr fünf Minuten.

– Entschuldigung. Gibt es hier in der Nähe einen Supermarkt?
– Mmh. Einen Supermarkt? Na klar, gehen Sie immer geradeaus. Dort finden Sie einen *Plus*-Markt.
– Ist es weit?
– Nein, etwa 400 Meter.

– Hallo, entschuldigen Sie. Gibt es hier in der Nähe ein nettes Café?
– Ja, natürlich. Das Café Hansa. Gehen Sie hier rechts um die Ecke. Es ist nicht weit. Dort ist der Kuchen ausgezeichnet.

Lesen Sie noch einmal.

Can you work out when to use einen, eine *and* ein *after* Gibt es hier in der Nähe ...?

VOKABELN

Gibt es hier in der Nähe einen/eine/ein ...?	Is there a ... nearby?
Ist es weit?	Is it far?
ungefähr, etwa	about
na klar	of course
um die Ecke	around the corner
Es ist nicht weit.	It's not far.
der Kuchen (-)	cake

der Akkusativ

Masculine – **der**	Gibt es hier in der Nähe **einen** ...	Supermarkt Park Biergarten	?
Feminine – **die**	Gibt es hier in der Nähe **eine** ...	Bank Kneipe Kirche	?
Neuter – **das**	Gibt es hier in der Nähe **ein** ...	Café Hotel Kino	?

ÜBUNG
3

Was fragen die Leute?

Setzen Sie die fehlenden Wörter ein.
Fill in the missing words.

a

Entschuldigen Sie.
Gibt es hier in ___ ___
___ Bank?

b

Entschuldigung. Gibt
___ ___ ___ ___ ___
___ ___ ?

c

Entschuldigung.
Gibt es ___ ___ ___
___ ___ Park?

d

Entschuldigen
Sie, bitte. ___ ___ ___
___ ___ ___
Supermarkt?

ÜBUNG
4

Wohin gehen die Leute? Schreiben Sie, was
die Leute finden.

Sie stehen auf dem X.

a) Gehen Sie geradeaus und dann links in die Hauptstraße.
Nehmen Sie die erste Straße rechts. Das ist die
Rathausstraße. Dort finden Sie rechts _____ _____ .

b) Gehen Sie geradeaus und nehmen Sie die erste Straße
rechts, die erste Straße links und dann wieder rechts in die
Kantstraße. Dort finden Sie links _____ _____ .

c) Gehen Sie geradeaus und dann rechts in die Hauptstraße.
Nehmen Sie die zweite Straße links und dort finden Sie links
_____ _____ .

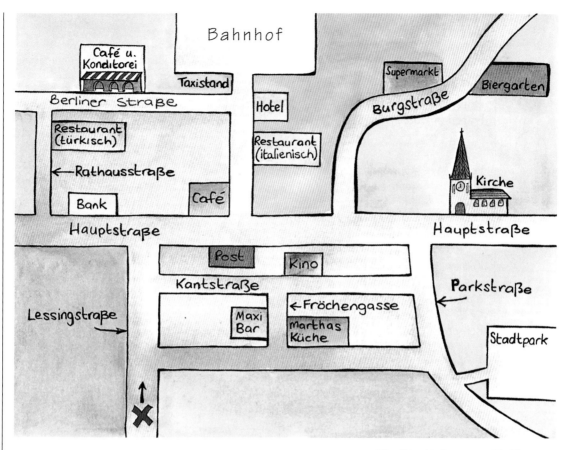

Ein Stadtplan von Gellingen

ÜBUNG

5

Helfen Sie den Leuten! Was sagen Sie?

Beispiel

Die Frau braucht Geld.

Sie: Gehen Sie geradeaus und dann links in die Hauptstraße.
Dort finden Sie rechts eine Bank.

a) Der Mann braucht Wasser, Cornflakes und Joghurt.
    Sie: Gehen Sie... .

b) Die Personen brauchen Kuchen, Kaffee und ein Eis. Sie:
    Gehen Sie... .

c) Die Leute brauchen frische Luft.
    Sie: Gehen Sie... .

ÜBUNG

6

Fragen Sie Ihre Partnerin/Ihren Partner.

Take it in turns to ask each other for more directions.

Beispiele

Wo finde ich hier in der Nähe ein Taxi, bitte?

Entschuldigen Sie, bitte. Wo ist hier der Bahnhof?

B | Im Café: Teil 1
In a café: Part 1

ÜBUNG
7

1.42

Was trinken Sie, bitte?
Hören Sie zu und beantworten Sie die
Fragen in Übungen 8, 9, 10.

Vater	Oh, bin ich durstig. Ich brauche jetzt ein Bier.
Mutter	Nicht schon wieder ein Bier, Vater. Du bist zu dick.
Vater	Ach, Bier ist gesund. Hallo. Wir möchten bestellen.
Kellner	Guten Tag. Was möchten Sie, bitte?
Mutter	Ich möchte ein Mineralwasser und einen Kaffee, bitte.
Kellner	Ein Mineralwasser und einen Kaffee. Und was trinken Sie, bitte?
Vater	Also, ich nehme ein Weizenbier. Schön kühl, bitte.
Kellner	Kein Problem. Und was nimmst du?
Junge	Ich trinke einen Orangensaft. Mit Eis.
Kellner	Und du? Was möchtest du?
Mädchen	Ich möchte eine Limonade. Aber ohne Eis. Limonade schmeckt lecker.

VOKABELN

Ich bin durstig.	*I am thirsty.*
zu dick	*too fat*
gesund	*healthy*
bestellen	*to order*
kühl	*cold / chilled*
lecker	*delicious*

Speisekarte

Warme Getränke

	€
Tasse Kaffee	2,80
Cappuccino	2,80
Heiße Schokolade	2,80
Schwarzer Tee	2,70

Kuchen

Butterkuchen	2,30
Schwarzwälder Kirschtorte	3,60
Diverse Obstkuchen	3,20
Portion Sahne	1,40

Eis-Spezialitäten

Gemischtes Eis (3/5 Kugeln)	3,10 / 4,90
Pfirsisch Melba	4,60
Krokant-Becher	5,00

Alkoholfreie Getränke

Coca Cola 0,2 l	2,70
Limonade 0,2 l	2,70
Mineralwasser 0,33 l	2,50
Frisch gepresster Orangensaft 0,2 l	4,30
Mango-Mania-Smoothie 0,2 l	4,50

Biere

König Pilsener 0,33 l	3,50
Weizenbier 0,5 l	4,30

Alle Preise einschließlich Bedienung und Mehrwertsteuer

ÜBUNG
8

Richtig oder falsch?
Korrigieren Sie die falschen Aussagen.

	Richtig	Falsch
a) Der Vater ist durstig.	❑	❑
b) Er möchte eine Limonade.	❑	❑
c) Die Mutter findet, er ist zu dick.	❑	❑
d) Aber der Vater findet, Bier ist gesund.	❑	❑
e) Die Mutter bestellt einen Orangensaft und einen Zitronentee.	❑	❑
f) Der Vater bestellt ein Bier.	❑	❑
g) Der Junge bekommt eine Cola und einen Hamburger.	❑	❑
h) Das Mädchen findet, Limonade schmeckt lecker.	❑	❑

ÜBUNG
9

Variationen

Was kann man auch sagen?
What else can you say?

a) Was sagt der Kellner:
   Was trinken Sie, bitte?
   Was _____ Sie, bitte?
   Was _____ Sie, bitte?

b) Was sagen Sie:
   Ich möchte einen Kaffee.
   Ich _____ einen Kaffee.
   Ich _____ einen Kaffee.

ÜBUNG
10

Getränke: Der, die oder das?

Lesen Sie den Dialog in Übung 7 noch einmal. Wie heißen die fehlenden Artikel?
Read the dialogue in Übung 7 again. Can you find out the missing articles for the drinks?

a) der Tee
b) die Cola
c) _____ Mineralwasser
d) _____ Bier
e) _____ Orangensaft
f) der Wein
g) _____ Kaffee
h) der Schnaps
i) der Sekt
j) die Milch

ÜBUNG **11**

Lesen und Lernen

Die Leute möchten:

| eine Tasse
Kaffee | ein Glas
Wasser | eine Flasche
Wein | eine Dose Cola | einen Becher
Eis |

Aufpassen!
Sie bekommt **ein** Eis.
aber Sie bekommt **einen** Becher Eis.   (der Becher)

Ich nehme **einen** Kaffee.
aber Ich nehme **eine** Tasse Kaffee.   (die Tasse)

Er trinkt **einen** Weißwein.
aber Er trinkt **ein** Glas Weißwein.   (das Glas)

PLURALE

zwei Tassen
drei Gläser
drei Flaschen
drei Dosen
zwei Becher

The German word for 'pot' is
Kännchen (-).

ÜBUNG **12**

Ergänzen Sie die Dialoge und spielen Sie die Rollen.

nehmen – möchten – trinken

a)
Kellner	Was m_____ Sie, bitte?
Frau 1	Ich n*ehme* ein*en* Kaffee.
Kellner	Ein... Kaffee. Und was m_____ Sie?
Herr	Also, ich t_____ ein... Wasser.
Kellner	Und was n_____ Sie?
Frau 2	Ich n_____ ein ... Orangensaft.

b)
Kellner	Was n_____ Sie?
Herr 1	Ich n_____ ein... Mineralwasser.
Kellner	Und Sie? Was m_____ Sie?
Herr 2	Ich m_____ ein... Cappuccino und ein... Glas Wasser.
Frau	Und ich t_____ ein... Tasse Tee.

C | Im Café – Teil 2

ÜBUNG

13

1.43

Wer bekommt was?

Hören Sie zu.

Mein Kollege hat Feierabend.	*My colleague has finished work.*
sicher	*sure*
bekommen	*to get*

Kellnerin	Guten Tag! Mein Kollege hat jetzt Feierabend. Ich bin also nicht ganz sicher, wer was bekommt. (*zu der Mutter*) Bekommen Sie den Orangensaft und das Eis?
Mutter	Nein, ich bekomme das Mineralwasser und den Kaffee. Mein Sohn bekommt den Orangensaft und das Eis.
Kellnerin	Gut! Bitte schön. (*zum Mädchen*) Und du? Du bekommst sicher die Limonade.
Mädchen	Ja, richtig! Die Limonade bekomme ich.
Vater	Und ich bekomme das Weizenbier.
Kellnerin	So, bitte schön.
Vater	Ach, das Bier ist zu warm!
Mutter	Und der Kaffee ist zu kalt!
Kellnerin	Oh! Entschuldigung.

Richtig oder falsch?

	Richtig	Falsch
a) Der Vater bekommt den Orangensaft.	❏	❏
b) Die Mutter bekommt den Kaffee.	❏	❏
c) Das Mädchen bekommt das Weizenbier.	❏	❏
d) Das Bier ist zu kalt.	❏	❏

Making requests, placing orders ...

Ich möchte / nehme / bekomme + Akkusativ

		a	*the*
Masculine	Ich möchte ...	**einen** Kaffee	**den** Kaffee
	Meine Freundin möchte ...	**einen** Tee	**den** Tee
Feminine	Ich nehme ...	**eine** Limo	**die** Limo
	Mein Freund nimmt ...	**eine** Cola	**die** Cola
Neuter	Ich bekomme ...	**ein** Mineralwasser	**das** Wasser
	Meine Frau bekommt ...	**ein** Eis	**das** Eis

ÜBUNG
14

Wer bekommt was? Was denken Sie?
Who gets what? What do you think?

Eine Person stellt Fragen, die andere antwortet.

Beispiele
– Bekommt der Herr die Cola?
– Nein, der Herr bekommt das Bier.
– Bekommt die Dame das Bier? Nein, _____ usw.

ÜBUNG
15

1.44

Carola und Kerstin sind
durstig. Welche Antwort
stimmt?

a) Carola möchte
    1 ein Mineralwasser und
      einen Kaffee.
    2 einen Kaffee und
      ein Eis.

b) Carola trinkt
    1 eine Tasse Kaffee.
    2 ein Kännchen Kaffee.

c) Kerstin sagt,
    1 sie isst nicht gern Eis.
    2 Eis hat zu viele
      Kalorien.

d) Kerstin trinkt
    1 einen Orangensaft mit
      Wodka und ohne Eis.
    2 einen Orangensaft mit
      Wodka und mit Eis.

e) Sie essen
    1 nichts.
    2 vielleicht später.

ÜBUNG
16

Bilden Sie kleine Gruppen. Eine Person ist die Kellnerin/der Kellner. Benutzen Sie bitte die Speisekarte von Seite 74 und bestellen Sie.

Form small groups. One of you is the waitress/the waiter. Use the menu from page 74 and order drinks.

ÜBUNG
17

Was gehört zusammen?

Match up the two sides. There may be more than one possibility.

a) Er möchte einen Orangensaft	1 Kaffee.
b) Frau Müller nimmt ein Kännchen	2 sehr viele Kalorien.
c) Limonade ist	3 Eis.
d) Ich möchte einen Becher	4 zu dick.
e) Ein Eis hat	5 sehr durstig.
f) Sie trinkt eine Tasse	6 Tee.
g) Ich bin jetzt	7 mit Wodka.
h) Du bist	8 lecker.

D | Lebensmittel und Einkaufen
Food and shopping

der Reis
die Würstchen
die Milch
das Müsli
die Kartoffeln
die Pilze
das Öl
der Zucker
das Salz
die Zahnpasta
der Salat
das Fleisch
der Blumenkohl
die Äpfel
das Brot
die Eier
die Karotten
die Brötchen
die Tomaten

ÜBUNG 18

Welche Lebensmittel kennen Sie?

Write down all the items you know and put them under the following headings. Check the gender with your teacher or with a dictionary. In the Vokabeln you will also find more items related to food and drinks.

Beispiele

Lebensmittel	Obst	Gemüse	Getränke	Anderes
der Reis	der Apfel	die Kartoffel	der Tee	die Zahnpasta
das Öl	Äpfel (pl)	Kartoffeln (pl)	das Mineralwasser	

ÜBUNG 19

Wie heißt das?

Match the captions to the drawings.

a) Das ist eine Dose Mais.
b) Das ist eine Packung Cornflakes.
c) Das ist eine Tüte Gummibärchen.
d) Das ist ein Stück Käse.
e) Das ist eine Flasche Öl.

Can you supply the German words for:
i)   can _die Dose_
ii) bag _____
iii) packet _____
iv) bottle _____
v)   piece _das Stück_

ÜBUNG 20

Was stimmt? Finden Sie die richtigen Paare.

a)	eine Dose	I	Wein
b)	eine Flasche	2	Tomaten
c)	eine Packung	3	Salami
d)	eine Tüte	4	Bonbons
e)	ein Stück	5	Cornflakes

ÜBUNG
21

Verschiedene Geschäfte.

Was bekommt man hier? Finden Sie Lebensmittel, Getränke und andere Dinge, die man hier kaufen kann.
What can you get here? Find food, drinks and other things you can buy from these shops.

Can you name at least two items for each shop?

Beispiel
Das ist eine Bäckerei. Hier kann man Brot, Brötchen und Kuchen kaufen.

Das ist eine Fleischerei (oder Metzgerei). Hier kann man _____ kaufen.

Das ist ein Markt. Hier kann man Obst, _____ kaufen.

Das ist ein Getränkemarkt. Hier kann man _____ kaufen.

Das ist ein Supermarkt. Hier kann man zum Beispiel Käse, Brot _____ kaufen.

TIPP
Notice that there are two words for a butcher's shop. *Die Metzgerei* is used mainly in the South and *die Fleischerei* in the North.

ÜBUNG
22

Was essen und trinken Sie gern?

Nützliche Ausdrücke

Essen Sie gern	Wraps Gummibärchen Hamburger	**?**
Trinken Sie gern	Kaffee Tee Wein	**?**

Ich esse **gern** Käse.
I like eating cheese.

Ich esse **lieber** Schokolade.
I prefer eating chocolate.

Was können Sie sagen? Hier sind einige Beispiele.

JA 👍	NEIN 👎
Ja, sehr gern. Das schmeckt lecker. Gummibärchen sind/schmecken fantastisch/ausgezeichnet. Ja, ich trinke gern Kaffee, aber ich trinke lieber Tee. Ja, ich trinke sehr gern Rotwein. Ja, ich liebe Wraps.	Nein, ich esse lieber Gemüse. Tee trinke ich nicht gern. Ich trinke lieber Kaffee. Gummibärchen schmecken schrecklich/langweilig. Ich esse lieber Müsli. Nein, Hamburger esse ich nicht gern. Nein, Wraps finde ich nicht gut.

ÜBUNG
23

Und jetzt Sie!

Machen Sie eine Liste: Was essen und trinken Sie gern? Und was nicht? Fragen Sie dann Ihre Partnerin/Ihren Partner.

Beispiel
A: Trinken Sie gern Bier?
B: Ja, ich trinke sehr gern Bier./
   Nein, ich trinke lieber Wasser/Cola/Smoothies, usw.
   Und Sie?

Geld / Währung *(Money / currency)*

Man schreibt: 7,20 €	Man sagt: 7 Euro 20	oder	7 Euro und 20 Cent
Man schreibt: 6,40 €	Man sagt: 6 Euro 40	oder	6 Euro und 40 Cent

Gewichte *(Weights)*
Ein Pfund = 500 Gramm, ein halbes Kilo.
* The German pound weighs slightly more than the UK or US pound.

ÜBUNG **24**

1.45

Im Supermarkt
At the supermarket

Monika Berger geht in den Supermarkt. Sie möchte Brot, Brötchen, Käse und ein paar andere Sachen kaufen. Zuerst geht sie zur Brottheke.

Teil 1 An der Brottheke

Hören Sie zu und beantworten Sie die Fragen.

a) Wie viele Brötchen kauft Monika?
b) Kauft sie ein Mischbrot oder ein Fitnessbrot?
c) Wie viel kostet das Brot?
d) Was kauft sie noch?
e) Wie viel kostet es zusammen?

NÜTZLICHE AUSDRÜCKE

Was kostet/kosten ...?	What does/do ... cost?
Wie teuer ist/sind ...	How much is/are ...
Sonst noch etwas?	Anything else?
Ist das alles?	Is that all?
Das macht (zusammen) ...	That is ... / That comes to ...

Brotverkäufer	Guten Tag. Was bekommen Sie, bitte?
Monika	Ich möchte zehn Brötchen, bitte.
Brotverkäufer	Bitte schön. Und sonst noch etwas?
Monika	Ja, haben Sie noch ein Roggenbrot?
Brotverkäufer	Leider nicht. Möchten Sie vielleicht ein Mischbrot oder ein Fitnessbrot?
Monika	Ein Mischbrot ist gut. Was kostet es?
Brotverkäufer	3,79 €.
Monika	Ja, dann nehme ich das. Und dann möchte ich noch vier Stück Apfelkuchen.
Brotverkäufer	Vier Stück Apfelkuchen, ja gerne. Ist das alles?
Monika	Ja, das ist alles.
Brotverkäufer	Gut, das macht zusammen 12,79 €.

VOKABELN

das Roggenbrot (-e)	rye bread
das Mischbrot (-e)	bread made of wheat and rye flour
der Apfelkuchen (-)	apple cake

Teil 2 An der Käsetheke

1.45

Jetzt ist Monika an der Käsetheke. Hören Sie zu. Sind die Sätze richtig oder falsch?

VOKABELN

das Gramm (mostly singular)	gram
Einen schönen Tag.	Have a nice day.

	Richtig	Falsch
a) Monika möchte Gouda oder Edamer kaufen.	❏	❏
b) 100 Gramm Gouda kosten 1,09 €.	❏	❏
c) Monika nimmt 200 Gramm.	❏	❏
d) Dann kauft sie noch einen Camembert.	❏	❏

ÜBUNG
25

Rollenspiel

Was sagt die Kundin?
What does the customer say?
Fill in the missing phrases. Act out the dialogue
with a partner.

1
Guten Tag.

2
10 Brötchen?
Ja, gerne.
Sonst noch
etwas?

3
Ja, natürlich
haben wir ein
Mischbrot.

4
Es kostet
3,99 €.

5
Gern. Ist
das alles?

6
Zwei Stück
Apfelkuchen,
bitte schön.
Das macht
zusammen
10.98 €.

ÜBUNG 26

Was kostet ...?

Partner A fragt: Was kostet (kosten) ...?
oder Wie teuer ist ...? *oder* Wie viel kostet ... ? usw.

Partner B gibt die Preise an (Seite 238).

Partner A sagt dann: Das (die, den) nehme ich.
oder Dann nehme ich 300 Gramm.
oder Das ist mir zu teuer, usw.

Deutschland-Info

DISCOUNTER-SUPERMÄRKTE

Germany has been particularly successful in the development of **Discounter-Supermärkte.** Both **Aldi** and **Lidl** originated in Germany and are now operating in both Germany and abroad. Other discounters to be found in Germany include **Netto**, **Penny** and **Norma**. Other well-known brands are **Rewe** and **Edeka**.

In most German cities supermarkets are open until 22.00 from Monday to Saturday but are normally closed on Sundays.

ÜBUNG **27** 1.46

Lesen Sie den folgenden Text und beantworten Sie bitte die Fragen.

Frage der Woche:
Wie oft gehen Sie ins Restaurant?

Statistiken zeigen es: Die Lieblingsbeschäftigung der Deutschen in ihrer Freizeit ist das Fernsehen. Doch mehr und mehr Leute gehen in den letzten Jahren auch wieder essen. Wir haben vier Berliner gefragt, wie oft sie ins Restaurant gehen und was sie sonst noch machen.

a

Herr Protschnik
37, Bankangesteller

b

Herr Coskum
65, Rentner

c

Frau de Grille
36, Architektin

d

Petra Leibniz
24, Studentin

Meistens gehe ich einmal pro Woche ins Restaurant. Ich esse sehr gern italienisch und chinesisch, aber ich koche auch viel zu Hause. Ich gehe oft ins Museum, hier in Berlin gibt es oft sehr gute Ausstellungen. Und im Sommer gehe ich gern in den Biergarten.

Wie oft ich ins Restaurant gehe? Sehr selten, vielleicht zweimal im Jahr. Meine Frau kocht sehr gut. Ich gehe lieber ins Schwimmbad, mindestens zweimal die Woche. Und wir gehen auch jeden Tag in den Park. Dort ist es sehr schön. Ich liebe die frische Luft.

Meistens gehe ich zweimal im Monat ins Restaurant. Vorher gehen mein Mann und ich in die Oper oder ins Theater – wir haben ein Abonnement – und danach gehen wir essen. Eigentlich gehe ich auch lieber ins Café. Ich liebe Kuchen und die Kinder essen natürlich sehr gern Eis.

Ich gehe sehr selten essen. Ich bin Studentin und das ist zu teuer für mich. Ich gehe lieber ins Kino. Jeden Montag ist Kino-Tag, da ist es besonders billig. Ich liebe Action- und Fantasyfilme. Außerdem gehe ich viermal pro Woche ins Fitnesscenter und gehe gern tanzen.

Wie heißen die Antworten?

a) Wie oft geht Herr Protschnik ins Restaurant?

b) Wohin geht er gern im Sommer?

c) Wohin geht Herr Coskum jeden Tag?

d) Geht Frau de Grille lieber ins Restaurant oder ins Café?

e) Was essen die Kinder gern?

f) Wohin geht Petra Leibniz viermal pro Woche?

VOKABELN

wie oft?	how often?
einmal, zweimal, dreimal, usw.	once, twice, three times, etc.
einmal pro Woche	once a week
zweimal im Monat	twice a month
meistens	mostly
mindestens	at least
jeden Tag	every day

*Now read the text again and
see if you can find out when to
use* **in die**, **ins** *and* **in den**.
(It has to do with gender!)
*Check your answer in the
Sprachinfo.*

NÜTZLICHE AUSDRÜCKE

Gehen Sie/Gehst du oft
Wie oft gehen Sie/gehst du   } ins Fitnesscenter?
Gehen Sie/Gehst du gern   ins Restaurant?
                                     in die Kneipe?
                                     in die Oper?

Gehen Sie/Gehst du lieber ins Kino oder ins Theater?
Gehen Sie/Gehst du lieber in den Biergarten oder in die Kneipe?

ÜBUNG
28

Ergänzen Sie, bitte.

Beispiel
Frau Jörgensen findet moderne Kunst
interessant und geht oft **ins Museum**.

Wohin gehen Sie?
in + Akkusativ

der	Ich gehe	**in den**	Park Biergarten
die	Ich gehe	**in die**	Oper Kneipe
das	Ich gehe	**ins**	Kino Restaurant

(see Grammatik – page 88.)

a) Peter und Heike essen gern chinesisch und gehen einmal
   in der Woche _____ _____ .

b) Herr Schweigert hört gern klassische Musik und geht oft
   _____ _____ _____ .

c) Frau Müller liebt Schwarzwälder Kirschtorte. Sie geht
   jeden Tag _____ _____ .

d) Herr Knobl liebt die Natur und geht oft _____ _____
   _____ .

e) Katja macht viel Sport und geht gern _____ _____ .

TIPPS ZUR
AUSSPRACHE

1.47

Hören Sie zu und sprechen
Sie nach.
The **s** *at the beginning of a word
or syllable is pronounced like an
English z:*
Saft, Sie, sehr, Sohn, gesund,
lesen, Musiker, reisen.

*At the end of a word or syllable
the* **s** *is pronounced like an
English s:*
es, was, das, Haus, Eisbecher,
Reisplatte, Auskunft, arbeitslos.

☺ *How would you pronounce
these words:* Sekt,
Supermarkt, zusammen,
besonders, alles, Mais?

ÜBUNG
29

Und jetzt Sie! Interviewen Sie Ihre Partnerin/Ihren Partner
oder arbeiten Sie in kleinen Gruppen.

Was haben Sie herausgefunden? Was ist die Nr. 1 in der
Klasse?

Beispiele
Wie oft gehst du ins Kino?
Gehst du oft ins Fitnesscenter?
Gehst du lieber ins Café oder ins Restaurant? usw.

VOKABELN

nie	selten	manchmal	oft/häufig	meistens	immer
never	*seldom*	*sometimes*	*often/frequently*	*mostly*	*always*

Grammatik

The accusative (continued)

You have met a number of examples of the accusative in the last two **Lektionen**. It may help you to remember that it is only the masculine singular that requires a change to be made and that the ending then needs to be **-en**:

	Nominative	Accusative
Masc. sing.	Der Kaffee schmeckt gut.	Ich nehme **den** Kaffee.
	Was kostet ein Salat?	Ich bekomme ein**en** Salat.
	Mein Tee schmeckt nicht.	Du trinkst mein**en** Tee!
Fem. sing.	Die Salami ist nicht teuer.	Ich nehme die Salami.
	Was kostet eine Tasse Tee?	Ich bekomme eine Tasse Tee.
	Meine Limonade schmeckt nicht.	Trinkst du meine Limonade?
Neut. sing.	Wie teuer ist das Müsli?	Ich nehme das Müsli.
	Was kostet ein Glas Wasser?	Ich bekomme ein Glas Wasser.
	Mein Brötchen ist nicht frisch.	Du isst mein Brötchen!
Plural	Die Pilze schmecken gut.	Ich nehme die Pilze.
	Meine Würstchen sind nicht frisch.	Isst du meine Würstchen?

The **-en** ending on the masculine accusative applies to the:

definite article	**der** → **den**
indefinite article	**ein** → **einen**
negative form	**kein** → **keinen**
possessives	**mein** → **meinen**
	unser → **unseren**
	Ihr → **Ihren**, etc.

The accusative is also used after **in** to answer the question **wohin?** *(where to?)*

Masculine	Frau Norbert geht jeden Tag **in den** Stadtpark.
Feminine	Herr Gerber geht einmal pro Monat **in die** Oper.
Neuter	Heike geht sehr oft **ins** Fitnesscenter.
Plural	Er geht gern **in die** verschiedenen Clubs von Berlin.

Noun plurals

Make sure you learn the plural forms of new nouns as you meet them. They nearly all fall into one of the categories listed in **Lektion 4.**

The singular form is preferred to the plural in certain expressions of quantity:

Drei **Pfund** Äpfel, bitte.	*Three pounds of apples, please.*
250 **Gramm** Käse.	*250 grams of cheese.*
Zwei **Stück** Kuchen.	*Two pieces of cake.*
Drei **Glas** Wein.	*Three glasses of wine.*

Imperative

The *imperative* or command form is used when you ask or tell people to do something. Examples you have already met include:

Buchstabieren Sie das, bitte.	*Please spell that.*
Entschuldigen Sie, bitte.	*Excuse (me), please.*
Gehen Sie hier rechts.	*Go right here.*

Remember that German has three forms for *you*: **Sie**, **du** and **ihr**. This is how you produce the imperative for all three forms:

Sie (singular and plural)
Use the infinitive form of the verb + Sie:
Sprechen + Sie → Sprechen Sie (*Speak*)

Sprechen SIe bitte Deutsch.
Trinken Sie nicht so viel Kaffee.

du
Use the du-form of the verb, omit the du and delete -st:
Du sprichst → Sprich

Sprich bitte Deutsch.
Trink nicht so viel Kaffee.

ihr
Use the ihr-form of the verb and omit the ihr:
Ihr sprecht → Sprecht

Sprecht bitte Deutsch.
Trinkt nicht so viel Kaffee.

Note the following exceptions in the **du-form:**

- If the verb stem ends in **s** (e.g. **lesen**) then only the final t (of **liest**) is deleted: **Lies** (*Read*).
- An **e** is added to some verbs: **Entschuldige bitte** (*Excuse me please*).
- Verbs that have an **ä** usually form commands with a: **Du fährst** but **Fahr**.

Mehr Übungen ...

1 Wie heißt es richtig?

How well do you know your accusative endings? Sometimes no ending is needed.

a) Elmar ist müde. Er braucht ein... Kaffee.
b) Katrin bestellt ein... Glas Bier.
c) Die Kinder sind sehr durstig. Sie bestellen ein... Orangensaft und ein... Cola.
d) Frau Paul lebt sehr gesund. Sie trinkt kein... Wein und kein... Schnaps.
e) Yasmin macht eine Party und sie kauft ein... Flasche Sekt.
f) Frau Martinez isst ein... Stück Kuchen.

2 in + accusative – in den, in die or **ins**? Ergänzen Sie:

a) Wie oft gehst du _____ Kino?
b) Kommst du morgen mit _____ Oper?
c) Wir gehen jetzt _____ Museum.
d) Ich gehe nur selten _____ Theater.
e) Heike und Fabian gehen heute _____ Stadtpark.

3 Singular und Plural. Setzen Sie die fehlenden Formen ein.

ein(e)	**zwei**		**ein(e)**	**zwei**
a) Apfel	_____	e)	_____	Kartoffeln
b) _____	Brötchen	f)	_____	Kännchen
c) Wurst	_____	g)	Glas	_____
d) Flasche	_____	h)	Party	_____

4 Setzen Sie die fehlenden Formen ein.

Sie	**du**	**ihr**
a) Gehen Sie geradeaus.	_____	Geht geradeaus.
b) Essen Sie nicht so viel.	Iss nicht so viel.	_____
c) _____	Hör zu.	Hört zu.
d) Kommen Sie.	_____	Kommt.
e) Spielen Sie Fußball.	Spiel Fußball.	_____

Now you have completed Lektion 5, can you:

tick

1 ask your way and tell someone else how to get somewhere? ❑
See pages 70–73.

2 order food and drink? ❑
See pages 74–9.

3 ask and give prices? ❑
See pages 83–5.

4 say how often you do things? ❑
See pages 86–7.

5 form the imperative? ❑
See page 89.

Vokabeln

Was haben Sie gelernt?

FRAGEN	Questions
Gibt es hier in der Nähe ein... ?	Is there a ... nearby?
Ist es weit?	Is it far?
Sonst noch etwas?	Anything else?
Was möchten Sie?	What would you like?
Was kosten die Tomaten?	What do the tomatoes cost?
Wie teuer ist der Wein?	What price is the wine?
Wie viel(e) nehmen Sie?	How much/how many will you take?
Wie oft gehen Sie im Monat aus?	How often do you go out a month?

VERBEN	Verbs
bekommen	to get
bestellen	to order
brauchen	to need
einkaufen	to shop
leben	to live
schmecken	to taste

LEBENSMITTEL	Food
der Apfel (¨)	apple
der Blumenkohl (-e)	cauliflower
das Brot (-e)	bread
das Brötchen (-)	bread roll
Cornflakes (pl)	cornflakes
das Ei (-er)	egg
das Fleisch (no pl.)	meat
das Gemüse (-)	vegetables
das Gummibärchen (-)	jelly bear
der Käse (no pl.)	cheese
der Kuchen (-)	cake
der Mais (no pl.)	sweet corn
das Obst (no pl.)	fruit
der Pilz (-e)	mushroom
der Reis (no pl.)	rice
das Roggenbrot (-e)	rye bread
der Salat (-e)	salad
die Süßigkeit (-en)	sweet, confectionery
die Wurst (¨e)	sausage
das Würstchen (-)	(small) sausage
der/das Wrap (-s)	wrap
der Zucker (no pl.)	sugar

GETRÄNKE	Drinks
der Cappuccino (-/s)	cappuccino
die Limonade (-n)	lemonade
die Milch (no pl.)	milk
der Orangensaft (¨e)	orange juice
der Sekt (-e)	German sparkling wine
der Smoothie (-s)	smoothie
der Tomatensaft (¨e)	tomato juice
das Wasser (-)	water

BEHÄLTER	Containers
der Becher Eis	dish of ice-cream
die Dose Cola	can of 'coke'
die Flasche Wein	bottle of wine
das Glas Mineralwasser	glass of mineral water
das Kännchen Kaffee	pot of coffee
die Packung Müsli	packet of muesli
die Tasse Tee	cup of tea
die Tüte Bonbons	bag of sweets

ADJEKTIVE	Adjectives
dick	fat
durstig	thirsty
frisch	fresh
gesund	healthy
kühl	cool
lecker	delicious, tasty
spät	late
teuer	dear, expensive

RICHTUNGEN	Directions
geradeaus	straight ahead
links	(on the) left
rechts	(on the) right
um die Ecke	around the corner
ungefähr 400 Meter weiter	about 400 metres further on

MASSE UND GEWICHTE	Weights and measures
100 Gramm Salami	100 grams of salami
2 Kilo Kartoffeln	2 kilos of potatoes
ein Pfund Tomaten	1 pound (500 grams) of tomatoes

NÜTZLICHER AUSDRUCK	Useful expression
Ich trinke lieber Kaffee.	I prefer drinking coffee.

ZEITAUSDRÜCKE	Expressions of time
nie	never
selten	seldom, rarely
manchmal	sometimes
oft/häufig	often/frequently
meistens	mostly
immer	always
einmal, zweimal, dreimal, usw.	once, twice, three times, etc.
einmal in der Woche	once a week
zweimal im Monat	twice a month
mindestens	at least

WOHIN?	Where (to)?
in den Park	to the park
ins Kino	to the cinema

6 sechs
Uhrzeiten und Verabredungen

- ● Booking a hotel room
- ● Telling the time
- ● Talking about daily routines
- ● Making appointments
- ● Days of the week
- ● Finding out what's on

- ■ Separable verbs
- ■ Modal verbs: können, müssen
- ■ Word order

A | Ein Doppelzimmer, bitte.

Die Wochentage

Can you put the days in the right order?

Mittwoch – Freitag – Sonntag – Montag – Donnerstag – Dienstag – Samstag / Sonnabend

Im Hotel

Lesen und Lernen

Doppelzimmer   der Schlüssel

Einzelzimmer   mit Bad   mit Dusche   die Schlüsselkarte

Hören Sie zu und beantworten Sie die Fragen auf der nächsten Seite.

Gast	Guten Tag. Haben Sie ein Zimmer frei?	Gast	Mit Bad, bitte.
Empfangsdame	Ja, ein Einzelzimmer oder ein Doppelzimmer?	Empfangsdame	Da habe ich Zimmer Nr. 14 zu 110 Euro.
Gast	Ich möchte ein Doppelzimmer für zwei Personen, bitte.	Gast	Gut. Ich nehme das Zimmer.
Empfangsdame	Und für wie lange?	Empfangsdame	So. Hier ist der Schlüssel. Bitte tragen Sie sich ein.
Gast	Für zwei Nächte.	Gast	Um wie viel Uhr gibt es Frühstück?
Empfangsdame	Für zwei Nächte. Von heute, Montag bis Mittwoch?	Empfangsdame	Zwischen sieben und zehn Uhr.
Gast	Ja. Von Montag bis Mittwoch.	Gast	Ah, vielen Dank.
Empfangsdame	Möchten Sie ein Zimmer mit Bad oder mit Dusche?	Empfangsdame	Ich wünsche einen angenehmen Aufenthalt.

Bitte tragen Sie sich ein.	*Please fill in your details.*
Um wie viel Uhr gibt es Frühstück?	*What time is breakfast?*
zwischen sieben und zehn Uhr	*between seven and ten o' clock*
Ich wünsche Ihnen einen angenehmen Aufenthalt.	*I wish you a pleasant stay.*

Richtig oder falsch?

Korrigieren Sie die falschen Aussagen.

	Richtig	Falsch
a) Der Gast nimmt ein Einzelzimmer.	❑	❑
b) Er bleibt von Montag bis Mittwoch.	❑	❑
c) Das Zimmer kostet 120 Euro.	❑	❑
d) Frühstück gibt es zwischen sieben und zehn Uhr.	❑	❑

Singular und Plural

Ein Doppelzimmer für: eine Nacht   Ein Zimmer für: eine Person

zwei Nächte   zwei Personen

drei Nächte   drei Personen

ÜBUNG

4

1.49–1.51

Haben Sie ein Zimmer frei?

Hören Sie bitte zu.

Listen to the three dialogues and complete the grid.

	1 Herr Muth	*2 Frau Pestalozzi*	*3 Frau Renner*
Zimmer			
Personen			
Bad / Dusche			
Nächte			
Tage			
Zimmernummer			
Preis			

Erzählen Sie:

1 Herr Muth nimmt ein Einzelzimmer für eine Person mit _____ . Er bleibt _____ Nächte, von _____ bis _____ .

2 Frau Pestalozzi ... .

3 Frau Renner ... .

Was können Sie noch über die Personen sagen?

Was sagt der Gast?

Schreiben Sie, was der Gast sagt. Spielen Sie dann den Dialog.

1.52

Sie	Guten Tag. Haben _____ ?
Empfangsdame	Ein Einzelzimmer oder ein Doppelzimmer?
Sie	_____
Empfangsdame	Und für wie viele Nächte?
Sie	_____
Empfangsdame	Möchten Sie ein Zimmer mit Bad oder Dusche?
Sie	_____
Empfangsdame	Gut. Zimmer 14. Bitte tragen Sie sich hier ein.
Sie	_____
Empfangsdame	Zwischen sieben Uhr und neun Uhr. Ich wünsche Ihnen einen angenehmen Aufenthalt.

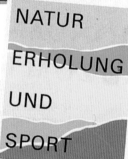

Haben Sie ein Einzelzimmer frei?

Partner A: Buchen Sie ein Zimmer. Partner B ist die Empfangsdame / der Empfangschef. Danach bucht Partner B ein Zimmer. Hier sind Ihre Details:

Partner B: Gehen Sie zu Seite 238.

After this: Make up your own details and practise more.

ÜBUNG 7

Pension Ingrid

Lesen Sie die Anzeige.
Read the advert.

Can you get the main information?

Hotel Ingrid

Kaiserallee 19, 23570 Travemünde
☎ 0 45 02 / 7 45 92.
www.pensioningrid.de
E-Mail info@pensioningrid.t-online.de
Lage: 100 m vom Strand, Kasino, Kurhaus
Zimmer mit Seeblick, Dusche und WC
Doppelzi. 80.- bis 100.-, Einzelzi. 47.- bis 58.-
GANZJÄHRIG GEÖFFNET

Deutschland-Info

LOOKING AFTER YOURSELF, GERMAN STYLE

Taking **eine Kur**, which literally means *a cure*, is a common experience for many Germans. You don't have to be ill in order to take time out at a **Kurort** or spa. Most people have their **Kur** paid for them at least in part by their health insurance or **Krankenkasse**. All names of towns that start with the word 'Bad' are spa towns – e.g. Bad Homburg, Bad Hersfeld. One of the best-known German spas is Baden-Baden.

VOKABELN

der Strand (¨e)	beach
das Kurhaus (¨er)	assembly room at a health resort
der Seeblick (-e)	view of the sea

True or false?

	True	False
a) The beach is a long way from the hotel.	❑	❑
b) All the rooms have their own shower and toilet.	❑	❑
c) A single room costs between 80 and 100 Euros.	❑	❑
d) The guest-house is open all year round.	❑	❑

Gehen Sie links zum Thermalbad.

B | Die Uhrzeit
The time

Lesen und Lernen

Wie viel Uhr ist es?
What's the time?

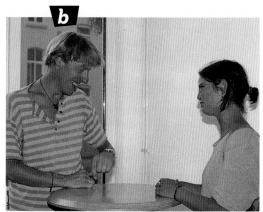

– Entschuldigen Sie, bitte. Wie spät ist es?
– Zwei Uhr.

– Entschuldigung. Wie viel Uhr ist es, bitte?
– Es ist zehn nach vier.

Die 12-Stunden-Uhr
The 12-hour clock

a) Es ist zwei Uhr.
b) Es ist zehn **nach** zwei.
   Es ist zehn Minuten **nach** zwei.
c) Es ist zehn **vor** vier.
   Es ist zehn Minuten **vor** vier.
d) Es ist zwei Minuten **nach** neun.
   Es ist **kurz nach** neun.

e) Es ist **Viertel** nach fünf.
f) Es ist **Viertel** vor sieben.
g) Es ist **halb** zwei. (!)
h) Es ist **halb** fünf. (!)

ÜBUNG **10**

1.53

Wie spät ist es?

Hören Sie zu.
In what order do the following times appear?

ÜBUNG **11**

1.53

Schreiben Sie bitte die Uhrzeiten.
Now listen to the recording again and write down the times.

a) _____
b) _____
c) _____
d) _____
e) _____
f) _____

ÜBUNG **12**

Fragen Sie nun Ihre Partnerin/Ihren Partner.
Take it in turns to ask each other the time.

Beispiel
Wie viel Uhr ist es, bitte? / Wie spät ist es, bitte?
Es ist Viertel nach zwei. / Es ist zwei Uhr fünfzehn., etc.

a) 2:15   c) 6:10   e) 3:30   g) 2:30
b) 5:45   d) 7:59   f) 8:50   h) 10:22

ÜBUNG
13

Lesen und Lernen

Morgens oder abends?
a.m. or p.m.?

Es ist neun Uhr morgens.

Es ist ein Uhr mittags.

Es ist vier Uhr nachmittags.

Es ist sieben Uhr abends.

Es ist ein Uhr nachts.

ÜBUNG
14

Die 24-Stunden-Uhr
The 24-hour clock

Richtig oder falsch?

> **TIPP**
> Für die Zeit von etwa 10 bis 1 Uhr sagt man oft *vormittags*.

	Richtig	Falsch
a) Es ist zweiundzwanzig Uhr.	❏	❏
b) Es ist siebzehn Uhr und dreißig Minuten.	❏	❏
c) Es ist acht Uhr dreißig.	❏	❏
d) Es ist vierzehn Uhr und sechsundfünfzig Minuten.	❏	❏

21:00	17:15	8:30	14:58
a	b	c	d

Üben Sie: morgens, mittags und abends.

Beispiele

Es ist ein Uhr mittags.
Es ist sechs Uhr abends, etc.

a) 1 p.m.
b) 4 p.m.
c) 8 p.m.
d) 11 p.m.
e) 9 a.m.
f) 6 a.m.
g) 3 p.m.
h) 3 a.m.

Üben Sie: die 24-Stunden-Uhr.

Beispiele

Es ist dreizehn Uhr.
Es ist dreiundzwanzig Uhr fünfunddreißig, etc.

a) 13:00
b) 23:35
c) 7:45
d) 18:12
e) 15:20
f) 4:17
g) 12:05
h) 00:54

C | Ein typischer Tag

Was macht Frau Haase?
What does Mrs Haase do?

Frau Haase ist Kundenberaterin und arbeitet in einer Bank.
Was glauben Sie: Was macht sie zu den folgenden Uhrzeiten?
Ordnen Sie zu.

7.10 Uhr	hat Feierabend
7.45 Uhr	sieht zu Hause fern
8.30 Uhr	duscht und frühstückt
12.30 Uhr	beginnt ihre Arbeit
17.30 Uhr	hat Mittagspause
19.00 Uhr	schläft
22.30 Uhr	geht aus dem Haus
23.30 Uhr	trifft eine Freundin

Erzählen Sie.

Beispiel

Ich glaube, um 7 Uhr 10 duscht sie und
frühstückt. Um Viertel vor acht … Um halb
neun … etc.

Hatten Sie recht? Lesen Sie jetzt den Text auf
Seite 100 und überprüfen Sie Ihre Antworten.

V O K A B E L N

duschen	*to shower*
der Kunde (- n) / die Kundin (-nen)	*customer*
der Berater (-) / die Beraterin (-nen)	*adviser*
die Mittagspause (-n)	*lunch break*
die Nachrichten (here pl.)	*news*
der Feierabend (-e)	*end of work*
etwas	*something*
zuerst	*first*
dann	*then*
danach	*afterwards*
normalerweise	*normally*

Der Tagesablauf von Frau Haase
Mrs Haase's daily routine

Es ist sieben Uhr zehn. Frau Haase steht auf.
Danach duscht sie und frühstückt.
Zum Frühstück isst sie meistens Müsli und
trinkt einen grünen Tee.

Um Viertel vor acht geht sie normalerweise
aus dem Haus.
Ihre Arbeit fängt um halb neun an. Manchmal
fängt ihre Arbeit aber schon um 8 Uhr an.

Frau Haase ist Kundenberaterin und
arbeitet in einer Bank. Um zehn Uhr ruft
sie eine Kundin an. Um halb eins macht sie
Mittagspause. Meistens geht sie in ein Café
und isst einen Salat, ein Sandwich oder eine
Suppe.

Um halb sechs hat sie Feierabend. Dann geht
sie in den Supermarkt und kauft ein. Sie kauft
Müsli, Reis, Brot und Käse.

Um 19.00 Uhr holt sie eine Freundin von
der Arbeit ab. Sie gehen zusammen ins Kino.
Danach essen und trinken sie etwas.

Um halb elf ist Frau Haase wieder zu Hause.
Zuerst checkt sie ihre E-Mails.
Sie sieht noch ein bisschen fern. Sie sieht die
Nachrichten. Danach geht sie ins Bett. Um halb
zwölf schläft sie.

Can you figure out what happens to the verbs *aufstehen, anfangen, anrufen, etc.* when they are used in a German sentence? Check your answers in the Sprachinfo *below.*

V O K A B E L N

auf|stehen	to get up
an|fangen	to start
ein|kaufen	to shop
ab|holen	to fetch, pick up
an|rufen	to phone
fern|sehen	to watch TV

Separable verbs

There is a category of verbs in German called separable verbs. This is how they work.
The first part (prefix) separates from the main part (stem) and usually goes to the end of the sentence:

aufstehen	Frau Haase **steht auf**.	Mrs Haase gets up.
anfangen	Die Arbeit **fängt** um neun Uhr **an**.	Work starts at 9 o'clock.
einkaufen	Sie **kauft** im Supermarkt **ein**.	She shops at the supermarket.
anrufen	Sie **ruft** eine Kundin **an**.	She phones a client.
fernsehen	Sie **sieht** manchmal **fern**.	She sometimes watches TV.

Please note that from this Lektion onwards separable verbs are indicated in the blue vocabulary box and in the Checkliste by putting a '\|' between the prefix and the main part (see above).

ÜBUNG
19

Üben Sie trennbare Verben!
Now test yourself on the separable verbs.

Was machen die Leute?

einkaufen – aufstehen – fernsehen – anfangen

a) Das Mädchen _____ um 9 Uhr_____ .
b) Der Mann _____ _____ .
c) Die Schule _____ um acht Uhr____ .
d) Der Mann _____ im Supermarkt_____ .

ÜBUNG 20

1.54

Was macht Herr Fablione?

Hören Sie bitte zu und beantworten Sie die Fragen.

a) Wann steht Herr Fablione
   normalerweise auf?
b) Um wie viel Uhr fängt seine Arbeit an?
c) Wann hat er Feierabend?
d) Wohin geht er mit seinen Kindern?
e) Sieht er viel fern?
f) Wie oft gehen seine Frau und er aus?
g) Wann geht er normalerweise ins Bett?
h) Was können Sie noch über Herrn
   Fablione sagen?

Deutschland-Info

EARLY RISERS

The working day in Germany still tends to start earlier than in Britain. Offices and schools, for instance, often start at 8.00 a.m. Some tradespeople, such as bakers and market traders, regularly get up as early as 3.30 or 4.00 a.m.

The earlier start means that many people finish work earlier too. **Der Feierabend** – the time when work is finished – is commonly regarded as a time to be enjoyed and not to be spent doing chores. Punctuality is generally regarded as important for Germans.

Word order

The verb in German is usually the second idea in the sentence. So if you put another idea (here: an expression of time) in the first place, the subject (I, she, the man, etc.) has to go after the verb:

Ich	verlasse	das Haus	um neun Uhr.
Um neun Uhr	verlasse	ich	das Haus.
Dann	verlasse	ich	das Haus.
1	2	3	
	VERB		

ÜBUNG 21

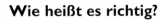

Wie heißt es richtig?

Put these words in the right order to make sentences. Start with the parts in bold.

Beispiel
um 6.30 Uhr / **Ich** / stehe / auf →
Ich stehe um 6.30 Uhr auf.

a) ich / esse / Toast und Marmelade / **zum Frühstück**
b) gehe / **dann** / ich / aus dem Haus
c) um 8 Uhr / **meine Arbeit** / an / fängt
d) arbeite / ich / bis Mittag / **dann**
e) Feierabend / habe / **ich** / gegen 17 Uhr
f) bleibe / zu Hause / **abends** / ich / meistens

ÜBUNG 22

Ein typischer Tag

Fragen Sie Ihre Partnerin/Ihren Partner:

Beispiel
A: Wann stehen Sie normalerweise morgens auf?
B: Ich stehe normalerweise um sieben Uhr auf. /
   Normalerweise stehe ich um sieben Uhr auf.

Fragen	Ihr Partner	Sie
Wann stehen Sie normalerweise morgens auf?		
Was essen Sie zum Frühstück?		
Um wie viel Uhr verlassen Sie normalerweise das Haus?		
Wann fängt Ihre Arbeit / Ihr Studium / Ihre Schule an?		
Wann haben Sie Mittagspause? Was essen Sie normalerweise?		
Um wie viel Uhr haben Sie Feierabend? Was machen Sie dann?		
Wann sind Sie wieder zu Hause?		
Um wie viel Uhr essen Sie zu Abend? Was essen Sie normalerweise?		
Was machen Sie meistens abends?		
Wann gehen Sie normalerweise ins Bett?		

Feel free to form more questions. When you are not sure about something, ask your teacher.

Mein typischer Tag!

Schreiben Sie für Ihr soziales Netzwerk, was für Sie ein typischer Tag ist. Benutzen Sie **dann, danach normalerweise**, etc. und die Uhrzeiten.

NÜTZLICHE AUSDRÜCKE

Zum Frühstück esse ich ...	ein Toast / ein Brot / Brötchen mit Marmelade / Honig / Käse etc.
Morgens esse ich ...	Müsli mit Früchten / Haferflocken etc.
Ich trinke ...	Kaffee / Tee / einen grünen Tee / Orangensaft / eine heiße Schokolade etc.
Zu Mittag esse ich ...	eine Suppe / ein Sandwich / einen Wrap / einen Salat / Pasta / Hähnchen etc.
Zu Abend esse ich ...	Pizza / Brote / Fisch mit Reis / ein Steak mit Pommes / ein Omelette mit Kartoffeln / Gemüse etc.
Ich trinke ...	Mineralwasser / einen Saft / eine Cola / ein Glas Bier / ein Glas Rotwein etc.

ÜBUNG 24

D | Ausgehen
Going out

Was kann man am Wochenende in Hannover machen?
Lesen Sie, was man am Sonnabend in Hannover machen kann und beantworten Sie die Fragen in Übung 25.
Read what you can do on Saturday and answer the questions in Übung 25.

VOKABELN

der Höhepunkt (-e)	highlight
die Stadtführung (-en)	guided tour (of the town)
der Treffpunkt (-e)	meeting point
das Abenteuer (-)	adventure
anschließend	afterwards, subsequently

Heute in Hannover

Die Höhepunkte fürs Wochenende

Sonnabend

13:00   Stadtführung durch Hannovers historische Altstadt, Treffpunkt: Tourist Information

15:30   Fußball: DFB-Pokalrunde, Hannover 96 – Bayern München. Bayern ist der Favorit. Keine Chance für Hannover 96?

20:00   Theater: *Ein Sommernachtstraum*, Klassiker von William Shakespeare, Gartentheater Herrenhausen – Vergessen Sie die Regenschirme nicht!

22:00   Beatsnight! Latin, R'n'B, House mit DJ Cesar, PaloPalo Musikclub, 15 €

Sonntag

10:00   Fahrradtour am Mittellandkanal. Treffpunkt: Hauptbahnhof

15:00   Theater: *Die Abenteuer von Aladin* – Für Kinder und Erwachsene; anschließend Kaffee und Kuchen, Neues Theater

20:30   Konzert: Melody Makers aus Frankfurt spielen Oldies und Goldies, Brauhaus Ernst August, 10 €

21:00   *Ich find's super!* Deutsche Comedy mit Jan Philip Tal, Marlene Bar und Bühne, 20,20 €

ÜBUNG 25

Was kann man am Sonnabend machen?
Richtig oder falsch?

	Richtig	Falsch
a) Man **kann** um 13.00 Uhr eine Stadtführung **machen**.	❏	❏
b) Man **kann** ein Fußballspiel **sehen**. Hannover 96 ist der Favorit.	❏	❏
c) Abends **kann** man ins Theater **gehen**. Es gibt ein Stück von Goethe.	❏	❏
d) Um 22.00 Uhr **kann** man im PaloPalo Musik **hören** und man **kann** auch **tanzen**.	❏	❏

ÜBUNG 26

Was kann man am Sonntag in Hannover machen?

Beantworten Sie die Fragen:

a) Was kann man um zehn Uhr machen?
b) Was für ein Theaterstück kann man sehen?
c) Was kann man anschließend machen?
d) Was für Musik kann man um halb neun hören?
e) Was können Comedyfans machen?

können
When you use **können** *with another verb, the other verb goes to the end of the sentence:*
Man kann ein Fußballspiel sehen.   *One can see a football match.*

When you use **können** *with a separable verb (anlfangen, anlrufen, etc.), the whole of the separable verb goes to the end of the sentence:*
Ich kann morgen anfangen.   *I can start tomorrow.*
Kannst du mich anrufen?   *Can you phone me?*

ÜBUNG 27

Was kann man noch am Wochenende machen?

What else can one do at the weekend? See how many examples you can find and write them out.

Vorschläge
Suggestions

Freunde besuchen – lange schlafen – auf eine Party gehen – zusammen kochen, etc.

Beispiel
Man *kann* Freunde *besuchen.* Am Wochenende *kann* man zusammen *kochen.* Außerdem *kann* man ...

Wie viele Beispiele haben Sie gefunden?
How many examples did you find?

Ich gehe:	**in** den Park.
	in die Kneipe.
	ins Museum.
but	**auf** den Flohmarkt.
	auf eine Party.

E | Verabredungen
Arrangements

Kommst du mit?
Are you coming with (us)?

Lesen Sie! Ein Freund fragt:

Ich möchte am Samstag	shoppen ins Kino in den Park auf den Flohmarkt auf eine Party	gehen. Kommst du mit?

Was können Sie sagen?

JA	**NEIN**
Ja, gerne. Ja, ich komme gern mit. Na, klar komme ich mit. Ja, das ist eine tolle Idee.	Tut mir leid, aber ich habe leider keine Zeit. Ich möchte mitkommen, aber ich muss arbeiten. Ich muss nach Köln fahren. Ich muss Freunde besuchen / einkaufen, etc.

müssen and möchten

Like **können**, **müssen** sends the other verb to the end:

Ich muss heute arbeiten.	*I have to work today.*
Ich muss heute Nachmittag einkaufen.	*I have to do some shopping this afternoon.*

The same applies to **möchten**:

Ich möchte heute Abend ins Kino gehen.	*I should like to go to the cinema this evening.*

1.55

Was müssen die Personen
machen?
Was möchten sie machen?
*What do these people have
to do?*
What would they like to do?

	Was muss sie/er machen?	*Was möchte sie/er machen?*
Person 1	Er muss für die Englischprüfung lernen.	Er möchte ins Café gehen.
Person 2		
Person 3		
Person 4		

ÜBUNG
30

1.56

Kommst du mit ins Kino?

Hören Sie bitte den Dialog. Welche
Antworten stimmen?

Geht es am Donnerstag?	*Is Thursday all right?*
Wann treffen wir uns?	*When shall we meet?*
Mach's gut.	*All the best.*

a) Petra möchte
   I nächste Woche ins Kino gehen.
   2 morgen ins Kino gehen.

b) Montag muss Simone
   I zum Geburtstag von ihren Eltern.
   2 zum Geburtstag von Birgit.

c) Mittwoch muss Petra
   I ihre Schwester abholen.
   2 ihren Bruder abholen.

d) Der Film fängt
   I um 7.30 Uhr an.
   2 um 8.30 Uhr an.

Lesen Sie jetzt den Dialog und überprüfen Sie Ihre Antworten.

Petra	Hallo Simone. Na, wie geht's?
Simone	Ganz gut. Und dir?
Petra	Auch ganz gut. Simone, ich möchte nächste Woche ins Kino gehen. Kommst du mit?
Simone	Ja, gern. Und wann?
Petra	Kannst du am Montag? Da ist Kino-Tag.
Simone	Tut mir leid. Am Montagabend muss ich zum Geburtstag von Birgit. Vielleicht Mittwoch?
Petra	Mittwochabend muss ich meine Schwester abholen. Sie kommt aus Griechenland zurück. Geht es am Donnerstag?
Simone	Donnerstag ist gut. Wann fängt der Film an?
Petra	Um halb neun. Wann treffen wir uns?
Simone	Um acht vielleicht?
Petra	Sehr gut. Dann bis Donnerstag um acht.
Simone	Mach's gut. Bis dann.

  Eine Übung für Grammatik-Experten
Wie viele trennbare Verben können Sie finden?

Times of day

morgens	*but*	Montagmorgen
mittags		Dienstagmittag
nachmittags		Freitagnachmittag
abends		Sonntagabend

The preposition used with days of the week is **am**
*– short for 'an dem' – but people often drop it, as
in English.*
(Am) Montag fahre ich nach Berlin.
(On) Monday I'm going to Berlin.

ÜBUNG 31

1.57

Kommst du mit essen? Was antworten Sie?
Schreiben Sie die Antworten auf.

Jutta Hallo, hier ist Jutta. Wie geht's?

Sie _____

(Return the greetings, say you are fine and ask how she is.)

Jutta Ganz gut, danke. Klaus und ich möchten nächste Woche essen gehen. Wir möchten in die neue Pizzeria „La Mamma" gehen. Kommst du mit?

Sie _____

(Say that you would like to and ask when.)

Jutta Kannst du Dienstagabend?

Sie _____

(Say you are sorry but you can't make Tuesday evening. You have to work.)

Jutta Und am Freitag?

Sie _____

(Say you are sorry and that you are going to the theatre. Ask if Saturday evening is all right.)

Jutta Ja, Samstag geht es.

Sie _____

(Ask what time you should meet up.)

Jutta Acht Uhr vielleicht?

Sie _____

(Say 8 o'clock is fine. Say 'bye until Saturday evening.)

Jutta Ja, bis Samstag. Und iss nicht so viel vorher!

Now listen to the recording to check your answers. Bear in mind that in many cases more than one answer is possible.

Now practise the dialogue with a partner.

ÜBUNG 32

Mehr Verabredungen

Schreiben Sie oder spielen Sie ähnliche Dialoge.

1:58

TIPPS ZUR AUSSPRACHE

Hören Sie zu und sprechen Sie nach!
*Wherever the letter **z** comes in a word it is pronounced as ts. Make sure you give this sound its full force and don't slip into using the English letter **z**:*

Zahl, zwei, zehn, zwölf, zwanzig, Zeit, Zentrum, Zimmer, Zahnmedizin, Zeitung, Flugzeug, Französisch, bezahlen, tanzen, kurz, ganz, stolz.

How would you pronounce these words: zentral, Herz, Münze?

Grammatik

Verbs and vowel changes

In this Lektion you have met some more irregular verbs with a vowel change like **sprechen** or **essen**, which were introduced in Lektion 4.

verlassen	Um 8.30 Uhr verl**ä**sst er das Haus.	*At 8.30 he leaves the house.*
anfangen	Wann f**ä**ngt die Schule an?	*When does school begin?*
fahren	F**ä**hrst du nach Berlin?	*Are you going to Berlin?*
sehen	Er s**ie**ht einen Film.	*He sees (watches) a film.*

Separable verbs

In English there are verbs such as *to get up*, *to pick up* and *to come along* where the verb is made up of two parts. In German too there are verbs like this, but in the infinitive (the form that appears in the dictionary) the two parts are joined together: **aufstehen, anfangen, abholen**, etc. When you use these verbs, you normally need to separate the first part (prefix) from the main part (stem) and send the prefix to the end of the sentence:

aufstehen	Wann **stehst** du **auf**?	*When do you get up?*
anfangen	Der Film **fängt** um sechs Uhr **an**.	*The film starts at 6 o'clock.*
abholen	Ich **hole** dich um acht Uhr **ab**.	*I'll pick you up at 8 o'clock.*

Modal verbs *können* and *müssen*

There is a special group of verbs called modal verbs. You have met two of these already. They are **können** and **müssen**. Modal verbs behave differently from ordinary verbs: they do not take the usual endings in the **ich** and **er, sie** and **es** forms:

ich kann	wir können	ich muss	wir müssen
du kannst	ihr könnt	du musst	ihr müsst
Sie können	Sie können	Sie müssen	Sie müssen
er/sie/es kann	sie können	er/sie/es muss	sie müssen

Modal verbs are usually used together with another verb. This second verb is normally in the infinitive and goes to the end of the sentence:

Er **kann** sehr schnell **laufen**.	*He can run very fast.*
Ich **muss** morgen nach Berlin **fahren**.	*I have to go to Berlin tomorrow.*
Können Sie Deutsch **sprechen**?	*Can you speak German?*

When you use **können** or **müssen** with a *separable* verb, the prefix of the separable verb joins up with its stem at the end of the sentence:

Kannst du heute Abend **mitkommen**?	*Can you come along this evening?*
Ich **muss** morgen früh **aufstehen**.	*I have to get up early tomorrow.*

Möchten is formed from another modal verb **mögen** (*to like*). It too sends the second verb to the end of the sentence:

Ich **möchte** heute Abend ins Kino **gehen**.	*I should like to go the cinema this evening.*
Kirsten und Frank **möchten** **mitkommen**.	*Kirsten and Frank would like to come along (with us).*

Word order

As you learned earlier in this unit, the verb in German is usually the second idea in the sentence. First place in the sentence can be taken by a time expression or by other elements, even by the object. The verb, however, needs to be in second place and this often means putting the subject in third place. In grammatical terms this is called **subject-verb inversion**.

1	2	3	4
Ich	trinke	eine Tasse Kaffee	zum Frühstück.
Zum Frühstück	trinke	ich	eine Tasse Kaffee.
Eine Tasse Kaffee	trinke	ich	zum Frühstück.

Mehr Übungen ...

1   Ein Tag im Leben von Herrn Reinhard. Was macht er?
   A day in the life of Herr Reinhard. What does he do?

   6:30 aufstehen
   7:00 zur Arbeit fahren
   9:00 eine Kundin anrufen
   12:30 zur Bank gehen
   17:00 einkaufen
   19:00 mit Bernd, Helga und Ulrike in die Kneipe gehen
   22:00 fernsehen

   Write a short account of Herr Reinhard's day and have it checked by your teacher.

   Um 6.30 Uhr steht er auf. Danach fährt er ... .

2   Wie heißt es richtig?

   Can you put the sentences in the right order? There might be more than one possibility for some sentences.

   a) gibt – es – Frühstück? – um wie viel Uhr
   b) möchte – ich – mit Bad und Dusche – ein Zimmer
   c) sehr gut – Tango tanzen – er – kann
   d) kann – man – was – machen? – in London
   e) essen gehen – ich – möchte – am Dienstag
   f) sprechen – Frau Johnson – Deutsch – kann – sehr gut
   g) heute – Herr Krause – arbeiten – muss – bis 8.00 Uhr
   h) nach New York – Frau Dr. Schmidt – fliegen – am Montag – muss

3   Es tut mir leid, ich kann nicht kommen! *Sorry, I can't come!*

An old colleague has invited you to his birthday party. You were there last year and it was a disaster: the food was awful, the music terrible and the other guests unfriendly. Read the invitation on the right and write an e-mail to Manfred Weiser, and state why you can't make it this year. You can use some of the examples given or make up your own excuses.

Einladung

Nächsten Samstag, dem 27.4.,
ist wie jedes Jahr meine Geburtstagsfeier.
Unsere Feier fängt um 18.00 Uhr an.
Wie immer gibt es gutes Essen
und Fabian de Costa ist wieder unser DJ.
Bis Samstag.
Ihr Manfred Weiser

Ausreden
Excuses
bis Mitternacht arbeiten – 500 irreguläre Verben für
die Englischprüfung lernen – meiner Frau/meinem Mann
oder meiner Partnerin/meinem Partner bei der Gartenarbeit helfen, etc.

Lieber Manfred,

es tut mir leid, aber dieses Jahr kann ich leider nicht kommen. Ich muss zu viele Sachen

machen: Am Montag muss ich _____ . Am Dienstagabend muss _____ _____ .

Am Mittwoch _____ . Am Donnerstag _____ . Am Freitagnachmittag _____ .

Am Samstagmorgen _____ . Am Samstagabend bin ich dann so müde, da muss ich

schlafen.

Vielleicht bis nächstes Jahr.

Ihr _____

---

4   Mein typisches Wochenende

Schreiben Sie, was Sie normalerweise am Samstag und Sonntag machen und geben
Sie so viele Details wie möglich.

Now you have completed Lektion 6, can you:

		tick
1	book a hotel room?	❏
	See pages 92–4.	
2	ask or tell someone the time?	❏
	See pages 96–9.	
3	tell someone your daily routine during the week and at the weekend?	❏
	See pages 100–103.	
4	ask or say what's on (e.g. at the weekend)?	❏
	See pages 104–5.	
5	make arrangements to meet up with someone?	❏
	See pages 106–8.	

Vokabeln

Was haben Sie gelernt?

FRAGEN	*Questions*
Wie viel Uhr ist es?	*What time is it?*
Wie spät ist es?	*What's the time?*
Wann stehen Sie morgens auf?	*When do you get up in the morning?*
Wann fängt Ihre Arbeit an?	*When does your work start?*
Sehen Sie abends fern?	*Do you watch TV in the evening?*
Wann gehen Sie ins Bett?	*When do you go to bed?*
Wo treffen wir uns?	*Where shall we meet?*

ZEITANGABE	*Telling the time*
Es ist zwei Uhr.	*It's two o'clock.*
Es ist zehn (Minuten) nach vier.	*It's ten (minutes) past four.*
Es ist Viertel vor neun.	*It's a quarter to nine.*
Es ist neun Uhr morgens/abends.	*It's nine in the morning / in the evening.*
Es ist zwei Uhr nachmittags/nachts.	*It's two in the afternoon / at night.*
Es ist 14 Uhr 30.	*It's 14.30/2.30 p.m.*

ZEITAUSDRÜCKE	*Expressions of time*
abends	*in the evening*
anschließend	*afterwards*
danach	*after that, afterwards*
dann	*then*
immer	*always*
jeden Tag	*every day*
lange	*for a long time*
manchmal	*sometimes*
meistens	*mostly*
mittags	*at midday*
in der Mittagspause	*in the lunch break*
morgens	*in the morning*
vormittags	*in the morning/ mid-morning*
nachmittags	*in the afternoon*
nachts	*at night*
nächste Woche	*next week*
vorher	*before, previously*
am Samstag	*on Saturday*
zuerst	*first, at first*
am Wochenende	*at the weekend*

ESSEN UND TRINKEN	*Eating and drinking*
zum Frühstück	*for breakfast*
zu Mittag	*for lunch*
zu Abend / zum Abendbrot	*for supper*

DIE WOCHENTAGE	*Days of the week*
Sonntag	*Sunday*
Montag	*Monday*
Dienstag	*Tuesday*
Mittwoch	*Wednesday*
Donnerstag	*Thursday*
Freitag	*Friday*
Samstag/Sonnabend	*Saturday*

VERBEN	*Verbs*
ab|holen	*to pick up, fetch*
an|fangen	*to begin, start*
an|rufen	*to telephone, call up*
auf|stehen	*to get up, rise*
besuchen	*to visit*
duschen	*to shower*
fahren	*to go (in a vehicle), drive*
fern|sehen	*to watch TV*
frühstücken	*to have breakfast*
mit|kommen	*to come along*
sagen	*to say*
sehen	*to see*
treffen	*to meet*
verlassen	*to leave*
wollen	*to want*

MODALVERBEN	*Modal verbs*
müssen	*to have to, must*
können	*to be able to, can*

ADJEKTIVE	*Adjectives*
dumm	*stupid*
früh	*early*
kurz	*short(ly)*
typisch	*typical(ly)*

NOMEN	*Nouns*
das Abenteuer (-)	*adventure*
die Ausstellung (-en)	*exhibition*
die Feier (-n)	*celebration*
der Geburtstag (-e)	*birthday*
der Höhepunkt (-e)	*highlight*
der Kunde (-n)/die Kundin (-nen)	*customer*
die Mittagspause (-n)	*lunch break*
die Party (-s)	*party*
die Prüfung (-en)	*examination*
die Stadtführung (-en)	*guided tour (of a town)*
das Theater (-)	*theatre*
der Treffpunkt (-e)	*meeting place*

Test your German

If you have been working your way through the course you have now finished the first six **Lektionen**. Congratulations! Before you start with the second half of the course (Lektionen 7–12) the following test will give you the opportunity to check whether you have mastered all the language you have met so far and to identify possible areas and points that need revision. If you have learned some German before using *Willkommen*, you can assess your knowledge with this test and decide where it is appropriate for you to start in this course, and what points you need to revise. (You can check your answers to this test in the *Willkommen! 1* support book, available online at www.hodderplus.co.uk/willkommen.)

1 Can you do the following? Say the answers out loud and write them down. There are two points for each correct answer – fill in the boxes with your score as you progress.
   a) Say your name and say where you come from? ❑
   b) Ask someone their name: i) formally and ii) informally? ❑
   c) Give your phone number? ❑
   d) Ask someone else: i) formally and ii) informally about their profession? ❑
   e) Say what your job is or whether you are a student or unemployed? ❑
   f) Tell someone if you are married, have a partner or are single? ❑
   (**Lektionen 1, 2** and **3**)   Punkte:_____/12

2 Fill in the missing endings. Give yourself one point for each correct ending.
   a) Ich komm... aus Gelsenkirchen. ❑
   b) Gelsenkirchen lieg... in Deutschland. ❑
   c) Herr und Frau Gärtner arbeit... beide bei der Telekom. ❑
   d) Geh... du heute in die Kneipe? ❑
   e) Studier... ihr auch Anglistik? ❑
   f) Wir lern... Deutsch. ❑
   (**Lektionen 1, 2** and **3**)   Punkte:_____/6

3 Fill in the missing word. One point for each correct answer.

   > Wo   Wer   Wie   Woher   Was   Wie

   a) _____ kommen Sie? ❑
   b) _____ ist dein Name? ❑
   c) _____ wohnt Angela Merkel? ❑
   d) _____ sind Sie von Beruf? ❑
   e) _____ geht es dir? ❑
   f) _____ sind Sie? ❑
   (**Lektionen 1, 2** and **3**)   Punkte:_____/6

4 Fill in the missing items. Give yourself one point for each correct answer.

a) Deutschland	Deutscher	Deutsche	Deutsch
b) Frankreich	Franzose	_____	_____
c) _____	_____	Italienerin	_____
d) England	_____	_____	_____
e) _____	Spanier	_____	_____
f) Irland_____	_____	Irin	Englisch / Irisch-Gälisch

   (**Lektion 2**)   Punkte:_____/12

5   Fill in the missing endings. There are two points for each correct answer.

Liebe Susanne,

*ich habe ein... Schwester und ein... Bruder. Mein... Bruder arbeitet in einer
Bank und mein... Schwester ist Journalistin. Ich habe auch ein... Hund. Der
Hund heißt Bello. Mein... Hobbys sind Musik und Tanzen.
Schreib mir bald
Dein... Petra.*

(Lektion 4)   **Punkte:**_____**/14**

6   Can you do the following? Say the answers out loud, then write them down. There are two
    points for each correct answer.
    a) Ask someone about their hobbies?   ❑
    b) State two things you like doing and two things you don't?   ❑
    c) Ask if there is a café nearby?   ❑
    d) Order a glass of tea?   ❑
    e) Order a cappuccino, a mineral water and two beers?   ❑
    f) Ask how much something costs?   ❑
    g) Ask for and give the time? (*4 points*)   ❑
    h) Ask for a single room for two nights?   ❑
    (Lektionen 4, 5 and 6)   **Punkte:**_____**/18**

7   Make correct sentences out of the following. Have two points for each correct answer.
    a) sehr gut – Salsa tanzen – sie – kann
    b) essen gehen – ich – möchte – am Donnerstag
    c) Englisch sprechen? – können – Sie
    d) muss – für ein Examen – ich – lernen – heute Abend
    (Lektion 6)   **Punkte:**_____**/8**

8   How would you answer in German? Write the answers down. There are four points for
    each correct answer.
    a) Wann stehen Sie normalerweise auf?   ❑
    b) Wann fängt Ihre Arbeit oder Ihr Studium an?   ❑
    c) Sehen Sie abends oft fern?   ❑
    d) Gehen Sie oft ins Kino?   ❑
    e) Gehen Sie lieber in die Kneipe oder ins Museum?   ❑
    f) Kann man in Ihrer Stadt viel machen?   ❑
    (Lektionen 5 and 6)   **Punkte:**_____**/24**

100–80 points:	Congratulations. You are ready to start with the second half of the course.
80–60 points:	Very good. You have mastered most of the points covered so far. Try to identify the areas which still need some work and go over them again.
60–40 points:	Well done, but it might be advisable to revise the areas where you are not quite so confident before moving on to the next units.
Below 40:	Not bad, but it is probably advisable to go back and do a thorough revision before starting with **Lektion 7**.

Alltag in der Stadt

- Buying consumer goods
- Talking about daily routines and work (continued)
- Travelling around town

■ *Prepositions + accusative/dative*
■ *Prepositions + dative*

A | Was kann man hier kaufen?

ÜBUNG
1

Lesen und Lernen

Match the shop names to the photos.

1 **das** Sportgeschäft
2 **der** Elektroladen
3 **die** Buchhandlung
4 **das** Kaufhaus
5 **die** Drogerie
6 **die** Apotheke
7 **die** Bank

ÜBUNG 2

Was kann man in diesen Geschäften kaufen?

Ordnen Sie bitte zu.

a) Outdoorjacken, FC Barcelona-Shirts,
   Joggingschuhe
b) Bücher
c) Parfüms, Seife etc.
d) Elektronikgeräte, Waschmaschinen,
   LED-Fernseher etc.
e) Medikamente, Arzneimittel
f) Smartphones, Tablets etc.
g) Kleidung, Uhren, fast alles
h) Britisches Pfund, Dollars, Yen etc.

1 in der Drogerie
2 im Sportgeschäft
3 auf der Bank
4 im Handyshop

5 im Kaufhaus
6 in der Buchhandlung
7 im Elektroladen
8 in der Apotheke

> **TIPP**
> *Der Laden* and
> *das Geschäft* can
> both be used to
> mean *shop*.
> *Geschäft* can also
> mean *business*.

Können Sie noch mehr Geschäfte nennen?
Was kann man in diesen Geschäften bekommen?

Präpositionen in / auf + Dativ

For saying where you can get something, you need **in** *+ the dative case* (**Dativ**).
In this context the definite article for masculine and neuter nouns (**der** *and* **das**) *changes to* **dem** *and the feminine* **die** *becomes* **der**:

der Elektroladen   Einen Fernseher kauft man am besten **im** (in dem) Elektroladen.
das Sportgeschäft   Ein FC Barcelona-Shirt kann man **im** (in dem) Sportgeschäft kaufen.
die Kneipe   Ein Glas Bier kann man **in der** Kneipe trinken.

Reminder – with some locations **auf** *is used instead of* **in**:

der Bahnhof   Einen Fahrplan kann man **auf dem** Bahnhof bekommen.
die Bank   Schweizer Franken kann man **auf der** Bank bekommen.

* For more information see the grammar on page 131.

ÜBUNG 3

Herr Fuhrmann ist im Stress.

Herr Fuhrmann fährt morgen in den Urlaub
nach Schottland. Er ist sehr nervös, denn er
muss noch viel machen.

Heute dringend erledigen!

a) *das Handy abholen*
b) *Geld wechseln*
c) *Buch über Schottland besorgen*
d) *eine Outdoorjacke kaufen*
e) *Aspirin, Shampoo besorgen*
f) *einen Adapter kaufen*

> **TIPP**
> *Don't forget that German word
> order is relatively flexible, so
> you often find the object of the
> sentence in first place, as here
> (see Lektion 6, Grammatik,
> Word order).*

Helfen Sie Herrn Fuhrmann. Wo kann
er die Sachen bekommen?

Ergänzen Sie:

Herr Fuhrmann, keine Panik!

a) Ihr Handy können Sie im _____ abholen.
b) Geld können Sie _____ wechseln.
c) Ein Buch über Schottland _____ .
d) ...
e) ...
f) ...

V O K A B E L N

aus|probieren	*to try out*
die Jacke (-n)	*jacket*
die Regenjacke (-n)	*rain jacket*
der Adapter (-)	*adapter*
wechseln	*here: to change money*
an|probieren	*to try on*

ÜBUNG
4

2.1–2.6

Herr Fuhrmann kauft ein.
Hören Sie zu und notieren Sie, wo er ist und was er macht.

	Wo ist er?	**Was kauft / bekommt er?**
1	Er ist im Handyshop.	Er holt sein Handy ab.
2		
3		
4		
5		
6		

ÜBUNG
5

Wohin geht Herr Fuhrmann?

Erzählen Sie, wohin Herr Fuhrmann geht.

Benutzen Sie **zuerst**, **dann**, **danach**, **anschließend**, **später**, **zum Schluss**.

Beispiel
Zuerst geht er in den Handyshop und holt sein Handy ab.
Dann geht er ... .

Wiederholung: Präpositionen in / auf + Akkusativ

In Lektion 5 you learned that for saying where to go to (in order to get something), you need **in** *+ accusative.*

*The ending on the article (**der**, **ein**, etc.) is* **-n** *for masculine,* **-e** *for feminine nouns and* **-s** *for neuter nouns:*

der Elektroladen	Zuerst geht Kirsten **in den** Elektroladen.
die Kneipe	Danach geht sie **in die** Kneipe, um ein Glas Bier zu trinken.
das Sportgeschäft	Dann geht sie **ins** (in das) Sportgeschäft.

Remember that with some locations **auf** *is used instead of* **in**:

der Markt	Anschließend geht sie **auf den** Markt.
die Bank	Und zum Schluss geht sie **auf die** Bank.

B | Mehr Konsumartikel

More consumer goods

ÜBUNG
6

a) Arbeiten Sie mit einer Partnerin/einem Partner.
   Wo bekommt man diese Sachen?

Beispiel
Ein Smartphone bekommt man im Handyshop.

das Smartphone   **der Fernseher**   **der Pullover**   **das Parfüm**

das Aspirin   **die Fitness-uhr**   **der Reiseführer**   **die Waschmaschine**   **die Hautcreme**

b) Ein Quiz. Machen Sie eine Liste mit
   verschiedenen Sachen.

Für die richtige Antwort mit Artikel gibt es
zwei Punkte, ohne den richtigen Artikel
einen Punkt.

Fragen Sie Ihren Partner, wo man die Sachen
bekommt.

Partner A: Wo kann man einen Fernseher kaufen?
Partner B: Im Elektroladen.
oder   Gehen Sie in den Elektroladen.

Nützliche Ausdrücke

online kaufen – *to buy online*
Die Fitnessuhr können Sie
online kaufen.
*You can buy the fitness watch
online.*

ÜBUNG
7

Was ist das?

a) Sie ist gut für die Zähne: die Z _ _ _ p _ _ t _ .
b) Man braucht es für die Haare: das _ _ a _ _ o _ .
c) Wenn es regnet, ist sie sehr praktisch: die R _ _ _ _ j _ c k _ .
d) Dort bekommt man Medikamente: die _ _ _ t h _ _ _ .
e) Dort kann man Geld wechseln: die _ _ _ _ _ .
f) Sie zeigt, wie spät es ist: die _ h _ .

Schreiben Sie mehr Definitionen. Fragen Sie in der Klasse.
Machen Sie ein Quiz.

C | Alltag und Beruf
Daily routine and work

Was macht Herr Ihßen um diese Uhrzeiten? Wo ist er?

*Look at the pictures below and say, or write down, as much as
you can about them in German. Then read the text and compare
this with your answers.*

Ein Tag im Leben eines Journalisten

Herr Ihßen ist Fernseh-journalist und arbeitet bei einem Fernseh-sender. Sein Tag beginnt meistens früh: Er steht um sieben Uhr auf. „Ich stehe nicht gern früh auf", sagt er. „Ich brauche morgens immer eine kalte Dusche und dann werde ich wach. Abends gehe ich meistens spät ins Bett."

Danach frühstückt er. Normalerweise isst er frische Brötchen, Honig, Marmelade und trinkt Orangensaft, selten Müsli. Meistens liest er die Zeitung und sucht nach interessanten Themen. Gegen halb neun verlässt er das Haus und geht ins Büro. Seine Arbeit fängt meistens um neun Uhr an.

Um neun Uhr ist er im Büro. Er macht verschiedene Sachen: Er telefoniert, schreibt Texte, schneidet im Studio Filme oder bereitet Interviews vor. „Die Arbeit ist interessant und abwechslungsreich", sagt er. „Jeden Tag mache ich etwas anderes."

Um kurz nach eins macht er Mittagspause. Meistens geht er mit Kollegen in die Markthalle und isst ein Baguette und trinkt einen Cappuccino, manchmal auch einen Smoothie. „Ich bin gern in der Markthalle. Man kann hier gut essen und trinken. Es ist eine sehr nette Atmosphäre. Wir essen selten im Restaurant und man trifft hier auch andere Kollegen."

Gegen zwei Uhr ist er wieder in der Firma und arbeitet am Computer. Bis morgen muss er ein Manuskript zu Ende schreiben. Später ruft er einen Freund an. Er sagt: „Hallo René. Na, wie geht's? Ich gehe um acht in die Kneipe. Kommst du mit?" Sein Freund antwortet: „Das ist eine gute Idee, Jörg. Wo treffen wir uns?" „Am besten in der Kneipe", sagt Jörg.

Um kurz vor sieben geht Herr Ihßen in den Supermarkt. „Ich kaufe meistens im Supermarkt ein. Man kann hier alles kaufen. Aber am Wochenende gehe ich oft auf unseren Markt. Auf dem Markt ist das Gemüse frischer, und auch die Wurst und der Käse sind sehr gut."

Um acht Uhr sitzen Jörg und René in der Kneipe. Sie trinken etwas, essen später eine Pizza und reden über alte Zeiten, das Leben und neue Projekte. Gegen 22 Uhr bezahlen sie. „Sonntag möchte ich Sport machen und ins Fitnesscenter gehen. Kommst du mit?" fragt René. „Tut mir leid, ich muss am Wochenende arbeiten. Wir machen einen Film über eine neue Ausstellung in München."

Um 23 Uhr ist Herr Ihßen wieder zu Hause. Er checkt noch einmal seine sozialen Netzwerke und sieht fern. Er sieht eine Dokumentation über Doping und dann die Spätnachrichten. „Vielleicht finde ich noch ein Thema für morgen", sagt er, „als Journalist sucht man die ganze Zeit nach neuen Themen. Der Beruf ist interessant, aber manchmal auch anstrengend."

ÜBUNG
9

Richtig oder falsch?

	Richtig	Falsch
a) Herr Ihßen steht sehr gern früh auf.	❑	❑
b) Er findet seine Arbeit interessant.	❑	❑
c) Mittags isst er meistens in einem Restaurant.	❑	❑
d) Er trinkt immer einen Smoothie.	❑	❑
e) Um acht Uhr trifft er einen Freund in der Kneipe.	❑	❑
f) Am Wochenende muss er arbeiten.	❑	❑
g) Zu Hause sieht er eine Serie.	❑	❑

Wohin? Akkusativ

Er geht **in den** Supermarkt.
Er geht **in die** Kneipe.
Er geht **ins** Büro.

Wo? Dativ

Er kauft **im** Supermarkt ein.
Er trinkt ein Glas Bier **in der** Kneipe.
Er arbeitet **im** Büro.

* **A useful test**

If in English you can say *into* (e.g. He is going *into* the supermarket), then you need **in + Akkusativ** in German.

If you can say *inside* (e.g. He is shopping *inside* the supermarket), then you need **in + Dativ**.

Deutschland-Info

ARBEITSZEITEN UND URLAUB

Herr Ihßen doesn't get to the office until 9.00 a.m. because he works irregular, and sometimes long hours. Generally, however, most people work a 35½-hour week.

Holiday entitlement is generous with many people having up to six weeks' paid holiday a year. The number of statutory bank holidays varies from *Land* to *Land*. Predominantly Catholic areas tend to enjoy the largest number because religious holidays are also observed. An important bank holiday for the whole of Germany is 3 October, *Tag der deutschen Einheit*.

ÜBUNG 10

Wie heißt es richtig?

WOHIN?

Beispiel

Um halb neun geht Herr Ihßen **ins** Büro.

a) Mittags geht er _____ Markthalle.
b) Um sieben Uhr geht er _____ Supermarkt.
c) Am Wochenende geht er _____ Markt.
d) Er geht manchmal _____ Kneipe.

WO?

Beispiel

Um neun Uhr ist er **im** Büro.

a) Er isst _____ Markthalle.
b) Normalerweise kauft er _____ Supermarkt ein.
c) Am Wochenende kauft er Gemüse und Käse _____ Markt.
d) Er trifft einen Freund _____ Kneipe.

ÜBUNG 11

Ein kurzes Porträt: Jörg Ihßen

a) Was ist sein Beruf?
b) Wo arbeitet er?
c) Was macht er in seinem Beruf?
d) Wo isst er meistens zu Mittag?
e) Kauft er im Supermarkt ein?
f) Wohin geht er mit René?
g) Wie findet er seinen Beruf?

ÜBUNG 12

Was passt zusammen?

There might be more than one possibility.

Beispiel	**Texte**	**schreiben**
a)	am Computer	treffen
b)	im Fitnesscenter	bezahlen
c)	im Restaurant	machen
d)	eine Mittagspause	arbeiten
e)	einen Freund	trainieren
f)	eine Rechnung	sehen
g)	die Nachrichten	essen

 2.7

Hören Sie bitte zu. Was macht Anke? Anke ist Studentin.

This recording is quite long. But don't worry if you don't understand everything you hear. Just listen out for the main points.

Welche Antwort ist richtig?

a) Wo studiert Anke?   In Heidelberg / in Jena / in Leipzig.
b) Wo wohnt Anke?   Weit vom Zentrum / ganz in der Nähe vom Zentrum.
c) Wo sitzt sie nur selten?   Im Seminar / in der Bibliothek.
d) Wo isst sie manchmal Mittag?   Im Restaurant / in der Mensa.
e) Wo kauft sie ein?   Im Supermarkt / in einem kleinen Laden.
f) Wohin geht sie gern?   Ins Kino / in die Kneipe.
g) Wohin geht sie selten?   In die Stadt / in die Disco.

Hören Sie noch einmal zu.

Was können Sie noch über Anke sagen?

V O K A B E L N

die Vorlesung (-en)	lecture
die Bibliothek (-en)	library
die Mensa (Mensen)	canteen
schwatzen	to chat

Wie ist Ihre Arbeit? Wie ist Ihr Studium?

Was können Sie sagen?

 POSITIV   **NEGATIV**

POSITIV 😊	NEGATIV 😠
Die Arbeit ist sehr interessant.	Die Arbeit ist langweilig.
Sie ist abwechslungsreich.	Sie ist hart / anstrengend.
Ich verdiene gut.	Ich verdiene nicht so gut.
Meine Kollegen sind nett / freundlich.	Meine Kollegen sind nicht nett / unfreundlich.
Es macht Spaß.	Es macht keinen Spaß.

Beispiele
Meine Arbeit ist hart, aber es macht Spaß.
Es ist anstrengend, aber ich verdiene gut.
Ich verdiene gut, aber die Arbeit ist sehr langweilig.

Ein kurzes Porträt

Lesen Sie die Fragen, machen Sie sich Notizen und fragen Sie dann Ihre Partnerin / Ihren Partner.

A: Was sind Sie von Beruf?   B: Ich bin Taxifahrer. Und Sie?

Fragen	Ihr Partner	Sie
Was sind Sie von Beruf? / Was studieren Sie?		
Wo arbeiteten / studieren Sie?		
Wie viele Stunden arbeiten / studieren Sie pro Tag?		
Arbeiten Sie viel am Computer? Was für Arbeiten machen Sie?		
Wo essen Sie meistens zu Mittag? Was essen Sie oft?		
Wo kaufen Sie meistens ein?		
Was machen Sie gern in Ihrer Freizeit? Wohin gehen Sie gern?		
Wie finden Sie Ihren Beruf / Ihr Studium? Was ist positiv? Was ist negativ?		

D | Verkehr in der Stadt
Traffic in town

Lesen und Lernen

Das ist ein Zug.

Das ist ein Bus.

Das ist eine U-Bahn.

Das ist eine Straßenbahn.

Das ist ein Fahrrad.

Das ist ein Auto.

Lernen Sie die Artikel:

der	Zug Bus	**die**	U-Bahn Straßenbahn	**das**	Fahrrad Auto

ÜBUNG
17

Lesen und Lernen. Wie fahren die Leute?

Frau Schmidt fährt	mit dem Bus. mit dem Auto. mit der U-Bahn.

mit + Dativ

To talk about means of transport in German you use the preposition **mit** + *Dativ.*
Remember that the dative ending on the article before the noun is **-em** *for masculine and neuter nouns, and* **-er** *for feminine nouns.*

(der Bus)   Frau Krause fährt mit dem Bus.
(das Auto)   Herr Krause fährt mit dem Auto.
(die U-Bahn)   Rainer Krause fährt mit der
               U-Bahn.

Exception: to say on foot *in German, you use*
zu Fuß gehen.
Beispiel   Saskia Krause geht zu Fuß.

ÜBUNG
18

2.8

Sie hören vier Personen. Wie fahren sie zur Arbeit? Wie lange dauert die Fahrt?

Welche Person (a, b, c oder d)

1   fährt mit dem Auto?
2   fährt mit dem Fahrrad?
3   geht zu Fuß?
4   fährt mit dem Bus und mit der Bahn?

Lesen Sie dann die Texte.

„Also, ich fahre immer mit dem Fahrrad zur Universität. Das geht schnell, ist gesund und außerdem gut für die Umwelt. Von meinem Haus bis zur Uni brauche ich ungefähr 20 Minuten. Im Winter fahre ich manchmal mit dem Bus. Ich habe einen Führerschein, aber ich fahre nur selten mit dem Auto."

a   **Frauke Gerhard**
        22, Studentin

b   Matthias Michaelis
        34, Angestellter bei der Post

„Ich fahre meistens mit dem Bus zum Bahnhof. Dann muss ich umsteigen. Vom Bahnhof nehme ich die U-Bahn zur Arbeit. Ich habe eine Monatskarte. Bus und Bahn sind nicht so teuer und in der U-Bahn kann ich auch lesen. Die Fahrt dauert ungefähr 50 Minuten."

„Ich fahre immer mit dem Auto. Da kann ich Radio hören, im Winter ist es warm und es geht schnell. Die Verbindung mit Bus und Bahn ist nicht gut. Da brauche ich zwei Stunden. Mit dem Auto dauert es aber nur eine Stunde.“

c   **Günther Pfalz**
38, Elektriker

„Meine Schule ist nicht weit, ich kann zu Fuß gehen. Meistens hole ich einen Freund ab, und dann gehen wir zusammen zur Schule. Ich brauche nur zehn Minuten. Im Winter fährt mich manchmal mein Vater mit dem Auto.“

d   **Andreas**
9, Schüler

V O K A B E L N

die Umwelt	*environment*
ungefähr	*approximately, about*
der Führerschein (-e)	*driving licence*
um|steigen	*to change (a train, bus, etc.)*
die Verbindung (-en)	*connection, link*

ÜBUNG

19

Richtig oder falsch?

	Richtig	Falsch
a) Frauke braucht eine halbe Stunde bis zur Universität.	❏	❏
b) Sie tut etwas für die Umwelt.	❏	❏
c) Matthias sagt, eine Monatskarte ist billig.	❏	❏
d) Günther Pfalz fährt zwei Stunden mit dem Auto zur Arbeit.	❏	❏
e) Er fährt nicht gern mit dem Bus oder der Bahn zur Arbeit.	❏	❏
f) Andreas holt meistens einen Freund ab, und sie gehen zusammen zur Schule.	❏	❏

mit, zu, von + Dativ

You have already seen that **mit** *is followed by the dative case. This also applies to* **zu** *and* **von**.

mit, zu

der Bus, Bahnhof	Ich fahre mit **dem** Bus bis **zum** (**zu dem**) Bahnhof.
die U-Bahn, Universität	Sie fährt mit **der** U-Bahn **zur** (**zu der**) Universität.
das Auto, Stadion	Er fährt mit **dem** Auto **zum** (**zu dem**) Stadion.

von

der Bahnhof	**Vom** (**von dem**) Bahnhof nehme ich die U-Bahn zur Arbeit.
die U-Bahn	**Von der** U-Bahn bis zur Bushaltestelle ist es gar nicht weit.
das Büro	**Vom** (**von dem**) Büro bis zum Stadtzentrum gehe ich meistens zu Fuß.

* Sometimes the word **bis** *(up to, until)* is slipped in before **zu**, as in some of the examples above.

ÜBUNG
20

Was fragen die Leute?

Erinnern Sie sich?
Do you remember?

ÜBUNG

21

Wie komme ich zum Hotel?

Partner B: Sehen Sie Seite 239.

Partner A: Sie möchten nach Frankfurt fliegen. Es gibt
ein Problem: Wie kommen Sie vom Flughafen zum
Hotel? Ihre Partnerin/Ihr Partner wohnt in Frankfurt und weiß die Antworten.
Finden Sie heraus:

a) Preise für

Bahn:	_____ Euro
Bus:	_____ Euro
Taxi:	_____ Euro

b) Dauer

Bahn:	_____ Minuten
Bus:	_____ Minuten
Taxi:	_____ Minuten

c) Wie oft

Bahn:	alle _____	Minuten
Bus:	alle _____	Minuten
Taxi:	_____	

Fragen

a) Wie teuer ist es mit ... Bahn / Bus / Taxi v... Flughafen z... Bahnhof?
b) Wie lange dauert es mit ... Bahn / Bus / Taxi v... Flughafen z... Bahnhof?
c) Wie oft fahren die Züge / die Busse / die Taxis v... Flughafen z... Bahnhof?

Wie fahren Sie?

Deutschland-Info

VERKEHRSFREIE STADTZENTREN

German cities and towns were among the first
to introduce pedestrianised zones. Nowadays
many city centres are more or less traffic-free
between certain hours and/or on certain days.
Cheap or free Park & Ride facilities are widely
available.

Lübeck is a good example of this policy.
Breite Straße, the main shopping street and
pedestrianised zone, is closed to delivery
vehicles between 10.30 a.m. and 10.00 p.m.
Cyclists may use the street from 10.00 p.m. to
9.00 a.m.

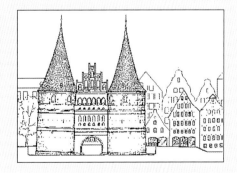

HANSESTADT LÜBECK
http://www.luebeck.de

ÜBUNG 22

Wie heißt es richtig? **Zur** oder **zum**?

Wie komme ich	zur zum	Flughafen? Bahnhof? Gedächtniskirche? Café Mozart? Stadtbäckerei? Fußballstadion? Goethestraße?

ÜBUNG 23

Fragen Sie Ihre Partnerin/Ihren Partner.

Wie fahren Sie normalerweise zur Arbeit / zur Universität?
Wie lange dauert die Fahrt?
Müssen Sie umsteigen?
Wie ist das Bussystem / das U-Bahnsystem in Ihrer Stadt?
Wie teuer ist eine Fahrt?
Was kostet eine Wochenkarte / eine Monatskarte?
Fahren Sie manchmal mit dem Fahrrad?
Wie ist Ihre Stadt für Fahrradfahrer?
Und wie ist Ihre Stadt für Autofahrer?

ÜBUNG 24

Ordnen Sie bitte zu.

Which items belong in which column?

Bahnhof
Parkprobleme
Führerschein
Wochenkarte
Einzelfahrschein
gut für die Umwelt
Tageskarte

Parkschein
umsteigen
Autobahn
nicht gut für die
    Umwelt
Monatskarte

Beispiel

AUTO	BUS / BAHN
Parkprobleme	Bahnhof

2.9

TIPPS ZUR AUSSPRACHE

The **ch** sound in German is often difficult for English speakers who tend to close their throats and pronounce a **k**. In fact, if you keep your throat open and let the air continue to flow, you will make the right sound.

The pronunciation of **ch** depends on the kind of vowel in front of it. Listen to the recording and spot the differences.

ich	Rechnung	lächeln	Töchter
machen	Sprache	kochen	Tochter
Mädchen	Mönche	München	Bücher
			Buch

When the **ch** is followed by an **s**, it is pronounced as a **k**:

Sachsen	sechs	Fuchs

☺ *How would you pronounce these words?*
Nichte, Dach, Märchen, Lachs?

Grammatik

Prepositions + accusative / dative

In this Lektion you have seen that some prepositions are followed by either the accusative or the dative, depending on whether *movement* or *location* is being talked about.

The prepositions that you have met in this category are **in** and **auf**. Other prepositions that behave in the same way are: **an** (*at*), **hinter** (*behind*), **neben** (*next to*), **über** (*above*), **unter** (*below*), **vor** (*in front of*), **zwischen** (*between*). Note that these prepositions are called **Wechselpräpositionen**.

		Accusative (movement)		Dative (location)
Masc.		auf **den** Marktplatz.		auf **dem** Marktplatz.
Fem.	Wir gehen	hinter **die** Kirche.	Wir sitzen	hinter **der** Kirche.
Neut.		ins (= in **das**) Kino.		**im** Kino.
Plural		in **die** Zimmer.		in **den** Zimmern.

Most nouns add -**n** to their plural form in the dative, unless they already end in an -**n** or -**s**. German speakers usually use the short forms, e.g. **ins** instead of **in das** or **im** instead of **in dem**.

Prepositions + dative

Some prepositions are followed only by the dative, irrespective of whether movement or location is being talked about.

The prepositions that you have met in this category are **mit**, **zu** and **von**. Other prepositions that behave in the same way are: **aus** (*out of*), **bei** (*at*), **nach** (*after*), **seit** (*since*).

You will find many of these prepositions used and practised in later Lektionen.

As you saw above, the definite articles change in the dative case:
    der and **das** → **dem**   **die** → **der**.

Note that certain changes also apply to the indefinite articles (ein, eine, ein):
    ein (masc. and neut. forms) → **einem**   **eine** → **einer**.

We will deal with these forms in more detail in Lektion 9.

		Dative (location)
Masc.	Wir fahren	mit **dem** Bus.
em	Ich gehe	mit **einem** Freund ins Kino.
Fem.	Fährst du	mit **der** Straßenbahn?
er	Sie fährt	zu **einer** Freundin.
Neut.	Wir gehen	zum (= zu **dem**) Fußballspiel.
em	Er kommt	von **einem** Meeting.
Plural	Er fährt	zu **seinen** Eltern.
en	Sie kommt	aus **den** Vereinigten Staaten.

Use of prepositions

How to say *to* in German: **in**, **zu** or **nach**?

If you are focusing on direction towards a building rather than entering into it, then you tend to use **zu** + dative:

*Wie komme ich **zum** Bahnhof?*

When the focus is on entering into a building, then you tend to use **in** + accusative:

*Ich gehe jede Woche **ins** Kino.*

Don't forget, that with towns and countries, **nach** is usually used:

*Herr Schmidt fährt **nach** Großbritannien.*

To say that you are going to a person's home, you use **zu** + dative:

*Sie fährt **zu** ihren Eltern.*
*Heute Abend gehe ich **zu** Annette.*

Transport
For means of transport, you use **mit** + dative in German:

*Frau Abramzyk fährt meistens **mit dem** Auto, selten **mit dem** Fahrrad.*

Mit is also generally used to express the idea of *with* in English:

*Ich fahre **mit** Bernd und Angelika nach New York.*

Mehr Übungen ...

1 Welche Antwort passt?
   a) Parfüm kann man
      1 im Reisebüro kaufen.
      2 in der Drogerie kaufen.
      3 in der Bäckerei bekommen.

   b) Wo bekommt man eine Smartwatch?
      1 Im Kaufhaus.
      2 In der Apotheke.
      3 Im Buchladen.

   c) Wo kann man einen Reiseführer kaufen?
      1 In der Bibliothek.
      2 In der Buchhandlung.
      3 Im Sportgeschäft.

   d) Wo kauft man Medikamente?
      1 In der Fleischerei.
      2 Im Getränkemarkt.
      3 In der Apotheke.

2   Wie heißt es richtig?

> in den – im (x3) – in die (x2) – in der (x2) – ins (x2)

   a) Sie gehen _____ Café, aber sie treffen sich _____ Café.
   b) Peter geht _____ Stadt, aber er trifft einen Freund in _____ Stadt.
   c) Susanne geht in _____ Markthalle, aber sie trifft eine Freundin in _____ Markthalle.
   d) Kommst du mit _____ Biergarten? Kann man _____ Biergarten auch etwas essen?
   e) Gehen wir morgen Nachmittag _____ Fitnesscenter? Was kann man _____ Fitnesscenter machen?

3   Üben Sie den Dativ.
   a) Peter lebt sehr gesund. Er fährt jeden Tag mit d.. Fahrrad z.. Universität.
   b) In Berlin kann man schlecht parken. Frau Braun fährt immer mit d.. U-Bahn z.. Arbeit.
   c) Nina hat heute wenig Zeit und fährt mit d.. Taxi.
   d) Mit d.. Zug ist man in drei Stunden in München.
   e) In Ostberlin kann man noch mit d.. Straßenbahn fahren.

4   Wie ist das Verkehrssystem in Ihrer Stadt?

Schreiben Sie einen kurzen Text für Ihr soziales Netzwerk. Sie können die folgenden Ausdrücke benutzen:

Ich finde, das Verkehrssystem in meiner Stadt ist ...
Das Bussystem/U-Bahnsystem funktioniert ...
Ich denke, die Tickets sind billig/teuer. Ein Einzelfahrschein/Eine Monatskarte kostet ...
Für Fahrradfahrer ist ...
Für Autofahrer ist ...
Ich fahre meistens mit dem Auto/Bus/Fahrrad / mit der U-Bahn ...

Now you have completed Lektion 7, can you:

                                            tick

1   tell people where they can buy certain products?   ❑
   See pages 115–18.

2   describe your daily routine?   ❑
   See pages 119–24.

3   talk about means of transport and say how to get from A to B?   ❑
   See pages 125–30.

4   describe transport in your town?   ❑
   See page 130.

Vokabeln

Was haben Sie gelernt?

GESCHÄFTE	Shops, businesses
die Apotheke (-n)	chemist's shop
die Buchhandlung (-en)	book shop
das Büro (-s)	office
die Drogerie (-n)	drugstore
der Elektroladen (¨)	electrical goods shop
der Handyshop (-s)	mobile phone shop
das Kaufhaus (¨er)	department store
die Markthalle (-n)	market hall
die Produktionsfirma (-firmen)	production company
das Reisebüro (-s)	travel agency
das Sportgeschäft (-e)	sports shop

KONSUMARTIKEL	Consumer articles
der Adapter (-)	adapter
das Arzneimittel (-)	medicine, drug
das Aspirin (-)	aspirin
die CD (-s)	CD
das Elektrogerät (-e)	electrical appliance
der Fernseher (-)	TV, television set
die Fitnessuhr (-en)	fitness watch
die Hautcreme (-s)	skin cream
die Jacke (-n)	jacket
die Kleidung (-en)	clothing
das Medikament (-e)	medicine
das Parfüm/Parfum (-s)	perfume
der Pullover (-)	pullover
das Radio (-s)	radio
die Regenjacke (-n)	rain jacket
der Regenschirm (-e)	umbrella
der Reiseführer (-)	travel guide
die Seife (-n)	soap
das Shampoo (-s)	shampoo
das Smartphone (-s)	smartphone
die Smartwatch (-es)	smart watch
das Tablet (-s)	tablet
die Waschmaschine (-n)	washing machine

LEBENSMITTEL	Foods
die/das Baguette (-s/-n)	baguette (a French stick)
der Cappuccino (-s)	cappuccino
der Honig (-e)	honey
die Marmelade (-n)	jam
das Müsli (-s)	muesli
die Pizza (-s) / Pizzen	pizza

TRANSPORT	Transport
das Auto (-s)	car
die Bahn (-en)	rail
der Bus (-se)	bus
der Einzelfahrschein (-e)	single ticket
der Fahrplan (¨e)	timetable
das Fahrrad (¨er)	bicycle
der Fahrschein (-e)	ticket
die Monatskarte (-n)	monthly season ticket
die Straßenbahn (-en)	tram
das Ticket (-s)	ticket
die U-Bahn (-en)	underground railway, tube train
der Urlaub (-e)	vacation, holiday
die Verbindung (-en)	connection
der Verkehr	traffic
der Zug (¨e)	train

DIE UNIVERSITÄT	University
die Bibliothek (-en)	library
die Mensa (Mensen)	canteen
die Vorlesung (-en)	lecture

VERSCHIEDENE NOMEN	Miscellaneous nouns
der Elektriker (-) / die Elektrikerin (-nen)	electrician
die Nachricht (-en)	(piece of) news
die Sache (-n)	thing
das Stadium/ Stadion (-ien)	stadium
das Thema (Themen)	theme, topic
die Umwelt (-en)	environment

VERBEN	Verbs
an|probieren	to try on
aus|probieren	to try out
besorgen	to get
dauern	to last
erledigen	to complete, do
reden	to talk
schneiden	to edit / to cut
schwatzen	to chat
suchen (nach)	to look for
telefonieren	to telephone
um|steigen	to change (bus, train, etc.)
verdienen	to earn
vor|bereiten	to prepare
wach werden	to wake up
wechseln	to change (money, etc.)

ADJEKTIVE	Adjectives
abwechslungsreich	varied
anstrengend	tiring, strenuous
dringend	urgent
freundlich	friendly
frisch	fresh
nervös	nervous
verschieden	various, different

Was haben Sie gemacht?

ÜBUNG
1

A | Über die Vergangenheit sprechen
Talking about the past

Lesen und Lernen. Was haben die Leute am Wochenende gemacht?

- Saying what happened at the weekend
- Talking about recent events
- Talking about the more distant past
- Describing purchases

■ *Present perfect tense*
■ *Adjectival endings 1*

Sie hat auf dem Markt Gemüse und Blumen gekauft.

Sie hat im Krankenhaus gearbeitet.

Sie haben im Stadtpark Fußball gespielt.

Sie haben einen Ausflug gemacht.

Er hat für sein Examen gelernt.

Er hat viel telefoniert und geskypt.

Present perfect tense – 1 (regular or weak verbs)

When they talk about the past Germans most often use the present perfect tense. The present perfect tense of regular verbs like **spielen** and **kaufen** is formed by using **haben** with what is known as the past participle. This is very similar to the present perfect tense in English.

Ich habe gespielt   *I have played/I played*

The past participle is the part of the verb that is used in English with the verb *to have* and often ends in -ed (e.g. worked, played), -t (e.g. kept, felt) or -(e)n (e.g. broken, grown): *I have worked, she has grown, etc.*

In a German sentence, the past participle goes at the end:

| Ich | habe | Tennis | **gespielt**. | *I have played/played tennis.* |
| Ich | habe | ein Auto | **gekauft**. | *I have bought/bought a car.* |

For a reminder of the forms of **haben**, see Übung 15 on page 144.

To form the past participle you take the stem of the verb, i.e. **spiel-**, **kauf-**, add a **ge-** at the beginning and a **-t** at the end:

| spiel-en | **ge**-spiel-**t** |
| kauf-en | **ge**-kauf-**t** |

If the stem ends in a **-t** or **-d**, then an extra **-e-** is added before the **-t** or **-d**:

| arbeit-en | **ge**-arbeit-**et** |
| red-en | **ge**-red-**et** |

Verbs ending in **-ieren** do not add a **ge-**:

| fotografier-en | fotografier-t |
| studier-en | studier-t |

Verbs that begin with **be-** or **er-** do not add a **ge-** at the beginning:

| bezahl-en | bezahl-t |
| erledig-en | erledig-t |

Separable verbs, such as **ab-holen** and **auf-machen** add the **ge-** where the verb separates:

| ab-hol-en | ab-**ge**-hol-**t** |
| auf-mach-en | auf-**ge**-mach-**t** |

ÜBUNG
2

Wie heißen die Partizipien?

Beispiel
spielen – *gespielt*

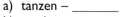

a) tanzen – _____
b) machen – _____
c) frühstücken – _____
d) kosten – _____
e) kochen – _____
f) skypen – _____

g) telefonieren – *telefoniert*
h) trainieren – _____
i) bezahlen – _____
j) besuchen – _____
k) einkaufen – *eingekauft*

Welches Wort passt?

Benutzen Sie ein passendes Partizip von Übung 2.

a) Das Tablet hat 500 € _____ .
b) Sie haben bis fünf Uhr am Morgen Salsa _____ .
c) Sie hat Freunde _____ .
d) Er hat im Supermarkt _____ .
e) „Hast du schon die Rechnung _____ ?"

Was passt zusammen?

a) eine Band		1	gebucht
b) einen Spaziergang		2	gepostet
c) mit einem Freund		3	gespielt
d) ein Ticket		4	gehört
e) einen Text oder ein Foto		5	gemacht
f) Tennis		6	telefoniert

2.10

Hören Sie die Gespräche. Es ist Sonntagmorgen.

Was hat Ines gestern gemacht?
Was hat Jan gestern gemacht?

	Ines	*Jan*
Am Morgen		
Am Nachmittag		
Am Abend		

Hören Sie noch einmal zu.

a) Was hat Ines gerade gemacht?
b) Wie lange hat sie am Samstag trainiert?
c) Was macht die Schwester von Jan im Moment?
d) Wie war die Party von Florian und Joy?

war, waren

war and **waren** are the words most commonly used in German to say *was* or *were*:

Wo war Sybille gestern?   *Where was Sybille yesterday?*
Wir waren auf dem Markt.   *We were at the market.*

Here are all the forms:

ich war	wir waren
du warst	ihr wart
Sie waren	Sie waren
er/sie/es war	sie waren

ÜBUNG **6**

Schreiben Sie, was die beiden gemacht haben.

Beispiel

Am Samstagmorgen war Ines in der Stadt
und hat neue Joggingschuhe gekauft. Danach hat sie ... .

ÜBUNG **7**

Partnerarbeit

Partner A: Ihr Partner (Partner B: Seite 239) möchte
wissen, was Sie am Wochenende gemacht haben. Erzählen
Sie, bitte.

Beispiel

Am Samstagmorgen habe ich im Café gefrühstückt.
Dann habe ich ...

Samstag

10.00
im Café frühstücken –
dann einkaufen

15.00
einen Tai-Chi-Kurs machen

19.00
Freunde besuchen,
zusammen kochen

Sonntag

11.00
im Garten arbeiten

14.30
einen Spaziergang machen

20.00
mit einer Freundin skypen, meine
Facebook-Seite aktualisieren

Fragen Sie dann Ihre Partnerin/Ihren Partner, was sie/er
gemacht hat. Schreiben Sie die Antworten in die Tabelle
unten.

Beispiel

Was hast du am Samstagmorgen/Samstagnachmittag/
Samstagabend gemacht?

Antworten von Ihrem Partner (Partner B).

	Samstag	*Sonntag*
Am Morgen		
Am Nachmittag		
Am Abend		

Erzählen Sie, was Ihr Partner gemacht hat.

B | Leute auf dem Flohmarkt
People at the flea market

Lesen Sie den Artikel. Was haben die Leute auf dem Flohmarkt gekauft?

Flohmärkte sind im Moment sehr populär. Ob alt oder jung, arm oder reich, altmodisch oder hip – jeden Samstagmorgen gehen Tausende auf den Flohmarkt. Der Tagesanzeiger wollte wissen, was den Flohmarkt so interessant macht und was die Leute kaufen. Wir haben vier Besucher interviewt.

Renate und Bernd Schmidt, 36, 48

„Wir haben eine alte Platte von den Rolling Stones gekauft. Die Rolling Stones sind unsere Lieblingsband. Mick Jagger hat so eine fantastische Stimme. Wir haben die Platte lange gesucht. Wir sammeln Vinyl-Schallplatten. 20 € ist nicht billig, aber dafür ist die Platte einfach toll."

Andreas Günther, 45

„Ich habe ein interessantes Buch über Lateinamerika gekauft. Ich reise gern und möchte diesen Sommer nach Mexiko fahren. Das Buch hat informative Texte, viele schöne Fotos und Insiderinformationen."

Annett Wunderlich, 24

„Ich habe ein neues Hemd gekauft. Für 10 €, aus London. Im Kaufhaus zahle ich 20 € oder mehr. Es sieht sehr cool aus, finde ich. Ich mag Schwarz-Weiß. Man kann tolle und billige Sachen auf dem Flohmarkt finden."

Christine Brandt und Werner Eickes, 20, 30

„Wir haben einen alten, mechanischen Wecker gekauft. Mein Freund hat ein großes Problem: Er kann morgens schlecht aufstehen und den Handywecker hört er nicht. Ich glaube, der Wecker hier ist so laut, den muss man hören. Und wir haben nur 4,95 € bezahlt."

Beantworten Sie die Fragen:

a) Was sagen Renate und Bernd Schmidt über Mick Jagger?
b) Wohin fährt Herr Günther diesen Sommer und was macht er gern?
c) Was hat Annett gekauft und wie viel hat sie bezahlt?
d) Welches Problem hat Herr Eickes?

Adjektivendungen

*Any adjective which comes between the indefinite article **ein** and a noun has to be given an ending, depending on the gender and case of the noun: e.g. when you say what someone has, you need the accusative case and the endings are:*

Masculine	-en	Nico hat einen mechanisch**en** Wecker.	der Wecker
Feminine	-e	Renate kauft eine alt**e** Platte.	die Platte
Neuter	-es	Andreas hat ein interessant**es** Buch.	das Buch

*In the plural, if there is no article the ending is -**e** for all genders:*
Auf dem Flohmarkt kauft man toll**e** und billig**e** Sachen.

For more details on adjectival endings see the Grammatik section on page 151.

ÜBUNG
9

Ergänzen Sie:

a) Bernd und Renate sagen, Mick Jagger hat eine _____ Stimme.
b) Herr Günther hat ein _____ Buch über Südamerika gekauft.
c) Frau Brandt und Herr Eickes haben einen _____ , _____ Wecker gekauft.
d) Annett sagt, man kann _____ und _____ Sachen auf dem Flohmarkt finden.

ÜBUNG
10

Mehr Adjektivendungen. Üben Sie.

a) Er braucht ein neu... Handy.
b) Sie hat einen modisch... Pullover.
c) Ich möchte gern eine gut... Flasche Wein.
d) Herr Ihßen hat einen interessant..., aber auch anstrengend... Beruf.
e) Hast du ein schön... Wochenende gehabt?
f) Sie haben alt... Freunde besucht.

ÜBUNG **11**

Wie heißt das Gegenteil?

Beispiel
gut – schlecht

a) klein _____
b) billig _____
c) interessant _____
d) alt _____
e) reich _____
f) leicht _____
g) modisch _____
h) spät _____

teuer   NEU

altmodisch

schwer   **arm**   groß

langweilig   früh

schlecht

ÜBUNG **12**

Kennen Sie noch mehr Adjektive?

Arbeiten Sie mit einem Partner und machen Sie eine Liste.

Machen Sie ein Quiz: „Wie heißt das Gegenteil von ...?"

Fragen Sie in der Klasse. Wer bekommt die meisten Punkte?

Deutschland-Info

FLOHMÄRKTE

Markets selling antiques and second-hand goods are very popular in Germany. The **Flohmarkt Tiergarten** on the **Straße des 17. Juni** is a must-see if you are in Berlin. Look out for leaflets advertising markets in smaller towns and even in remote villages. You'll find details of big city markets in magazines like **Zitty** or **tip**.

Here is a description of the **Flohmarkt Tiergarten**. See how much you can understand.

> **Flohmarkt Tiergarten**
> Flohmarkt am Tiergarten Straße des 17. Juni. http://www.berlinertroedelmarkt.com/ Sa, So 10–17 Uhr.
> Einer der meistbesuchten Flohmärkte in Berlin, der auch viele Touristen anzieht. Dementsprechend liegen die Preise etwas höher als bei anderen Locations. Doch wer ein bisschen tiefer schürft, wird auch hier ein Schnäppchen machen können. Es gibt Platten und CDs der verschiedensten Musikrichtungen, aber auch Möbel. Direkt angeschlossen ist ein Kunsthandwerkermarkt.

www.tip-berlin.de

V O K A B E L N

an|ziehen	to attract
dementsprechend	accordingly, correspondingly
tief	deep
schürfen	to dig
das Schnäppchen (-)	bargain
verschieden	different, (here) varied
die Musikrichtung (-en)	music genre, lit. music direction
angeschlossen	attached, adjoining
der Kunsthandwerker (-)	craftsperson

ÜBUNG 13

Sie waren auf dem Flohmarkt.

Was haben Sie gekauft? Was hat es gekostet?

der Cowboyhut
18 €

der Cocktail-Shaker
12,50 €

die Lampe
29 €

der Anzug
38,50 €

das Bild
30 €

die Sonnenbrille
9,75 €

Üben Sie mit Ihrer Partnerin/Ihrem Partner.

Beispiel
Partner A
Ich habe einen schönen Cowboyhut gekauft. Er hat
18 € gekostet. Und du?

Partner B
Ich habe ...

Finden Sie mehr Beispiele.

Schreiben Sie dann kleine Monologe, wie in Übung 8.

C | Mehr über die Vergangenheit

More about the past

Lesen und Lernen

Der Ausflug ins Grüne

Sie sind um halb sieben aufgestanden.

Sie sind mit dem Zug gefahren.

Sie sind lange spazieren gegangen.

Um ein Uhr sind sie sehr müde gewesen.

Sie haben gut gegessen und getrunken.

Sie haben gesungen.

Um 17.00 Uhr haben sie den Zug genommen.

Sie haben sehr gut geschlafen.

Present perfect tense – 11 (irregular verbs)

*There is a group of verbs that form their past participles with a **ge-** at the beginning and an **-en**, rather than a **-t**, at the end. These verbs also often change their stems, so the past participles simply have to be learned:*

| trink-en | **ge**-trunk-**en** | (compare English *drink, drunk* |
| sing-en | **ge**-sung-**en** | and *sing, sung*) |

*As mentioned before, verbs beginning with **be-** or **er-** do not add a **-ge**. Nor do verbs beginning with **ver**:*

| bekomm-en | bekomm-en |
| versteh-en | verstand-en |

*And separable verbs add the **-ge-** where the verb separates:*

auf-steh-en   auf-**ge**-stand-**en**

*Some verbs form their perfect tense with **sein** rather than **haben**. The most important ones that you have met so far are:*

gehen	Ich **bin** gestern auf den Markt **gegangen**.
kommen	Tom **ist** erst um 1.00 Uhr morgens nach Hause **gekommen**.
fahren	Ich **bin** im Oktober nach Italien **gefahren**.
aufstehen	Sie **ist** um halb acht **aufgestanden**.

*The past participle of **sein** is highly irregular:*

*Ich **bin** gestern sehr müde **gewesen**.*

*Note that it is very common to say **Ich war ...** instead of **Ich bin ... gewesen**.*

Was fehlt?
haben oder **sein**?

Do you remember how these verbs go?

ich habe	wir haben		ich bin	wir sind
du hast	ihr habt		du bist	ihr seid
Sie haben	Sie haben		Sie sind	Sie sind
er/sie/es hat	sie haben		er/sie/es ist	sie sind

a) Am Wochenende _____ ich nach Köln gefahren.
b) Er _____ einen Tee getrunken.
c) _____ Sie schon den neuen Film mit Cate Blanchett gesehen?
d) Am Donnerstag _____ Birgit ins Theater gegangen.
e) _____ du schon einmal in Deutschland gewesen?
f) Am Sonntag _____ Thomas seine Großeltern besucht.
g) Gestern _____ ich einen alten Freund getroffen.
h) Oh, das _____ ich vergessen.

ÜBUNG

16

| Lesen und Lernen

DAS PORTRÄT

Peter Wichtig

Peter Wichtig, 34, ist einer der besten Sänger in Deutschland.

Für seine Hits hat er bislang zwei goldene Schallplatten bekommen. Im Moment bereitet er eine große Tournee vor. Wir haben ihn in seinem Studio getroffen und mit ihm über das Leben eines Rockstars gesprochen und ihn gefragt: „Was haben Sie letzte Woche gemacht?"

„Tja, im Moment arbeite ich sehr viel. Ich bin praktisch kaum zu Hause gewesen. Mein Terminkalender ist total voll. Also, am Montag bin ich nach Monte Carlo geflogen. Dort habe ich einige bekannte Produzenten getroffen. Ich war auf Partys, habe Austern und Kaviar gegessen und Champagner getrunken. Ich bin aber nur zwei Tage in Monte Carlo geblieben und bin dann nach Cannes gefahren. Dort bin ich viel geschwommen und habe mit meinem Personal Trainer Krafttraining gemacht. Abends bin ich ins Kasino gegangen. Das können Sie alles auf meinen sozialen Plattformen sehen.

Am Wochenende haben wir ein Promo-Video für meinen neuesten Song gefilmt. Er heißt: *Ich kann dich nicht vergessen.* Sie können es liken und herunterladen. Es ist ein typischer Peter Wichtig-Hit. Einfach großartig!"

Tourdaten – Die große Peter Wichtig-Tour
9.5 Berlin, Olympiastadion; 11.5, 12.5 London, Royal Albert Hall; 15.5, 16.5 New York, Madison Square Garden; 20.5 Los Angeles, Staples Centre; 24.5, 25.5 Tokyo, Tokyo Dome; 1.6, 2.6 Sydney, Qudos Bank Arena.

Was ist hier falsch? Korrigieren Sie, bitte:

a) Peter Wichtig ist nach Paris geflogen.
b) Er hat Hamburger gegessen und Mineralwasser getrunken.
c) Er ist die ganze Woche in Monte Carlo geblieben.
d) Peter ist Wasserski gefahren.
e) Abends ist er ins Kino gegangen.
f) Sein neuester Song heißt: *Ich habe dich vergessen.*
g) Er findet sein neues Lied nicht gut.

der Terminkalender (-)	*diary*
bekannt	*well-known*
die Auster (-n)	*oyster*
das Krafttraining (-s)	*strength training*
liken	*to like (on social media)*
herunter|laden	*to download*
typisch	*typical(ly)*

Wie heißt es richtig?

Alle Wörter können Sie im Text finden.

Verb	Past participle
a) trinken	_____
b) _____	getroffen
c) essen	_____
d) sprechen	_____
e) gehen	_____
f) fahren	_____
g) _____	geflogen
h) _____	geblieben

Mehr über Peter Wichtig …

Peter Wichtig war beim Radio-Sender OK München und hat
ein Interview gegeben. Hören Sie bitte das Interview und
beantworten Sie die Fragen:

Wie lange macht er Musik?

Wer schreibt seine Songs?

Was war sein erster Hit?

Was macht er in seiner Freizeit?

Wie viele CDs hat er gemacht?

*Was sagt er über soziale Medien und seine
Followers?*

Lied: Ich kann dich nicht vergessen

NÜTZLICHE AUSDRÜCKE

Gestern	habe ich (lange / viel / im Büro) gearbeitet.
Am Montag / Am Dienstag, etc.	habe ich Fußball / Tennis / Golf gespielt.
Montagmorgen / Dienstagmittag /	habe ich meine Eltern / Freunde besucht.
Mittwochabend, etc.	bin ich ins Fitnesscenter / ins Kino / ins Theater /
Letzte Woche / Letztes Wochenende	in die Oper / in die Kirche gegangen.
Am Vormittag	bin ich im Park spazieren gegangen.
	bin ich nach Brighton / Paris gefahren.
	bin ich zu Hause geblieben.
	habe ich ferngesehen / eine Serie gesehen.
	habe ich einen langweiligen Film / eine englische
	Band / ein interessantes Theaterstück gesehen.

ÜBUNG **19**

Und jetzt Sie!

Eine Freundin in Deutschland möchte wissen, was Sie letzte Woche und letztes Wochenende gemacht haben. Bitte schreiben Sie ihr. Sie brauchen nicht die Wahrheit zu sagen.

ÜBUNG **20**

Fragen Sie jetzt Ihre Partnerin/Ihren Partner. Was haben Sie letztes Wochenende und letzte Woche (am Montag, am Dienstag, usw.) gemacht?

Hallo Ina,
wie geht es dir? Ich hoffe, gut. Also, letzte Woche habe ich ein paar interessante Sachen gemacht.
Am Montag / Dienstag …
Am Mittwoch / Donnerstag / Freitag …
Am Wochenende …
Was hast du gemacht? Schreib mir doch eine E-Mail.
Viele Grüße
_____

ÜBUNG **21**

D | Früher und heute

Lesen und Lernen

VOKABELN

vor einem Jahr — one year ago
vor zwei, zehn, zwanzig Jahren — two, ten, twenty years ago

Vor 65 Jahren war er ein Baby und hat keine Haare gehabt.

Vor 40 Jahren hat er studiert und lange Haare gehabt.

Vor 30 Jahren hat er in einer Bank gearbeitet und kurze Haare gehabt.

Vor 10 Jahren hat er graue Haare gehabt.

Heute ist er Rentner und hat lange, weiße Haare.

ÜBUNG
22

2.13

Hören Sie zu.

Klassentreffen

Vor 40 Jahren sind sie zusammen in die Schule gegangen und jetzt treffen sie sich und reden über die alten Zeiten.

Was haben die Leute früher gemacht?

	Haare	Trinken	Musik	Freizeit
Juliane	hat schöne schwarze Haare gehabt	hat viel Kräutertee getrunken	_____ ?	_____ ?
Dieter	hat lange Haare gehabt	_____ ?	_____ ?	_____ ?

Und heute?

	Haare	Trinken	Musik	Freizeit
Juliane	_____ ?	_____ ?	_____ ?	geht zum Windsurfen, reist gern
Dieter	_____ ?	trinkt viel Wasser, manchmal ein Glas Rotwein	hört gern klassische Musik, vor allem Beethoven	_____ ?

Schreiben Sie und erzählen Sie dann:

Vor 40 Jahren hat Juliane schöne schwarze Haare gehabt, heute hat sie immer noch _____ Haare.
Früher hat sie viel Kräutertee getrunken, aber heute trinkt sie manchmal gern _____.
Vor 40 Jahren hat sie _____ gehört, aber heute hört sie _____ .
Früher ist sie viel _____ , aber heute _____.

Was können Sie über Dieter sagen?

NÜTZLICHE AUSDRÜCKE

The word **früher**, meaning *earlier, previously* or *in former times* is what you use in German to say what people *used to do*.

Früher haben Klaus und Doris nur klassische Musik gehört.
Klaus and Doris only used to listen to classical music.

2.14

Früher und heute

Fragen Sie Ihre Partnerin/Ihren Partner.

Fragen	Ihr Partner	Sie
Wo haben Sie vor 5 / 10 / 20 / 30 Jahren gelebt? Und wo leben Sie heute?		
Was haben Sie gemacht? Und was machen Sie heute?		
Welche Musik haben Sie früher gehört? Welche Musik hören Sie heute?		
Haben Sie lange/kurze/bunte Haare gehabt? Was für Haare haben Sie jetzt?		
Haben Sie früher Sport gemacht? Machen Sie heute mehr Sport?		
Sind Sie oft ins Kino gegangen? Gehen Sie jetzt noch oft ins Kino?		
Was für Hobbys haben Sie gehabt? Was für Hobbys haben Sie heute?		
Was haben Sie in Ihrer Freizeit gemacht? Was machen Sie heute in Ihrer Freizeit?		

Finden Sie mehr Fragen.

Diskutieren Sie in der Klasse. Was ist anders?

Beispiel
Früher habe ich in Polen, in Warschau gelebt, aber heute lebe ich in London.
Früher habe ich ... , heute ...

StayFriends®
Schulfreunde wiederfinden

TIPPS ZUR AUSSPRACHE

2.15

Listen to the pronunciation of the letter **l** *in these words.*

leben	lernen	ledig	Lehre
helfen	wollen	vielleicht	wirklich
Enkel	Onkel	manchmal	kühl

The German **l** *is closer to the first* **l** *in* little *as pronounced in standard British English. Try to avoid using the so-called dark* **l** *– the second* **l** *in* little *– in German.*

 How would you pronounce these words:
Schlüssel, selten, Milch?

Grammatik

Present perfect tense

Group I – regular or weak verbs

Verbs like **kaufen** and **spielen** do not change their stems (in this case **kauf-** and **spiel-**) to form their past participles. The past participles normally begin with **ge-** and end in **-t**.

INFINITIVE	PAST PARTICIPLE
machen	**ge**mach**t**
spielen	**ge**spiel**t**

Group II – irregular or strong verbs

The past participles of verbs like **fahren**, **fliegen**, **stehen** and **nehmen** normally begin with **ge-** and end in **-en**. They often change their stems, too.

INFINITIVE	PAST PARTICIPLE
fahren	ge**fa**hren
fliegen	ge**flo**gen
gehen	ge**gang**en
nehmen	ge**no**mmen

Some of the verbs take **sein** (see below).

Group III – mixed verbs

A few verbs mix the features of verbs from Groups I and II. These verbs behave in most respects like verbs from Group I: the past participles end in **-t** but they also show a change in their stems, like many Group II verbs.

INFINITIVE	PAST PARTICIPLE
kennen	ge**ka**nn**t**
bringen	ge**brach**t

Haben *(to have)* and sein *(to be)*

These two verbs are so frequently used that they need to be listed separately:

INFINITIVE	PAST PARTICIPLE
haben	gehabt
sein	gewesen

Sein or haben?

Most verbs from all three of the groups above form the present perfect tense using **haben** + past participle. A few verbs, mainly those that refer to coming and going, and movement, form the perfect tense using **sein** + past participle.

Two common exceptions are **sein** (*to be*) and **bleiben** (*to stay*).

bleiben	Florian **ist** am Wochenende zu Hause geblieben.	*Florian stayed at home at the weekend.*
kommen	Ich **bin** gestern Abend früh nach Hause gekommen.	*I came home early last night.*
fliegen	Daniela **ist** heute nach München geflogen.	*Daniela flew to Munich today.*

For a list of the most common irregular and mixed verbs, see page 260.

Adjectival endings

Earlier in this unit you practised the endings that go on adjectives after the indefinite article (**ein**, etc.) in the accusative case. These endings are used not only after **ein** but also after **kein**, **mein**, **dein**, etc.

	MASCULINE	FEMININE	NEUTER	PLURAL
Accusative	-en	-e	-es	-e / -en

Masc. acc.	Gibt es hier keinen interessant**en** Club?
Fem. acc.	Wo finde ich eine cool**e** Sonnenbrille?
Neut. acc.	Hast du mein neu**es** Hemd gesehen?

Note that in the plural the ending is **-e** if there is no article, but **-en** after **kein**, **mein**, **dein**, etc.:
Er hat neu**e** Fußballschuhe gekauft.
Er hat seine alt**en** Fußballschuhe verschenkt.

Adjectives do not add endings if they stand on their own, i.e. following the noun:

Ist dein Hemd neu?
Dieser Flohmarkt ist wirklich sehr interessant.

Mehr Übungen ...

1 Wie heißen die Partizipien?
   a) Werner Lübke ist letzten Freitag nach Zürich _____ (fliegen).
   b) Dort hat er seine Freundin Dagmar _____ (besuchen).
   c) Dagmar hat ihn vom Flughafen _____ (abholen).
   d) Freitagabend sind sie ins Kino _____ (gehen).
   e) Sie haben einen sehr guten Film _____ (sehen).
   f) Samstag haben sie lange _____ (schlafen).

2 **Sein** oder **haben**? Die Geschichte geht weiter ...
   a) Erst um 10.30 Uhr _____ Werner und Dagmar aufgestanden.
   b) Um 11 Uhr _____ sie dann gefrühstückt.
   c) Sie _____ frische Brötchen gegessen.
   d) Dazu _____ sie zwei Tassen Kaffee getrunken.
   e) Und um 11.30 Uhr _____ sie dann im Stadtzentrum spazieren gegangen.
   f) Sie _____ mehrere neue Kleidungsstücke gekauft.

3 Frau Adorno arbeitet in einer PR-Firma. Dort gibt es immer viel zu tun. Das hat sie zum Beispiel gestern gemacht.

Was hat sie gemacht? Schreiben Sie.

Beispiel
Um 8 Uhr 30 hat sie eine Besprechung mit Dr. Paul gehabt.

a) Um 10 Uhr hat sie ... .
b) Danach ... .
c) _____ .
d) _____ .
e) _____ .
f) _____ .

Dienstag

8:30   Besprechung mit Dr. Paul
10:00   mit den Kollegen in London skypen
10:30   die Firma Schmidt + Consultants besuchen
12:45   im Café ein Sandwich essen
15:00   Tickets für die Reise nach Rom buchen; ein Meeting für morgen organisieren
17:00   ins Fitnesscenter gehen
19:30   zwei Freundinnen treffen

4 Was passt zusammen?

Ordnen Sie zu.

a) Sie haben ein schönes
b) Er hat einen grünen
c) Ich habe ein neues
d) Früher hat sie klassische
e) Wir haben einen alten
f) Ich habe eine neue
g) Sascha hat eine kalte
h) Peter Wichtig hat zwei goldene

1. Schallplatten bekommen.
2. Fitnessuhr gefunden.
3. Tee bestellt.
4. Handy gekauft.
5. Musik gehört.
6. Wochenende gehabt.
7. Freund besucht.
8. Flasche Wasser getrunken.

Now you have completed Lektion 8, can you:

tick

1 tell someone what you did at the weekend? ❏
   See pages 135–6.
2 describe purchases that you have made? ❏
   See pages 137–40.
3 talk about recent events? ❏
   See pages 141–6.
4 say how things have changed compared with how they used to be? ❏
   See pages 146–8.

Vokabeln

Was haben Sie gelernt?

VERBEN — *Verbs*

herunter|laden	*to download*
interviewen	*to interview*
spazieren gehen	*to go for a walk*
singen	*to sing*
skypen	*to skype*
aktualisieren	*to update*

ADJEKTIVE — *Adjectives*

altmodisch	*old-fashioned*
arm	*poor*
bekannt	*well-known*
bunt	*coloured, colourful*
cool	*cool, trendy*
grau	*grey*
informativ	*informative*
lang	*long*
laut	*loud, noisy*
modern	*modern*
modisch	*fashionable*
reich	*rich*
schwarz	*black*
toll	*great, terrific*
voll	*full*
weiß	*white*

KLEIDUNG — *Clothing*

der Anzug (¨e)	*suit*
das Hemd (-en)	*shirt*
der Hut (¨e)	*hat*
die Socke (-n)	*sock*
die Sonnenbrille (-n)	*(pair of) sunglasses*
das Unterhemd (-en)	*vest*

ANDERE NOMEN — *Other nouns*

der Ausflug (¨e)	*excursion, outing*
die Auster (-n)	*oyster*
die Band (-s)	*band*
das Baby (-s)	*baby*
die Blume (-n)	*flower*
das Examen (-)	*examination*
die Fernsehshow (-s)	*TV show*
ins Grüne	*into the countryside*
das Haar (-e)	*hair*
die Insiderinformation (-en)	*insider information*
das Interview (-s)	*interview*
das Klassentreffen (-)	*class reunion*
das Krafttraining (-s)	*strength training*
das Krankenhaus (¨er)	*hospital*
die Lampe (-n)	*lamp*
das Lied (-er)	*song*
das Meeting (-s)	*meeting*
der Produzent (-en)	*producer*
die Radiosendung (-en)	*radio broadcast*
die Sache (-n)	*thing*
der Sänger (-) / die Sängerin (-nen)	*singer*
die Schallplatte/ die Platte (-n)	*record*
der Spaziergang (¨e)	*walk*
die Stimme (-n)	*voice*
der Tagesanzeiger	*Daily Advertiser*
der Terminkalender (-)	*diary*
die Tournee (-n/-s)	*tour*
die Vergangenheit	*past*
der Wecker (-)	*alarm clock*

NÜTZLICHE WÖRTER — *Useful words*

bislang	*previously, up to now*
früher	*formerly, earlier*
ob	*whether*
typisch	*typical(ly)*
vor einem Jahr	*a year ago*

9

neun

Ich wohne lieber in der Stadt

A | Wohnen in Deutschland

Lesen und Lernen

ÜBUNG

1

- Saying where people live and what their homes are like
- Making comparisons
- Discussing the pros and cons of city versus country life
- Describing price and location of hotels

- *The dative case (continued)*
- *Comparative and superlative*

Marisa de Monte wohnt in einem Studentenwohnheim.

Familie Poschnik wohnt in einem Reihenhaus.

Familie Struszak wohnt in einem Hochhaus.

Frau Heinrichs wohnt in einer Altbauwohnung.

Matthias wohnt in einer Wohngemeinschaft.

ÜBUNG **2**

Was passt zusammen? Lesen Sie bitte die Texte. Welcher Text passt zu welchem Bild (in Übung 1)?

V O K A B E L N

hell	*light, bright*
ruhig	*quiet*
der Blick (-e)	here: *view*
teilen	*to share*
dunkel	*dark*
m²	man sagt: *Quadratmeter (-)*
geboren	*born*

a   b   c   d   e

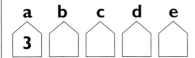

1

„Wir haben eine schöne Wohnung und einen wunderbaren Blick auf die Stadt, aber leider gibt es zu viele Graffitis."

2

„Ich wohne mit drei anderen Leuten zusammen. Wir teilen die Miete und alle Rechnungen. Manchmal gibt es natürlich kleine Probleme, aber ich wohne gern hier."

3

„Früher haben wir im Stadtzentrum gewohnt, aber vor 15 Jahren haben wir das Haus hier gekauft. Wir haben einen großen Garten. Es ist sehr grün und ruhig hier."

4

„Das Zimmer ist natürlich billig und ich wohne sehr zentral, aber leider ist es ein bisschen dunkel und nicht sehr groß, etwa 10 m²."

5

„Ich wohne seit fünfzig Jahren in meiner Wohnung. Die Wohnung ist sehr hell und auch ruhig. 100 Meter von hier bin ich auch geboren."

ÜBUNG **3**

2.16

Hatten Sie recht?

Hören Sie bitte zu und überprüfen Sie Ihre Antworten.

ÜBUNG **4**

Richtig oder falsch?

Korrigieren Sie die falschen Aussagen.

a) Familie Poschnik hat nur einen kleinen Garten.
b) Das Zimmer von Marisa im Studentenwohnheim kostet nicht viel Miete.
c) Herr Struszak sagt, es gibt zu viele Graffitis.
d) Die Wohnung von Frau Heinrich ist ruhig, aber leider ein bisschen dunkel.
e) Matthias wohnt nicht gern in seiner Wohngemeinschaft.

Wie heißt es richtig?

a) _____   c) das Einfamilienhaus   e) _____

b) das Zweifamilienhaus   d) die Altbauwohnung   f) das Studentenwohnheim

The dative (continued)

*You have already seen that some prepositions (e.g. **mit** and **zu**) are always followed by the dative and that others (e.g. **in** and **auf**) are followed by the dative when the focus is on position or location. In the dative definite articles change as follows:*

Masculine	der	→	dem	mit **dem** Bus
Neuter	das	→	dem	mit **dem** Auto
Feminine	die	→	der	mit **der** Bahn

Note that similar changes apply to the indefinite article **ein** and the possessives **mein**, **dein**, etc.

Masculine	Bernd wohnt mit ein**em** Freund zusammen.
Neuter	Wohnst du noch in dein**em** Haus?
Feminine	Frau Heinrich lebt in ein**er** Altbauwohnung.

In the plural, the articles or possessives end in **-en**, but where possible, an **-n** is also added to the plural form of the noun:

Plural	Ich gehe mit mein**en** Freund**en** ins Kino.

Wie heißt es richtig?

Kombinieren Sie bitte.

		Hochhaus.
Carsten lebt in Frau Müller wohnt in	einer einem	Wohngemeinschaft. Hotel. Reihenhaus. Wohnung. Studentenwohnheim.

Endungen im Dativ

Finden Sie die richtigen Endungen.

a) Frau Dimitrez wohnt in ein____ Einfamilienhaus.

b) Petra wohnt seit einem Jahr in ein____ Wohnung im Stadtzentrum.

c) Wohnst du noch mit dein____ Freundin zusammen?

d) Dieses Wochenende ist er in sein____ Haus am Meer.

e) Fährst du mit dein____ Kinder__ in den Urlaub?

ÜBUNG 8

B | Die neue Wohnung

Lesen und Lernen

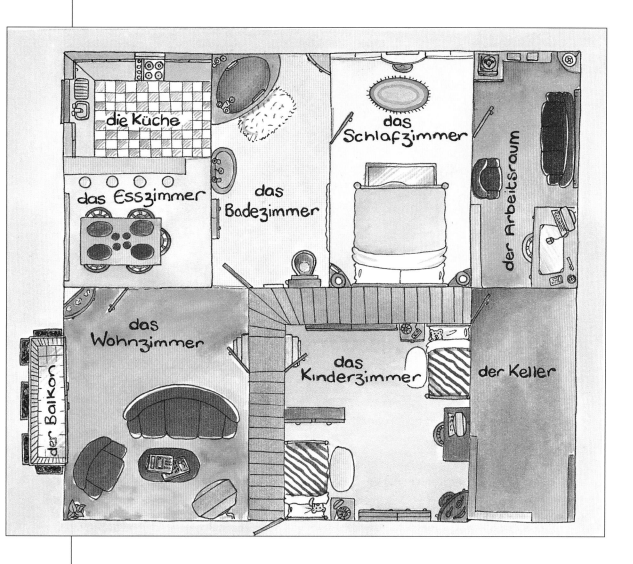

ÜBUNG 9

Wie heißen die Zimmer?

a) _____ : dort schläft man.

b) _____ : ein Zimmer für Kinder.

c) *Die Küche* : dort kocht man.

d) _____ : dort kann man sich waschen.

e) _____ : dort wohnt man, liest, sieht fern, etc.

f) _____ : dort kann man im Sommer sitzen.

g) _____ : dort kann man lernen, am Computer sitzen.

ÜBUNG 10

Wohin kommen die Möbel: in den Keller, in den Arbeitsraum, in die Küche, ins Wohnzimmer, ins Schlafzimmer, usw.?

1	der Computer
2	der Tennisschläger
3	der Schrank
4	das Bett
5	die Handtücher
6	der Küchentisch
7	die Pflanze
8	die Waschmaschine
9	der Kühlschrank
10	das Sofa
11	der Sessel
12	der Fernseher
13	das Bild
14	die Kaffeemaschine
15	das Regal
16	die Bücher
17	der Topf
18	die Teller
19	die Gummiente

Arbeiten Sie mit einem Partner:

Beispiel

Partner A: Wohin kommt der Computer?

Partner B: In den Arbeitsraum. Und wohin kommt die Pflanze?

Partner A: Vielleicht ins Wohnzimmer. Wohin ...?

Machen Sie eine Liste: Was kommt alles ins Wohnzimmer, ins Kinderzimmer, ...

ÜBUNG 11

2.17

Hören Sie zu. Herr und Frau Martinis neue Wohnung.

Herr und Frau Martini haben sehr lange eine neue Wohnung gesucht und endlich eine schöne Wohnung gefunden. Frau Martini spricht mit einer Freundin. Was sagt sie?

a) Wie lange haben sie gesucht?
b) Wie viele Zimmer hat die Wohnung?
c) Wie hoch ist die Miete?
d) Wo liegt die Wohnung?
e) Was brauchen sie noch?
f) Wann machen sie eine Party?

Deutschland-Info

MIETEN ODER KAUFEN?
To rent or to buy?

In Germany more people rent their homes than in most other European countries. Only about 47% of homes in the western **Länder** and about 35% in the eastern **Länder** are owner-occupied, although these figures are steadily rising. The majority of people live in apartments rather than individual houses, and apartments tend to be quite spacious, especially in older buildings, or **Altbauwohnungen**. There are strict laws protecting tenants against unfair rent increases and against arbitrary notice to quit, **Kündigung**. However, high rents and gentrification have also become issues in many German cities.

Over recent decades the government has tried to ease the housing shortage by giving incentives for the provision of owner-occupied properties. Buy-to-rent investment schemes have also become an established feature of the German housing scene.

ÜBUNG 12

Hatten Sie recht? Lesen Sie jetzt bitte, was Frau Martini geschrieben hat. Überprüfen Sie Ihre Antworten von Übung 11.

Dortmund, 23. August

Liebe Imra,

danke für deine nette E-Mail. Endlich, endlich haben wir eine neue Wohnung. Du weißt, wir haben fast sechs Monate gesucht. Rainer, Sven und ich sind jetzt natürlich total glücklich, denn endlich haben wir mehr Platz.

Es ist nämlich eine sehr große Wohnung und sie liegt relativ zentral, in der Nähe vom Stadtpark. Der Stadtteil ist ruhig und sicher und die Umgebung ist grün, aber leider ist es bis zum nächsten Supermarkt ein bisschen weit.

Wir haben vier Zimmer, ein Wohnzimmer, ein Schlafzimmer und ein Kinderzimmer für Sven und dann sogar einen Arbeitsraum und eine große Küche und ein Badezimmer.

Der Arbeitsraum ist sehr klein, aber endlich kann ich dort in Ruhe arbeiten.

Die Miete ist nicht so teuer, 510 Euro, natürlich plus Nebenkosten, also plus Wasser, Elektrizität und Gas. Das ist ziemlich günstig, denn im Moment sind Wohnungen sehr teuer.

Leider haben wir keinen Keller, wo wir unsere alten Sachen und Fahrräder lassen können.

Dafür sind die Verkehrsverbindungen sehr gut, denn bis zur U-Bahn sind es nur fünf Minuten und im Sommer kann ich mit dem Fahrrad zur Arbeit fahren: ein gutes Fitnessprogramm.

Ach ja, die Möbel – wir haben fast alles, aber ein paar Sachen brauchen wir noch, zum Beispiel eine neue Waschmaschine und für die Küche ein paar Regale. Unsere alte Waschmaschine funktioniert nämlich nicht mehr.

Und wie geht es dir? Und deinem Mann und den Kindern? Hat Peter schon einen neuen Job gefunden?

Grüß alle herzlich und ich hoffe, es geht euch gut.

Deine Marlies

PS: Wir wollen nächsten Monat eine Einweihungsparty machen. Ich rufe dich an und sage dir den Termin.

VOKABELN

total	totally
relativ	relatively
der Stadtteil (-e)	district, quarter
die Umgebung (-en)	surroundings
sicher	safe
die Nebenkosten (plural only)	extras, bills
ziemlich	fairly
die Verkehrsverbindung (-en)	transport link, connection
die Einweihungsparty (-s)	house-warming party

ÜBUNG
13

Machen Sie bitte eine Liste: Was für Vorteile hat die neue
Wohnung? Was für Nachteile?

VORTEILE	NACHTEILE
1 Die Wohnung ist sehr groß. / Sie haben mehr Platz	1 Bis zum nächsten Supermarkt ist es ein bisschen weit.
2	2
3	3
4	
5	
6	

nicht	nicht so /	relativ	ziemlich	sehr	total
not	nicht sehr	*relatively*	*quite*	*very*	*completely*
	not so /				
	not very				

ÜBUNG
14

Sagen Sie es anders.

Was passt?

a) Frau Nadolny wohnt in der Nähe vom
Hauptbahnhof.

   1 Sie wohnt nicht zentral.

   2 Sie wohnt nicht so zentral.

   3 Sie wohnt ziemlich zentral.

b) Bis zur U-Bahn-Station sind es 500 Meter.

   1 Das ist nicht so weit.

   2 Das ist sehr weit.

   3 Das ist relativ weit.

c) Eine 3-Zimmer-Wohnung kostet
550 Euro Miete im Monat.

   1 Das ist total teuer.

   2 Das ist relativ billig.

   3 Das ist nicht sehr billig.

d) Das Haus hat 12 Zimmer und einen
Swimmingpool.

   1 Das Haus ist relativ groß.

   2 Das Haus ist ziemlich klein.

   3 Das Haus ist total groß.

N Ü T Z L I C H E   A U S D R Ü C K E

Ich wohne / Wir wohnen ...	in einem Reihenhaus / in einer Wohnung / in einem Studentenwohnheim, etc.
Die Wohnung / Das Haus hat ...	2 / 3 / 4 Zimmer und einen kleinen / großen / keinen Garten.
Die Wohnung liegt relativ / ziemlich ...	zentral / außerhalb.
Die Zimmer sind relativ / sehr ...	klein / groß / laut / hell, etc.
Wir haben ...	viel / wenige / alte / neue / moderne / antike Möbel.
Der Stadtteil ist	sicher / nicht so sicher / schön / multikulturell / interessant.
Die Umgebung ist nicht so / ziemlich ...	grün / ruhig / laut.
Die Verkehrsverbindungen sind ...	gut / schlecht.

Fragen Sie Ihre Partnerin/Ihren Partner.
Benutzen Sie auch **relativ**, **ziemlich**, **sehr**, usw.

Fragen	Ihr Partner	Sie
Wo wohnen Sie? Liegt das zentral?		
Wohnen Sie in einem Haus oder in einer Wohnung?		
Wie viele Zimmer hat das Haus / die Wohnung, etc.?		
Wie sind die Zimmer?		
Haben Sie einen Garten?		
Ist die Miete / die Hypothek teuer?		
Was ist typisch für Ihren Stadtteil?		
Kann man in Ihrem Stadtteil gut einkaufen?		
Haben Sie gute Verkehrsverbindungen?		
Wie lange fahren Sie zur Arbeit / in die Stadt?		
Fahren Sie mit dem Auto / mit dem Bus / mit der U-Bahn?		

Was können Sie noch sagen? Finden Sie mehr Fragen.

Hören Sie jetzt, was Marcus Baumann auf die Fragen
antwortet. Verstehen Sie alles, was er sagt?

ÜBUNG 16

2.19

Hören Sie zu und beantworten Sie die Fragen. Daniela redet über Mietpreise für Studentenwohnungen in München und in Canterbury.

Daniela is talking about rents for students in Munich and in Canterbury.

Richtig oder falsch?

	Richtig	Falsch
a) Daniela wohnt zu Hause bei ihren Eltern.	❏	❏
b) Ihre Eltern wohnen weit von München entfernt.	❏	❏
c) Die Mietpreise in München sind sehr hoch.	❏	❏
d) Es gibt in München nur wenige Wohngemeinschaften.	❏	❏
e) Die Studentenwohnungen sind sehr schön und relativ groß.	❏	❏
f) In ihrer Zeit in Canterbury wohnt Daniela in Park Wood. Das findet sie ganz toll.	❏	❏
g) Zimmer sind in Canterbury billiger als in München.	❏	❏
h) Das Essen ist in München viel teurer als in Canterbury.	❏	❏

C | Wo leben Sie lieber: Auf dem Land oder in der Stadt?

ÜBUNG 17

Lesen und Lernen

Argumente pro Stadt:

Die Stadt ist größer.

Man kann mehr machen als auf dem Land.

Das Leben ist interessanter.

Argumente pro Land:

Die Luft ist besser.

Es ist ruhiger als in der Stadt.

Auf dem Land ist es grüner als in der Stadt.

Comparative

To make comparisons in English you simply add **-er** *to short adjectives (e.g. cheap), or put* **more** *in front of longer ones (e.g. interesting):*

*This house is cheap**er** (than that one).*
*This book is **more** interesting (than that one).*

Using adjectives in this way is called the comparative. In German the system is simpler. Only the **-er** *form is used:*

Dieses Haus ist billig**er**.
Dieses Buch ist interessant**er**.

Most short words with an **a**, **o** *or* **u** *take an Umlaut:*

Im Winter ist es hier viel k**ä**lter.
Deine Wohnung ist gr**ö**ßer.

For more details see Grammatik, page 168.

Leben Sie lieber auf dem Land oder in der Stadt?
Lesen Sie den Text und beantworten Sie dann die Fragen.

Unsere Städte werden immer größer, lauter, hektischer. Ist es nicht besser, auf dem Land zu leben? Wir haben vier Personen gefragt: „Leben Sie lieber auf dem Land oder in der Stadt? Und warum? Was ist besser?"

MANFRED TEUTSCHEK, 27, STUDENT

Auf dem Land wohnen? Nie wieder! Ich habe als Kind dort gelebt, es ist viel zu langweilig.

Hier in der Stadt ist alles interessanter, bunter als auf dem Land. Man kann viel mehr machen.

ESTHER REIMANN, 32, PHYSIOTHERAPEUTIN

Wir haben 15 Jahre in Berlin gelebt und sind vor einem Jahr aufs Land gezogen.

Es ist viel grüner hier, die Luft ist besser, die Leute sind freundlicher. Es war die richtige Entscheidung für uns.

CLAUDIA FISCHER, 28, MODEDESIGNERIN

Ich lebe gern in der Stadt. Es ist sehr kosmopolitisch. Die Leute sind offener und man kann mehr machen, vor allem beruflich. Aber manchmal ist es auch stressiger als auf dem Land.

GERD SCHMÜCKE, 63, BEAMTER

Stadt oder Land? In der Woche arbeite ich in der Stadt, aber am Wochenende fahre ich aufs Land in mein kleines Haus. Dort ist es ruhiger und friedlicher als in der Stadt. Ich mag den Kontrast zwischen Stadt und Land.

a) Wo hat Manfred als Kind gelebt?

b) Wie findet er das Leben auf dem Land?

c) Was sagt Frau Reimann über das Leben auf dem Land?

d) Wie findet Frau Fischer das Stadtleben?

e) Warum fährt Herr Schmücke am Wochenende aufs Land?

f) Was mag er?

VOKABELN

die Luft (¨e)	air
die Entscheidung (-en)	decision
kosmopolitisch	cosmopolitan
friedlich	peaceful
der Kontrast (-e)	contrast

Was passt zusammen? Kombinieren Sie, bitte.

	langweiliger interessanter friedlicher kosmopolitischer ruhiger stressiger	
Das Leben auf dem Land ist ... Das Leben in der Stadt ist ...		als in der Stadt. als auf dem Land.

Welche Stadt ist größer?

welch- im Nominativ (+ the verb *sein*)

der Fluss   →   Welch**er** Fluss ist länger?

die Stadt   →   Welch**e** Stadt ist interessanter?

das Land   →   Welch**es** Land ist größer?

die Leute   →   Welch**e** Leute sind freundlicher?

Bitte antworten Sie:

Beispiel
Welche Stadt ist größer: London oder New York?
New York ist größer als London.
oder Ich denke, New York ist größer als London.

a) Welcher Fluss ist länger: die Themse oder der Rhein?
b) Welcher Berg ist höher: das Matterhorn oder die Zugspitze?
c) Welches Land ist kleiner: Österreich oder die Schweiz?
d) Welches Auto ist besser für die Umwelt: ein Prius oder ein Landrover?
e) Welche Sprache hat mehr Muttersprachler: Englisch oder Chinesisch?
f) Was finden Sie interessanter: Kino oder Theater?
g) Was trinken Sie lieber: Tee oder Kaffee?
h) Wo leben Sie lieber: auf dem Land oder in der Stadt? Warum?

Finden Sie mehr Fragen. Machen Sie dann ein Quiz mit Ihrer Partnerin/Ihrem Partner oder mit der ganzen Klasse.

Nützliche Ausdrücke

Das weiß ich nicht!
I don't know!

Keine Ahnung!
(I've) no idea!

D | Welches Hotel nehmen wir?

Im Verkehrsamt

Hören Sie bitte und entscheiden Sie, was richtig und was falsch ist.

Frau Johannsen sucht ein Zimmer.

		Richtig	Falsch
a)	Frau Johannsen sucht ein Zimmer für drei Tage.	❏	❏
b)	Das Hotel Offenbach liegt im Zentrum.	❏	❏
c)	Das Hotel Atlanta liegt 30 Minuten vom Zentrum entfernt.	❏	❏
d)	Die Pension Schneider kostet 55 Euro pro Nacht.	❏	❏
e)	Das Hotel Atlanta ist billiger als das Hotel Offenbach.	❏	❏
f)	Sie nimmt das Zimmer im Hotel Offenbach.	❏	❏

Lesen Sie jetzt bitte den Dialog.

Frau Johannsen	Guten Tag, ich suche ein Hotelzimmer für zwei Tage. Haben Sie etwas frei?
Frau Izmir	Im Moment ist es ein bisschen schwierig. Einen Augenblick – ja, ich habe hier drei Hotels gefunden: das Hotel Offenbach, das Hotel Atlanta und die Pension Schneider.
Frau Johannsen	Welches Hotel liegt denn am zentralsten?
Frau Izmir	Am zentralsten liegt das Hotel Offenbach, nur fünf Minuten vom Zentrum.
Frau Johannsen	Und am weitesten?
Frau Izmir	Am weitesten entfernt ist das Hotel Atlanta, etwa eine halbe Stunde.
Frau Johannsen	Und preislich, welches Hotel ist am billigsten?
Frau Izmir	Am billigsten ist die Pension Schneider, das Einzelzimmer für 67 Euro 50, ein Einzelzimmer im Hotel Offenbach kostet 90 Euro und im Hotel Atlanta ist es am teuersten: 130 Euro.
Frau Johannsen	Und welches ist am komfortabelsten?
Frau Izmir	Am komfortabelsten ist das Hotel Atlanta, mit Swimming-Pool und Park. Das ist sehr schön.
Frau Johannsen	Ich glaube, ich nehme das Hotel Offenbach. Kann ich gleich bei Ihnen buchen?
Frau Izmir	Ja, kein Problem.

ÜBUNG **23**

Lesen Sie den Text noch einmal: Welche Informationen fehlen hier?

Hotel / Pension	Zimmer	Preis für Einzelzimmer	Entfernung	Pluspunkte
OFFENBACH	80	_____ ?	_____ ?	sehr zentral, gute Bar
ATLANTA	120	130 €	_____ ?	_____ ?
SCHNEIDER	28	_____ ?	20 Minuten vom Zentrum	familiäre Atmosphäre, ruhig

ÜBUNG **24**

Ergänzen Sie:

a) Das Hotel Offenbach ist größer als die Pension Schneider, aber das Hotel Atlanta ist am _____ .

b) Das Hotel Offenbach ist _____ als das Hotel Atlanta, aber die Pension Schneider ist _____ _____ .

c) Die Pension Schneider liegt _____ als das Hotel Atlanta, aber das Hotel Offenbach liegt _____ _____ .

d) Die Pension Schneider ist ruhig... als das Hotel Offenbach, aber das Hotel Atlanta ist _____ _____ .

ÜBUNG **25**

Hotels in Leipzig

Lesen Sie die vier Hotelangebote (Seite 167) und beantworten Sie dann die Fragen.

a) Welches Hotel ist am größten?
b) Welches Hotel ist am kleinsten?
c) Wo sind die Zimmer am billigsten?
d) Wo sind sie am teuersten?
e) Welches Hotel liegt am zentralsten?
f) Welches Hotel liegt am weitesten vom Zentrum entfernt?

Superlative

In English, to single out one item in a group as being the cheapest *or most interesting of all, you add* -(e)st *to a short adjective or put* most *in front of a longer one:*

This house is the cheapest.

This book is the most interesting.

This form is called the superlative. *In German it goes as follows:*

Dieses Haus ist **am** billig**sten**.

Dieses Buch ist **am** interessant**esten**.

As you can see, the word **am** *is added and the ending is* -(e)**sten**.

For examples of irregular words see Grammatik, page 168.

Hotelname	Sterne	Zimmeranzahl	Entfernung zum Zentrum (km)	Preis pro Doppelzimmer/Nacht
Steigenberger Grandhotel Handelshof	*****	177	0,3	169,00 € exkl. Frühstück (+23,00 €)
Lindner Hotel	****	200	4,2	70,00 € exkl. Frühstück (+17,00 €)
Adagio am Seeburg-Palais	***	32	0,9	95,00 € inkl. Frühstück
Schloss Breitenfeld	****	75	7,7	48,50 € exkl. Frühstück (+10,50 €)

Und jetzt Sie! Welches Hotel nehmen Sie?

Partner B: Seite 240

Partner A:
Sie suchen ein Hotelzimmer und sprechen mit Frau/Herrn Klinsmann (Ihrem Partner) im Verkehrsamt in Dresden. Es gibt freie Zimmer im Hotel Britannia, im Hotel Mozart und in der Pension Hubertus. Sie stellen Fragen an Frau/Herrn Klinsmann.

Fragen Sie:
Welches Hotel liegt am zentralsten?
Was kosten die Zimmer?
Welches Hotel ist am billigsten?
Welches Hotel ist am ruhigsten?
Haben die Zimmer Bad und Dusche?
Gibt es ein Restaurant in den Hotels?
Was für andere Pluspunkte haben die Hotels?

T I P P S   Z U R   A U S S P R A C H E

2.21

At the end of a word or syllable the letter **d** in German is pronounced more like an English **t**:

Abend	Freund	Geld	Fahrrad	Land
abendlich	Freundschaft	Geldschein	Radfahrer	Landschaft

When the **d** is no longer at the end of the word or syllable it is pronounced as an English **d**:

Abende	Freunde	Gelder	Fahrräder	Länder

 How would you pronounce these words: Lied, Lieder, Bad, Bäder, Hund, Hunde?

Grammatik

Comparative and superlative

As you saw in this **Lektion**, making comparisons in German is fairly straightforward and is very similar to the English *cheap*, *cheaper*, *cheapest* pattern:

	comparative	**superlative**
billig	billig**er**	**am** billig**sten**
schön	schön**er**	**am** schön**sten**

Note that adjectives ending in **t** (e.g. **interessant**) add an extra **-e** in the superlative form:

interessant	interessant**er**	**am** interessant**esten**

Most short words with an **a, o** or **u,** like **warm** and **jung,** take an Umlaut in the comparative and superlative forms:

Hier ist es schon im April ziemlich warm.
Im Mai ist es aber w**ä**rmer.
Und im Sommer ist es am w**ä**rmsten.

Mein Bruder ist ziemlich jung – nur 19 Jahre alt.
Meine Schwester ist noch j**ü**nger. Sie ist 17 Jahre alt.
Aber ich bin mit 15 Jahren am j**ü**ngsten.

A few adjectives, like **gut** and **hoch,** are irregular:

Ich finde, dieses Auto ist gut.
Aber dieses Auto ist noch **besser.**
Ist dieses Auto hier aber nicht **am besten?**

Unser altes Hochhaus war sehr hoch.
Unser neues Hochhaus ist aber viel **höher.**
Und dein Hochhaus ist **am höchsten.**

The adjective **groß** is slightly irregular in that it adds only **-ten** and not **-sten** in the superlative:

Deine Wohnung ist am grö**ß**ten.

Another common word with irregular forms is **gern:**

Ich spiele **gern** Fußball.	*I like playing football.*
Aber ich spiele **lieber** Tennis.	*But I prefer playing tennis.*
Am liebsten spiele ich Golf.	*Most of all I like playing golf.*

Some words, like **teuer** and **dunkel,** lose one **e** in the comparative form:

Mein Haus war ziemlich teuer. Dein Haus war aber viel **teurer.**
Unser altes Haus war etwas dunkel. Unser neues Haus ist aber viel **dunkler.**

Note that the equivalent of the English **than** is **als**:

Auf dem Land ist es grüner **als** in der Stadt.

For the English equivalent of *not so ... as* German uses **nicht so ... wie**:

Auf den Kanarischen Inseln ist es im Winter **nicht so** kalt **wie** in Deutschland.

Dative case

In this **Lektion** you have seen more examples of the dative case in use. Here as a handy reference is a summary of dative endings for:

1 definite article (**der, die, das**)
2 indefinite article (**ein, eine, ein**)
3 possessives (**mein, dein, sein**, etc.) and **kein** (which follows the same pattern)

	1	2	3	**Examples**
Masc. **em**	d**em**	ein**em**	mein**em**	Wir fahren mit d**em** Bus.
			dein**em**	Das Museum ist in ein**em** Park.
			kein**em**	Wann fährst du zu dein**em** Sohn?
Fem. **er**	d**er**	ein**er**	mein**er**	Fährst du mit d**er** Bahn?
			dein**er**	Sie wohnt in ein**er** Altbauwohnung.
			kein**er**	Ich wohne bei mein**er** Mutter.
Neut. **em**	d**em**	ein**em**	mein**em**	Ich fahre oft mit d**em** Fahrrad.
			dein**em**	Man kann in kein**em** Hotel hier gut essen.
			kein**em**	Wie viele Leute wohnen in Ihr**em** Haus?
Plural **en**	d**en**		mein**en**	Wir fahren mit d**en** Kinder**n** nach Italien.
			dein**en**	In d**en** großen Hotels gibt es kostenloses
			kein**en**	WLAN.
				Er fährt zu sein**en** Eltern.
				Er hat mit kein**en** Leut**en** gesprochen.

Don't forget that in the dative plural most nouns add **-n** to their plural form, unless they already end in an **-n** or **-s**: In allen Länder**n** findet man Touristen. In den Café**s** in Wien kann man sehr gut Kuchen essen.

Mehr Übungen ...

1 Komparativ und Superlativ. Ergänzen Sie.

	Komparativ	**Superlativ**
Beispiel		
groß	größer	am größten
a) klein	kleiner	_____ _____ ?
b) _____ ?	besser	_____ _____ ?
c) billig	_____ ?	_____ _____ ?
d) _____ ?	höher	am höchsten
e) weit	_____ ?	am weitesten
f) _____ ?	wärmer	_____ _____ ?

2 Lesen Sie die Inserate und beantworten Sie die Fragen.
Here are four adverts giving details about flats in Hamburg. Read the adverts and then answer the questions below.

Wohnung 1

Hamburg-Zentrum,
2 Zimmer, Küche, Bad, Balkon,
schöne Altbauwohnung, zentrale
Lage, 88m².
Miete: €975 + Nebenkosten.

Wohnung 2

Hamburg-Eimsbüttel,
Neubau, 3 Zimmer, Küche,
2 Badezimmer, 120m², ruhige Lage,
nicht weit vom Park entfernt.
Miete: €1400 + Nebenkosten.

Wohnung 3

Hamburg-Nord,
1-Zimmer-Wohnung, Küche, Bad, gute
Verkehrsanbindung zum Zentrum,
gute Einkaufsmöglichkeiten, 50m².
Miete: €480 + Nebenkosten.

Wohnung 4

Hamburg-HafenCity,
super-modernes 1-Zimmer-Apartment,
mit allem Komfort, Blick auf den Hafen,
Bars und Restaurants in der Nähe, 42m².
Nur €1150 + Nebenkosten.

Welche Wohnung

a) ist am billigsten?
b) liegt (wahrscheinlich) am ruhigsten?
c) liegt am zentralsten?
d) ist (wahrscheinlich) am ältesten?
e) ist am teuersten?
f) ist am größten?
g) ist am modernsten?
h) ist am kleinsten?

3   Der Dativ. Ergänzen Sie.

Benutzen Sie:
zur – im – einem – vom – zur – der – einem – dem

Wir wohnen seit zwei Monaten in _____ modernen Hochhaus. Wir haben eine große Wohnung mit _____ schönen Balkon. Die Wohnung liegt nicht weit _____ Stadtpark und es gibt auch einen guten Supermarkt in _____ Nähe. Die Verkehrsverbindungen sind sehr gut, denn bis _____ U-Bahn sind es nur drei Minuten und _____ Sommer kann ich mit _____ Fahrrad _____ Arbeit fahren.

4   Wohnungstausch
Home exchange

Eine deutsche Familie aus Hamburg möchte im Sommer einen Wohnungstausch machen.
Beschreiben Sie Ihre Wohnung / Ihr Haus.

Frau Löschmanns Fragen:
a) Wo liegt Ihre Wohnung / Ihr Haus? Zentral? Außerhalb?
b) Liegt sie / es ruhig oder nicht so ruhig?
c) Wie weit ist es bis zum Supermarkt?
d) Wie sind die Verkehrsverbindungen?
e) Wie viele Schlafzimmer gibt es?
f) Und wie viele Badezimmer?
g) Ist die Küche groß oder ziemlich klein?
h) Haben Sie einen Fernseher? Wenn ja, kann man auch deutsche Programme bekommen?
i) Haben Sie einen Garten oder einen Balkon?
j) Gibt es einen Park und ein Fitnesscenter in der Nähe?

Geben Sie weitere Informationen, wenn Sie möchten!

| ✉ | ◀ANTWORTEN | ◀ ALLE ANTWORTEN | 📎 |

Liebe Frau Löschmann,

ich danke Ihnen für Ihre E-Mail.
Meine Wohnung / Mein Haus
liegt …
Sie / Es ist …
Bis zum nächsten Supermarkt …
Die Verkehrsverbindungen …
Die Küche …
Wir haben …
Es gibt …
Außerdem …

Mit freundlichen Grüßen

Ihr/Ihre _____

V O K A B E L N

| der Austausch | swap, exchange |
| bereit | ready, prepared |

Now you have completed Lektion 9, can you:

		tick
1	talk about different types of housing and locations? *See pages 154–61.*	❏
2	make comparisons? *See pages 160–7.*	❏
3	discuss the pros and cons of living in a city / in the countryside? *See pages 162–4.*	❏
4	compare and contrast the price and location of various hotels? *See pages 165–7.*	❏

Vokabeln

Was haben Sie gelernt?

WOHNUNGEN UND HÄUSER

	Flats and houses
die Altbauwohnung (-en)	*apartment in an old building*
das Einfamilienhaus (¨er)	*detached family house*
das Hochhaus (¨er)	*tower block*
das Reihenhaus (¨er)	*terraced house*
das Studentenwohnheim (-e)	*student residence*
die Wohngemeinschaft (-en)	*lit: commune; group sharing a flat*
die Wohnung (-en)	*flat*
das Zweifamilienhaus (¨er)	*two family house*
die Miete (-n)	*rent*
die Nebenkosten (pl. only)	*bills*
die Zentralheizung (-en)	*central heating*

ZIMMER

	Rooms
der Arbeitsraum (¨e)	*study*
das Badezimmer (-)	*bathroom*
der Balkon (-s/-e)	*balcony*
der Flur (-e)	*corridor/hall*
der Keller (-)	*cellar*
das Kinderzimmer (-)	*children's room*
die Küche (-n)	*kitchen*
das Schlafzimmer (-)	*bedroom*
das Wohnzimmer (-)	*living room*

MÖBEL

	Furniture
das Bett (-en)	*bed*
das Bild (-er)	*picture*
der Kühlschrank (¨e)	*refrigerator*
das Regal (-e)	*shelves*
der Sessel (-)	*armchair*
der Schrank (¨e)	*cupboard*
das Sofa (-s)	*sofa*
der Tisch (-e)	*table*

ANDERE NOMEN

der Berg (-e)	*mountain*
die Entscheidung (-en)	*decision*
der Fluss (¨e)	*river*
das Handtuch (¨er)	*towel*

die Kaffeemaschine (-n)	*coffee machine*
der Kontrast (-e)	*contrast*
die Luft (¨e)	*air*
der Muttersprachler (-) / die Muttersprachlerin (-nen)	*native speaker*
der Nachteil (-e)	*disadvantage*
der Stadtteil (-e)	*district, quarter*
das Stadtleben (-)	*city life*
der Topf (¨e)	*pot*
die Umgebung (-en)	*surrounding area*
das Verkehrsamt (¨er)	*tourist information*
der Vorteil (-e)	*advantage*
das WLAN (-)	*WiFi*

NÜTZLICHE, KLEINE WÖRTER

	Useful small words
relativ	*relatively*
total	*totally*
ziemlich	*quite, fairly*

ADJEKTIVE

	Adjectives
dunkel	*dark*
friedlich	*peaceful*
grün	*green*
hektisch	*hectic*
hell	*light, bright*
hoch	*high, tall*
komfortabel	*comfortable*
kosmopolitisch	*cosmopolitan*
offen	*open*
ruhig	*quiet*
sicher	*safe*
stressig	*stressful*
zentral	*central*
außerhalb	*outside*

VERBEN

	Verbs
funktionieren	*to function, work*
mieten	*to rent*
teilen	*to share*

Ist Mode wichtig für Sie?

- Describing items of personal appearance
- Saying what clothes you like wearing
- Discussing appropriate clothes and gifts
- Offering help and advice

- Adjectival endings 2
- Direct and indirect objects
- Personal pronouns in the dative
- The dative case (summary)

A | Mode

Ist Mode wichtig für Sie?

Lesen und Lernen

Jedes Jahr gibt es etwas Neues. Dieses Jahr kurze Röcke, nächstes Jahr lange Röcke. Die Leute sollen immer etwas Neues kaufen. Ich ziehe nur an, was ich mag. Am liebsten trage ich bequeme Sachen.

Bettina Haferkamp, 52, Lehrerin

Ich finde, Mode ist ein wichtiger Ausdruck unserer Zeit. Sie zeigt, was Leute denken und fühlen. Heute kann man doch anziehen, was man möchte. Das finde ich gut. Aber es gibt auch Druck, Markenkleidung zu kaufen.

Johann Kurz, 42, Journalist

Ich bin ein individueller Mensch. Ich kleide mich so, wie ich Lust habe. Schwarze Sachen finde ich am besten. Ich kaufe viel auf dem Flohmarkt oder in Secondhandshops ein. Modetrends finde ich langweilig.

Boris Brecht, 20, Student

Mode bedeutet viel für mich. Ich bin ein sportlicher Typ und trage gern schöne Sachen. Ich möchte gut aussehen. Eine modische Frisur, ein modernes Outfit – das ist sehr wichtig für mich. Dafür gebe ich auch gern Geld aus.

Ulrike Maziere, 22, Sportpsychologin

Ist Mode wichtig (✔) oder unwichtig (✗)?

	✔	✗
Bettina Haferkamp	☐	☐
Johann Kurz	☐	☐
Boris Brecht	☐	☐
Ulrike Maziere	☐	☐

VOKABELN

an|ziehen	*to put on*
tragen	*to wear*
bequem	*comfortable*
sich kleiden	*to dress (oneself)*
Lust haben	*to want*
sportlich	*smart, but casual (here)*
aus|sehen	*to look, appear*
die Frisur (-en)	*hairstyle*
der Druck ("e / -e)	*pressure*
die Markenkleidung (-en)	*brands, branded clothing*

Wer sagt das? Wie steht das im Text?

Can you find in the short statements below the expressions which convey a similar meaning?

Beispiel

Ich bin sportlich. ➔ Ich bin ein sportlicher Typ.

a) Die Leute sollen mehr Geld ausgeben.
b) Mode zeigt, was Leute denken.
c) Man soll bekannte Marken kaufen.
d) Schwarz finde ich am besten.
e) Ich trage nur, was ich mag.
f) Mode ist sehr wichtig.
g) Dafür bezahle ich gern.

etwas Neues

If you want to say *something new, something cheap*, etc., you use
etwas + adjective + **es**.

e.g. etwas Neues, etwas Billiges

Note that you need a capital letter for the word after **etwas**.

Was sagen die Leute pro Mode und contra Mode?

Beispiele

PRO +

Mode ist ein Ausdruck unserer Zeit.

_____

_____

_____

CONTRA –

Die Leute sollen immer etwas Neues kaufen.

_____

_____

Und wie ist Ihre Meinung?

Was denken Sie über Mode?

Ist Mode wichtig für Sie oder nicht?

Adjektivendungen – Nominativ

Adjective endings in German are a bit more complicated than in English. So far you have dealt with the endings in the accusative after **ein**, **kein**, **dein**, *etc.:*

Masculine	Fabian hat einen neu**en** Computer gekauft.	**en**
Feminine	Renate hat eine alt**e** Platte gekauft.	**e**
Neuter	Annett hat ein neu**es** Hemd gekauft.	**es**

This is what happens to the endings in the nominative case when you use **sein** *(to be).*

Masculine	Ich bin ein sportlich**er** Typ.	**er**
Feminine	Das ist eine modische Frisur.	**e**
Neuter	Das ist ein modern**es** Outfit.	**es**

As you can see, these endings are the same as for the accusative, except for the masculine nouns.

In the plural, when there is no article, the ending on the adjective is the same for both the nominative and the accusative:

Nominative	Das sind toll**e** Sachen!	**e**
Accusative	Ihr habt toll**e** Sachen auf dem Flohmarkt gekauft.	**e**

Reminder: endings are only required when the adjective goes in front of a noun.

Üben Sie die Adjektivendungen.

Beispiel
Die Idee ist gut. ➜ Das ist eine gute Idee.

a) Der Film ist langweilig.
b) Der Kaffee ist stark.
c) Das Buch ist interessant.
d) Das Problem ist schwierig.
e) Der Laptop ist neu.
f) Die Leute sind unfreundlich.

2.22

Frau Martens ist Verkäuferin in einem Kaufhaus.

Was denkt sie über Mode?
Hören Sie, was sie sagt.
Welche Antworten stimmen?

a) Sie sagt, Verkäuferin ist ein interessanter / anstrengender Beruf.
b) Sie findet, sie ist ein modischer / kein modischer Typ.
c) Die Töchter von Frau Martens finden Modetrends wichtig / unwichtig.
d) Kunden sind immer freundlich / manchmal unfreundlich / oft unfreundlich.

B | Was tragen die Leute?

Wer trägt was?

Study the page for one minute. Cover the page so that the pictures are now hidden from you and try the questions opposite.

Arbeiten Sie mit einem Partner.
Stimmt das? Korrigieren Sie die falschen Sätze.

a) Der Mann trägt einen dunkelbraunen Anzug und eine gelbe Krawatte.

b) Außerdem trägt er ein weißes Hemd, einen grauen Mantel und schwarze Schuhe.

c) Die Frau trägt eine gelbe Bluse und eine braune Jacke.

d) Außerdem hat sie einen blauen Rock, eine weiße Strumpfhose und weiße Schuhe an.

e) Das Mädchen trägt eine blaue Jeans, ein weißes T-Shirt, eine rote Baseballmütze und weiße Turnschuhe.

f) Der Junge trägt eine blaue Jeans, ein gelbes T-Shirt, eine grüne Baseballmütze und grüne Turnschuhe.

Sehen Sie jetzt die Bilder noch einmal an und überprüfen Sie Ihre Antworten.

> ### NÜTZLICHE AUSDRÜCKE
>
> **Hose, Jeans**
> *Note that in English both trousers and jeans are plural, but in German **Hose** and **Jeans** are usually singular:*
>
> Ich habe heute eine neue Hose gekauft.
> Wo ist meine alte Jeans?
> Sie trägt eine Strumpfhose.

ÜBUNG **8**

Lesen und Lernen. So sagt man es eleganter:

Er trägt einen dunkelblauen Anzug mit	ein**em** grau**en** Mantel. ein**er** rot**en** Krawatte. ein**em** weiß**en** Hemd. schwarz**en** Schuhen.

Adjektivendungen – Dativ

*As you know, certain words, like **mit** and **von** are followed by the dative case. Here are the adjective endings you need for the dative:*

Masculine	Nico trägt ein weißes Hemd mit einem schwarz**en** Anzug.	**en**
Feminine	Anna trägt einen braunen Rock mit einer gelb**en** Bluse.	**en**
Neuter	Florian trägt eine rote Jacke mit einem blau**en** Hemd.	**en**

*In the dative plural you add **-en** to the adjective and also **-n** to the noun plural, if possible.*

Er trägt einen schwarzen Anzug mit schwarz**en** Schuhen.	**en**

If you are listing a number of items, then the preposition determines the case not only of the first item but also of the following items as well:

Martin trägt ein blaues Hemd **mit** einer dunkelblau**en** Hose, einem schwarz**en** Mantel und schwarz**en** Schuhen.

*As you can see, in this example all three items listed after **mit** are in the dative case.*

ÜBUNG 9

Wie heißt es richtig?

Ergänzen Sie.

a) Die Frau trägt eine gelbe Bluse mit einer dunkelbraun... Jacke und ein... braun... Rock.

b) Außerdem trägt sie braune Strümpfe mit braun... Schuhe... .

c) Das Mädchen trägt eine blaue Jeans mit ein... weiß... T-Shirt, ein... rot... Baseballmütze und weiß... Turnschuhe... .

d) Der Junge trägt eine schwarze Jeans mit ein... grün... T-Shirt, ein... gelb... Baseballmütze und gelb... Turnschuhe... .

e) Der Mann trägt einen dunkelblauen Anzug mit ein... rot... Krawatte.

f) Außerdem trägt er ein weißes Hemd mit ein... grau... Mantel und schwarz... Schuhe... .

ÜBUNG 10

Wer ist das?

Beschreiben Sie zwei oder mehr Studenten in der Klasse. Lesen Sie Ihre Texte vor. Wer ist das?

Beispiel
Diese Person trägt eine blaue Jeans mit einem gelben T-Shirt und einer schwarzen Jacke. Außerdem hat sie schwarze Schuhe mit roten Socken an.

TIPP
die Person → sie
can refer to a male as well as a female person.

ÜBUNG 11

Finden Sie den Dativ!

There are four examples of the dative in this advertisement – three in the singular and one in the plural. What are they?

VOKABELN

der Druckknopfverschluss (¨e)	snap fastener, press stud
der Schritt (-e)	crotch
die Baumwolle (-n)	cotton
das Schnäppchen (-)	bargain

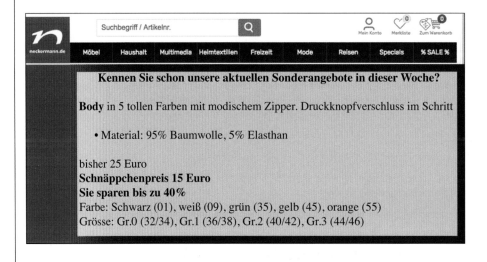

ÜBUNG 12

Mode aus Deutschland

Sprechen Sie mit Ihrer Partnerin/Ihrem Partner:

a) Welche deutsche Models oder Modedesigner kennen Sie?

b) Kennen Sie ein deutsches Modelabel?

c) Was für Sachen produzieren Adidas und Puma? Wissen Sie etwas über die Geschichte von beiden Firmen?

kennen	to know sb./sth.
bekannt	well-known
lässig	casual
die Modemarke (-n)	fashion label
gründen	to found
der Gründer (-) / die Gründerin (-nen)	founder
der Sportartikel (-)	item of sports equipment

ÜBUNG 13

Lesen Sie jetzt den Text.

Mode made in Germany

Natürlich ist Mode made in Germany nicht so bekannt wie Autos oder Maschinen aus Deutschland.

Aber trotzdem gibt es einige bekannte Models wie Claudia Schiffer oder Heidi Klum. Und auch Designer wie Karl Lagerfeld, Wolfgang Joop oder Jil Sander kennt man in der ganzen Welt. Eine jüngere Modedesignerin ist die Deutsch-Iranerin Leyla Piedayesh. Ihr Label heißt lala Berlin und sie macht lässige, urbane Mode.

Die bekanntesten deutschen Modemarken sind Hugo Boss, Tom Tailor, Gerry Weber und Escada. Auch Adidas und Puma kommen aus Deutschland. Adi Dassler hat Adidas gegründet und sein Bruder Rudolf war der Gründer von Puma. Heute produzieren beide Firmen nicht nur Sportartikel, sondern auch viel Streetwear und Lifestyleproduke.

Das deutsche Modezentrum war viele Jahre lang Düsseldorf, aber heute ist Berlin die wichtigste Stadt für Mode. Hier gibt es viele junge Designer und neue, kreative Labels. Auch die wichtigste deutsche Modenshow findet hier zweimal im Jahr statt: die Berliner Fashion Week. Jedes Mal kommen mehr als 100.000 Besucher.

Mehr Informationen: www.fashion-week-berlin.com

ÜBUNG 14

Richtig oder falsch? Wie heißen die richtigen Antworten?

	Richtig	Falsch
a) Das Label von Leyla Piedayesh macht urbane Mode.	❏	❏
b) Adidas und Puma produzieren nur Sportartikel.	❏	❏
c) Das deutsche Modezentrum war früher Düsseldorf.	❏	❏
e) Die Berliner Fashion Week findet einmal im Jahr statt.	❏	❏

ÜBUNG 15

Was für Kleidung tragen die Leute?

Richard Naumann stellt die Fragen. Hören Sie zu und
ergänzen Sie die Tabelle.

2.23-
2.25

	bei der Arbeit, an der Uni	zu Hause	was sie gern tragen	was sie nicht gern anziehen
Mareike Brauer				
Günther Scholz				
Beate Strittmayer				

Fragen Sie Ihre Partnerin / Ihren Partner.

ÜBUNG 16

Fragen	Ihr Partner	Sie
Was tragen Sie normalerweise bei der Arbeit / an der Uni?		
Was tragen Sie am liebsten zu Hause?		
Was tragen Sie gern? Was tragen Sie nicht gern?		
Haben Sie eine Lieblingsfarbe?		
Ist Mode wichtig für Sie oder nicht?		
Tragen Sie gern Markenkleidung?		
Wo kaufen Sie normalerweise Ihre Kleidung?		
Wie oft gehen Sie shoppen?		
Gibt es einen typischen Kleidungsstil in Ihrer Stadt?		

NÜTZLICHE AUSDRÜCKE

Bei der Arbeit ...	trage ich meistens einen Anzug, ein weißes Hemd, einen Rock mit einer Bluse, usw.
Bei der Arbeit muss ich ...	eine grüne / blaue Uniform tragen.
An der Universität ...	trage ich gern eine Jeans mit einem weißen Hemd / einem dunklen Pullover.
Zu Hause ...	trage ich am liebsten bequeme Kleidung.
Ich mag ...	helle, dunkle Farben, lässige Kleidung.
Ich trage nicht gern ...	Jeans, Röcke, Blusen, Krawatten, usw.

ÜBUNG
17

C | Feiern und Partys

Einladungen

Lesen Sie die Einladungen auf Seite 181
und Seite 182 und finden Sie
die deutschen Wörter für:

a) house-warming party
b) birthday party
c) barbecue
d) wedding

Susanne Fröhlich
Michael Hartmann

♥

Wir heiraten am Samstag, dem 8. Mai, um 14.30 Uhr
in der Elisabethkirche, Marburg.

Zu unserer Hochzeit laden wir Sie herzlichst ein.

Hauptstraße 48
35683 Dillenburg

Ahornweg 31
35043 Marburg

**Zum Ende des Sommersemesters
noch mal richtig Power:**

Samba, Salsa

und mehr

Mit den DJs Carsten C. Bellafonte
und Lina Motana

Am 26.6. von 21.00 Uhr
bis zum frühen Morgen
in der Uni-Kantine, Hegelweg 2

Eintritt:
4 € für Studenten, 6 € für alle Anderen
Cocktails ab 5 €

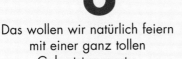

Peter wird nächsten Samstag 8 Jahre alt.

Das wollen wir natürlich feiern
mit einer ganz tollen
Geburtstagsparty,
mit Kuchen und vielen Spielen.

Wir fangen um 15.00 Uhr an.
Bringt auch eure Eltern mit.

Die Adresse:
Familie Schöfer, Am Bergkampe 4

Lange haben wir gesucht und endlich unser
„Schloss" gefunden. Darum möchten wir euch, liebe
Bärbel, lieber Georg zu unserer

HAUSEINWEIHUNGSFEIER

am 30. November, um 20.00 Uhr einladen.

Unsere neue Adresse: 90482 Nürnberg, Waldstraße 25.
Unsere neue Telefonnummer: 378459

Viele Grüße
Uschi und Matthias Hasenberg

Wir laden Euch ganz herzlich
zu unserer

GRILL PARTY

ein.

Hallo Leyla und Timo,

bevor der Winter kommt, wollen
wir noch einmal eine Grillparty in
unserem Garten machen. Der Termin:
der 27. September, ab 19.00 Uhr.
Könnt ihr kommen?

Natürlich gibt es nicht nur Fleisch,
sondern wir haben auch Tofuwürstchen
und andere leckere vegetarische Sachen.
Bringt doch bitte einen Salat mit. Alles
andere haben wir. Wir freuen uns.

Bis bald
Pia und Shahin

Deutschland-Info

FEIERN
Celebrating

Special occasions are generally celebrated with enthusiasm in Germany. Families make great efforts to get together for birthdays; some people travel long distances to be present.

Weihnachten (*Christmas*) is celebrated with Christmas trees, cards and gifts and a visit from Santa Claus. Christmas markets throughout Germany provide decorations, food and drink. The **Christkindlmarkt** in Nuremberg is perhaps the most famous of these markets.

Silvester (*New Year's Eve*) is celebrated with fireworks and **Sekt** (a champagne-like fizzy wine). New Year's Day is a public holiday in Germany – some people need this in order to get over their **Kater** (*hangover*).

The period before Lent is celebrated in Germany – especially in the Catholic areas – as **Karneval** (in the Rheinland), **Fastnacht** (around Mainz) and **Fasching** (in Bavaria). People wear disguises and fancy-dress costumes and generally let go their inhibitions. The main parties and processions take place on **Rosenmontag**, the Monday before Shrove Tuesday and Ash Wednesday.

VOKABELN

die Feier (-n)	*celebration*
ein|laden	*to invite*
heiraten	*to marry*
das Schloss ("er)	*castle*
das Tofuwürstchen (-)	*tofu sausage*

Und jetzt Sie. Schreiben Sie eine Einladung wie in Übung 17. Lesen Sie dann die Texte in der Klasse vor und zeigen Sie Ihre Einladungen.

Was kann man schenken? Lesen und Lernen.

Sie bringt Blumen mit.
Sie bringt der Frau Blumen mit.
Sie bringt ihr Blumen mit.

Er schenkt ein Buch.
Er schenkt dem Mann ein Buch.
Er schenkt ihm ein Buch.

Sie schenken einen Luftballon.
Sie schenken dem Kind einen Luftballon.
Sie schenken ihm einen Luftballon.

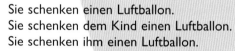

Sie haben ein Poster
mitgebracht.
Sie haben den Leuten ein
Musik-Poster mitgebracht.
Sie schenken ihnen ein
Musik-Poster.

ihm, ihr, ihnen
When do you use which?

ÜBUNG
19

Ihr, ihm oder ihnen?

a) Beate hat Geburtstag. Marcus schenkt ____ ein Berlin-T-Shirt.

b) Frank macht eine Party. Susi bringt ____ eine Flasche Sekt mit.

c) Steffi und Caroline haben Hunger. Ihre Mutter kauft ____ Pommes frites.

d) Svenja fährt nach Österreich. Ihr Bruder gibt ____ einen guten Reiseführer.

e) Christina und Robert heiraten. Herr Standke schenkt ____ ein Abonnement fürs Theater.

f) Herr Fabian wird 65. Seine Kollegen haben ____ eine Geburtstagskarte geschrieben.

g) Oliver und Leo gehen gern ins Fitnesscenter. Ihr Vater kauft ____ eine Fitnessuhr.

More on the dative

You already know that the dative case is used after words like **mit** *and* **von**. *It is also used after many verbs to indicate to whom something is being given or done.*
(See Grammar section Direct and indirect objects.)

Nouns
Masc.   Er schenkt **dem Mann** ein Buch.
Fem.   Sie bringt **der Frau** Blumen mit.
Neut.   Er gibt **dem Kind** einen Luftballon.
Plur.   Sie haben **den Leuten** ein Poster mitgebracht.

Pronouns
Masc.   Er schenkt **ihm ein Buch.**
Fem.   Sie bringt **ihr** Blumen mit.
Neut.   Er gibt **ihm** einen Luftballon.
Plur.   Sie haben **ihnen** ein Poster mitgebracht.

ÜBUNG
20

2.26

Was für Geschenke bringen wir mit?

Saskia und ihr Bruder Jonas waren für eine Woche in New York. Morgen fliegen Sie nach Deutschland zurück. Große Panik: sie müssen noch Geschenke kaufen.

Hören Sie zu. Was schenken sie ihrer Mutter, ihrer Halbschwester Leni, ihrem Stiefvater Tom, Max dem Partner von Saskia und den Freunden vom Sportclub? Warum?

V O K A B E L N

aufregend   *exciting*
sammeln   *to collect*

Wem?	Was bringen sie mit?	Warum?
Mutter	Sie bringen ihr einen Kalender aus dem Moma mit.	Sie mag moderne Kunst, besonders abstrakte Malerei.
Leni	Sie bringen ihr ...	_____
Tom	_____	_____
Max	_____	_____
Den Freunden vom Sportclub	_____	_____

Hören Sie noch einmal zu.

Was sagen sie (✔), was sagen sie nicht (✘)?

		✔	✘
a)	Saskia und Jonas haben noch zwei Tage Zeit, Geschenke zu kaufen.	❏	❏
b)	Ihre Mutter mag abstrakte Kunst.	❏	❏
c)	Leni hat gesagt, sie möchte ein Videospiel.	❏	❏
d)	Eine Levi Strauss Jeans ist in Amerika viel teurer als in Europa.	❏	❏
e)	Max interessiert sich sehr für Art déco.	❏	❏
f)	Den Freunden vom Sportclub kaufen sie Baseballmützen.	❏	❏

D | Können Sie mir etwas empfehlen?

Ausdrücke mit dem Dativ

Lesen und Lernen

Wie geht es Ihnen / dir?	*How are you?*
Können Sie mir helfen?	*Can you help me?*
Können Sie mir sagen, wie spät es ist?	*Can you tell me what the time is?*
Könnten Sie mir etwas empfehlen?	*Could you recommend me something?*
Gefällt Ihnen / dir das T-Shirt?	*Do you like the T-shirt?*
Gefallen Ihnen / dir die Hemden?	*Do you like the shirts?*

NÜTZLICHE AUSDRÜCKE

All these expressions have one thing in common – they all require the dative after the verb. In some of these expressions, it is clear that the dative expresses the meaning of the English to:

Können Sie mir sagen, wie spät es ist?	*Can you say to me (i.e. tell me) ....?*
Können Sie mir etwas empfehlen?	*Can you recommend something to me?*

In other expressions this is less clear:

Wie geht es Ihnen?	*How are you? (How goes it to you?)*
Können Sie mir helfen?	*Can you help me? (Can you give help to me?)*
Gefällt dir das T-Shirt?	*Do you like the T-shirt? (Is it pleasing to you?)*
Gefallen Ihnen die Hemden?	*Do you like the shirts? (Are they pleasing to you?)*

ÜBUNG 23

Was passt zusammen?

a) Können Sie mir helfen?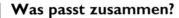

b) Gefällt Ihnen das Hotel?

c) Können Sie mir ein Buch für meine Tochter empfehlen?

d) Gefällt dir Berlin?

e) Wie geht es Frau Hansen?

f) Können Sie mir sagen, wie spät es ist?

g) Wie geht es Sven?

h) Gefallen dir die Bilder?

1 Es gefällt mir nicht. Es ist zu teuer.

2 Ihm geht es nicht so gut.

3 Die gefallen mir nicht. Die sind schrecklich.

4 Natürlich helfe ich Ihnen.

5 Das kann ich Ihnen sagen, fünf nach vier.

6 Es ist eine tolle Stadt.

7 Ihr geht es wieder besser.

8 Ich empfehle Ihnen „Harry Potter".

ÜBUNG 24

2.27

In der Parfümerie

Mirjam Holski möchte ein neues Parfüm kaufen. Hören Sie zu und beantworten Sie die Fragen.

a) Warum sucht Mirjam ein neues Parfüm?

b) Wie teuer ist „Ägyptischer Mond"?

c) Wie findet sie „Monsoon"?

d) Welches Parfüm kauft sie?

Lesen Sie dann bitte den Text:

Mirjam	Guten Tag. Können Sie mir bitte helfen?
Verkäufer	Ja, gerne. Was kann ich für Sie tun?
Mirjam	Ich habe einen neuen Hairstyle und auch ein anderes Outfit und möchte auch ein neues Parfüm dazu. Können Sie mir etwas empfehlen?
Verkäufer	Ja, natürlich. Hier haben wir zum Beispiel „Ägyptischer Mond" für 140 € oder „Monsoon" für 160 €.
Mirjam	Was denken Sie? Welches ist für mich am besten?
Verkäufer	Nun, „Ägyptischer Mond" ist ein bisschen süßlicher. Möchten Sie es ausprobieren?
Mirjam	Ja, bitte.
Verkäufer	Gefällt es Ihnen?
Mirjam	Mmh, ich finde es ein bisschen zu süß.
Verkäufer	Und „Monsoon"? Gefällt Ihnen vielleicht das?
Mirjam	Mmh, das finde ich ein wenig zu intensiv. Es tut mir leid, aber beide gefallen mir nicht.
Verkäufer	Ah, ich glaube ich habe genau das Richtige für Sie – hier, probieren Sie mal „Neue Romantik".
Mirjam	Oh ja. Das ist etwas für mich! Das nehme ich. Vielen Dank für Ihre Hilfe.
Verkäufer	Bitte schön. Zahlen Sie bitte an der Kasse drüben.

VOKABELN

süß(lich)	sweet(ish)
aus|probieren	to try out
das Richtige	the right one
die Kasse (-n)	cash desk, till
drüben	over there

Ergänzen Sie die Sätze.

a) Mirjam sucht ein _____ _____.

b) Sie hat ein anderes _____ und einen _____

   _____.

c) Sie findet, „Ägyptischer Mond" ist _____ _____ .

d) Auch „Monsoon" gefällt _____ _____ .

e) Sie zahlt an _____ _____ _____ .

JOOP! HOMME
VON WOLFGANG JOOP
EAU DE TOILETTE
NATURAL SPRAY
30 ML
nur 32,75 EURO

2.28

TIPPS ZUR AUSSPRACHE

*At the end of a word in German the letter **g** is pronounced
more like an English k:*

Tag   Ausflug   Anzug   mag

*At the end of a word **ig** is pronounced like* ich:

billig   ruhig   zwanzig   langweilig   Honig

*As soon as the **g** is no longer at the end of the word or
syllable it is pronounced as an English g:*

Tage   Ausflüge   Anzüge   mögen

☺ *How would you pronounce these words:* sag, sagen, fünfzig,
Tage, ledig?

ÜBUNG 26

Im Kaufhaus

Ordnen Sie bitte zu.
Was sagt die Kundin?

a

Kann ich Ihnen helfen?

b

Ja, wie alt ist er denn?

c

Gefällt Ihnen dieses T-Shirt?

d

Gefällt Ihnen das besser?

e

Na, das ist schön.

f

19,95 Euro.

g

Ja, bitte zahlen Sie an der Kasse. Da vorne rechts.

Kasse

h

Auf Wiedersehen.

1 Ja, das gefällt mir. Das ist besser.
2 Auf Wiedersehen.
3 Und was kostet es?
4 Ja, gerne. Ich suche ein T-Shirt für meinen Enkelsohn.
5 Gut, das nehme ich dann.
6 Vorne rechts. Aha. Vielen Dank.
7 Mmh, das ist ein bisschen langweilig. Haben Sie nicht etwas Modernes?
8 Acht Jahre. Können Sie mir etwas empfehlen?

Hören Sie den Text. Hatten Sie recht?

Spielen Sie dann den Dialog.

ÜBUNG 27

2.29

Grammatik

etwas, was / alles, was

To say *something that* or *everything that* in German, you need the words **etwas + was** and **alles + was**:

Beispiel

Gibt es etwas, was Sie nicht gerne anziehen?   *Is there something that you don't like wearing?*

Ich trage alles, was bequem ist.   *I wear everything that is comfortable.*

Sometimes you can leave out the word *that* in English – *Is there something you don't like wearing?* In German you always have to keep the word **was**.

Note that there is a comma before the word **was**.

Adjective endings

Here is a summary of the adjective endings that you have met in recent Lektionen:

	Masculine	**Feminine**	**Neuter**	**Plural**
Nominative	Das ist ein teur**er** Mantel.	Das ist eine gut**e** Idee.	Ist das ein neu**es** Hemd?	Das sind toll**e** Sachen.
Accusative	Er hat einen teur**en** Mantel.	Ich habe eine gut**e** Idee.	Hast du ein neu**es** Hemd?	Ihr habt toll**e** Sachen.
Dative	... mit einem schwarz**en** Mantel.	... mit einer gelb**en** Bluse.	... mit einem neu**en** Hemd.	... mit schwarz**en** Schuhen.

The dative case

Here is a summary of the three main uses of the dative case:

1 **After certain prepositions**
   a) **in**, **auf**, etc. when the focus is on position or location.
      Wir haben auf **dem** Markt ein interessantes Buch gekauft.
   b) always after **mit**, **von**, **zu**, etc.
      Ich fahre immer mit **dem** Fahrrad **zur** Schule.

2 **To indicate to *whom* something is being given, done, etc.**
   Meinem Freund schenke ich ein Parfüm zum Geburtstag.

   (See also section on *Direct and indirect objects* below.)

3 **After certain verbs**
   Verbs such as **helfen** and **gefallen** are followed by the dative.
   Kann ich **Ihnen** helfen?
   Hat es **dir** gefallen?

Direct and indirect objects

In Lektion 4 you learned that the object of a sentence needs to be in the accusative case:

Beispiel
Frau Marcus hat **einen** Hund.

You now need to distinguish between *direct* and *indirect objects*.

In the sentence:
Frau Marcus schenkt ihrem Sohn einen Hund.

einen Hund is said to be the *direct object* of the verb **schenken** because it is directly associated with the act of giving, and **ihrem Sohn** is said to be the *indirect object* because it indicates to whom the object was given.

Frau Marcus	schenkt	ihrem Sohn	einen Hund.
subject nominative	verb	indirect object – dative	direct object – accusative

The direct object or the indirect object can also come in first place:

Einen Hund schenkt Frau Marcus ihrem Sohn.
Ihrem Sohn schenkt Frau Marcus einen Hund.

The basic meaning of these sentences remains the same: there is merely a change of emphasis. Note that in these examples the verb stays in the same place: as second idea in the sentence.

Personal pronouns in the dative

Here is a summary of the personal pronouns in the dative case:

Singular			Plural		
ich → mir	**Mir** geht's gut.		wir → uns	**Uns** geht's sehr gut.	
du → dir	Wie geht's **dir**?		ihr → euch	Wie geht's **euch**?	
Sie → Ihnen	Hoffentlich geht's **Ihnen** morgen besser.		Sie → Ihnen	Wir wünschen **Ihnen** allen eine gute Reise.	
er → ihm Masc.	Es geht **ihm** heute nicht so gut.				
sie → ihr Fem.	Es geht **ihr** jetzt viel besser.		sie → ihnen	**Ihnen** geht's wirklich sehr gut.	
es → ihm Neut.	**Ihm** (dem Kind) geht's leider nicht so gut.				

Mehr Übungen...

1   Endungen. Ergänzen Sie bitte.

a) *Verkäuferin* Ich arbeite in ein... groß... Kaufhaus in München. Bei d... Arbeit trage ich
ein... schwarz... Rock und ein... weiß.. Bluse. I... Winter trage ich auch ein... schwarz...
Jacke zu mein... schwarz... Rock.

b) *Student* I... Moment arbeite ich bei Burger King und muss ein... hässlich... Uniform
tragen. An d... Uni trage ich aber immer ein... blau.. Levi-Jeans mit ein... modisch...
T-Shirt. Mir gefallen am besten amerikanisch... oder britisch... T-Shirts. Alt... Sachen vo...
Flohmarkt gefallen mir manchmal auch.

2   Wer bekommt was?
*Markus is giving up his student flat to study for a year
in America. Who should he give these things to?*

> **TIPP**
> der → den im Akkusativ; s.
> auch oben im Grammatik-Teil
> (*Direct and indirect objects*).

Beispiel
a) = 7 Den Basketball gibt er sein**em** älter**en** Bruder.

a) der Basketball
b) die Katze
c) das Buch über englische
    Grammatik
d) die Spielekonsole
e) das Poster von Brad Pitt
f) der schöne Hibiskus
g) die Gitarre

1   Seine Freundin Marga mag
    amerikanische Filmstars.
2   Sein jüngerer Bruder mag
    Actionspiele.
3   Sein Freund Jonathan spielt in einer Band.
4   Sein älterer Bruder mag Tiere.
5   Seine Mutter mag Hauspflanzen.
6   Sein guter Freund Jörg mag
    Fremdsprachen.
7   Sein älterer Bruder macht gern Sport.

3   Was passt zusammen?
a) Wie geht es dir?
b) Wie geht es Herrn Strobek?
c) Wie geht es Ihnen, Frau Martine?
d) Wie geht es euch?
e) Wie geht es Paula?
f) Wie geht es Jutta und Bernd?

1   Ihr geht es sehr gut.
2   Ihnen geht es nicht so besonders gut.
3   Vielen Dank für Ihre Frage.
    Mir geht es sehr gut.
4   Ihm geht es ausgezeichnet.
5   Na ja, es geht. Viel Stress.
6   Danke, uns geht es gut.

Now you have completed Lektion 10, can you:

		tick
1	talk about the importance of fashion? *See pages 173–4.*	☐
2	say what clothes you wear for work and for relaxing? *See pages 176–80.*	☐
3	discuss what to give people and why? *See pages 183–5.*	☐
4	ask for and give help and advice? *See pages 185–7.*	☐

Vokabeln

Was haben Sie gelernt?

NOMEN   *Nouns*

der Ausdruck ("e)	*expression*
die Blume (-n)	*flower*
der Druck ("e / -e)	*pressure*
der Enkelsohn ("e)	*grandson*
die Frisur (-en)	*hairstyle*
das Geschenk (-e)	*present*
der Geschmack ("er)	*taste*
der Hairstyle (-s)	*hairstyle*
die Hauseinweihungs-feier (-n)	*house-warming party*
die Hochzeit (-en)	*wedding*
die Kasse (-n)	*cash desk, till*
die Kosmetikerin (-nen)	*beautician, cosmetician*
der Laptop (-s)	*laptop*
der Luftballon (-s)	*balloon*
der Mensch (-en)	*person, human being*
die Mode (-n)	*fashion*
das Schloss ("er)	*castle*
die Spielekonsole (-n)	*games console*
das Tofuwürstchen (-)	*tofu sausage*

ADJEKTIVE   *Adjectives*

aufregend	*exciting*
bequem	*comfortable*
bekannt	*well-known*
hässlich	*ugly*
individuell	*individual(ly)*
kreativ	*creative*
lässig	*casual*
modisch	*fashionable*
sportlich	*casual but smart (here)*
stark	*strong*
süß	*sweet*
süßlich	*on the sweet side*
urban	*here: urban (wear), street fashion*

VERBEN   *Verbs*

an|ziehen	*to put on*
aus|probieren	*to try out*
aus|sehen	*to look, appear*
bedeuten	*to mean*
empfehlen	*to recommend*
feiern	*to celebrate*
fühlen	*to feel*
gefallen	*to be pleasing*
gründen	*to found*
helfen	*to help*
holen	*to fetch*
jobben	*to do casual work*
kennen	*to know sb./sth*
sich kleiden	*to dress (oneself)*
Lust haben	*to want*
produzieren	*to produce*
schenken	*to give (as a present)*
sammeln	*to collect*
tragen	*to wear*

FARBEN   *Colours*

blau	*blue*
bunt	*colourful*
gelb	*yellow*
grau	*grey*
grün	*green*
rot	*red*
schwarz	*black*
weiß	*white*

KLEIDUNG   *Clothing*

der Anzug ("e)	*suit*
die Bluse (-n)	*blouse*
der Gürtel (-)	*belt*
das Hemd (-en)	*shirt*
die Hose (-n)	*pair of trousers*
die Jacke (-n)	*jacket*
die Krawatte (-n)	*tie*
der Mantel (")	*coat*
die Mütze (-n)	*cap*
der Pullover (-), Pulli (-s)	*pullover*
der Rock ("e)	*skirt*
der Schuh (-e)	*shoe*
der Strumpf ("e)	*stocking*
die Strumpfhose (-n)	*tights*
das T-Shirt (-s)	*T-shirt*
der Turnschuh (-e)	*trainer*

MODE   *Fashion*

der Gründer (-) / die Gründerin (-nen)	*founder*
der Modedesigner (-) / die Modedesignerin (-nen)	*fashion designer*
die Modemarke (-n)	*fashion label*
die Modenschau (-en)	*fashion show*
das Modezentrum (-zentren)	*fashion centre*
der Sportartikel (-)	*item of sports equipment*
die Markenkleidung (-en)	*brands, branded clothing*

Urlaub, Wetter und Gesundheit

A| Urlaub

ÜBUNG
1

2.30

- Talking about past holidays
- Reporting weather conditions
- Discussing health
- Reporting on aches and pains

■ *Prepositions and places*
■ *Modal verbs*
■ **Wenn** *clauses*

Wo waren Sie dieses Jahr im Urlaub?

Vier Leute erzählen, wo sie im Urlaub waren und was sie gemacht haben. Wer sagt was? Hören Sie zu und kreuzen Sie bitte an.

	Herr Schmidt	Frau Bosch	Frau Wagner	Peter Kemper
war in den Bergen				
war auf Mallorca	X			
hatte kein Geld				
ist an die Ostsee gefahren				
hat einen Job gesucht				X
hatte schlechtes Wetter				
ist Ski gelaufen				
hat deutsches Bier getrunken				
möchte nächstes Jahr in die Schweiz fahren		X		
möchte New York besuchen				
möchte wiederkommen				
möchte in den Süden fliegen				

V O K A B E L N

liegen	*to lie (in the sun, etc.)*
wieder|kommen	*to come again, come back*
der Berg (-e)	*mountain*
die Ostsee	*the Baltic (Sea)*
der Regen	*rain*
beenden	*to finish*
der Traum (¨e)	*dream*

ÜBUNG
2

Hatten Sie recht? Lesen Sie die Texte.

Herr Schmidt

Meine Frau und ich sind auf Mallorca gewesen, ein richtiger Strandurlaub. Wir haben tagsüber lange in der Sonne gelegen und sind ein bisschen geschwommen. Abends haben wir gut gegessen und sind manchmal in die Hotelbar gegangen. Man konnte auch richtiges deutsches Bier kaufen. Wie zu Hause. Das hat mir gut gefallen. Nächstes Jahr möchte ich wiederkommen.

Frau Bosch

Im Winter mache ich jedes Jahr einen Skiurlaub und fahre in die Berge. Dieses Jahr war ich in Kitzbühl, in Österreich, fantastisch. Der Schnee war gut, die Pisten ausgezeichnet. Ich bin jeden Tag mehrere Stunden Ski gelaufen. Nach dem Urlaub habe ich mich total fit gefühlt. Nächstes Jahr will ich vielleicht mal in die Schweiz fahren.

Herr und Frau Wagner

Dieses Jahr sind wir an die Ostsee gefahren, nach Travemünde. Das Wetter war eine Katastrophe. Wir hatten meistens Regen. Außerdem war es sehr kalt. Und teuer war es auch. Nein, nie wieder an die Ostsee. Nächstes Jahr fliegen wir lieber in den Süden, nach Spanien oder Griechenland.

Nein, dieses Jahr habe ich keinen Urlaub gemacht. Ich habe gerade mein Studium beendet und suche jetzt einen Job. Das ist nicht einfach im Moment. Ich hoffe, nächstes Jahr habe ich mehr Geld. Dann würde ich gern nach New York fliegen. Das ist mein Traum. Ich liebe große Städte. Am liebsten mache ich Städtereisen. Vor zwei Jahren bin ich nach Mexiko-City geflogen.

Peter Kemper

Richtig oder falsch? Wie heißt es richtig?

	Richtig	Falsch
a) Herr Schmidt ist manchmal in die Hotelbar gegangen.	❏	❏
b) Er hat viel spanisches Bier getrunken.	❏	❏
c) Frau Bosch hat einen Skiurlaub in der Schweiz gemacht.	❏	❏
d) Sie hatte guten Schnee.	❏	❏
e) Das Wetter in Travemünde war ausgezeichnet.	❏	❏
f) Peter Kemper ist nach New York geflogen.	❏	❏

Prepositions and places

Städte		Ich fahre **nach** Berlin.	Ich bin **in** Berlin.
Länder		Sie fährt **nach** Frankreich. Aber: Sie fährt **in** die Schweiz / **in** die Türkei. Sie fährt **in** die USA.	Sie ist **in** Frankreich. Aber: Sie ist **in** der Schweiz / **in** der Türkei. Sie ist **in** den USA.
Land		Sie sind **aufs** Land gefahren.	Sie waren **auf** dem Land.
Insel		Sie sind **nach** Mallorca geflogen.	Sie waren **auf** Mallorca.
Meere		Er fährt **ans** Meer / **an** die Ostsee / **an** den Atlantik.	Er war **am** Meer / **an** der Ostsee / **am** Atlantik.
Berge	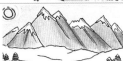	Sie fahren **in** die Berge. Sie steigen **auf** den Berg.	Sie sind **in** den Bergen. Sie sind **auf** dem Berg.

ÜBUNG
3

Verben + „Bewegung"

Was passt am besten?

Beispiel
in der Nordsee → schwimmen

a) mit dem Flugzeug   fahren
b) auf den Berg   gehen
c) zu Fuß   fliegen
d) mit dem Auto   steigen
e) im Meer   laufen
f) Ski   schwimmen

> **TIPP**
> All the verbs in Übung 3 have something in common: they all indicate movement or motion. When used in the past (the perfect tense) they all require **sein** instead of **haben**. Furthermore they are all irregular.
> **Mehr Informationen? Siehe Lektion 8.**

Wie heißt es im Perfekt?

Üben Sie bitte.

Beispiel
Familie Grothe **ist** mit dem Auto nach Frankreich **gefahren**.

a) Er _____ zu Fuß nach Hause _____.
b) Petra und Ulrike _____ jeden Tag vier Stunden im
   Meer _____.
c) Frau Lorenzo _____ fast jeden Tag Ski _____.
d) Seppl Dreier _____ auf den Mount Everest _____.
e) Diesmal _____ ich mit der Lufthansa nach London _____.
f) Annette _____ viel mit dem Fahrrad _____.

Was haben Sie in Ihrem letzten Urlaub gemacht?

2.31

Partner B → Seite 240.

Partner A:
Sie treffen eine alte Freundin/einen alten
Freund (Partner B). Partner B fragt Sie, was
Sie im Urlaub gemacht haben. Hier ist Ihre
Geschichte.

Sie waren in Kairo. Sie sind drei Wochen
geblieben. Sie haben in einem 4-Sterne-Hotel
gewohnt. Das Wetter war sehr gut. Sie
haben die Pyramiden besucht. Sie sind im Nil
geschwommen. Dann haben Sie mit einem
Krokodil gekämpft. Ein Fernsehteam hat Sie
gefilmt. Sie haben Interviews gegeben. Sie waren
ein großer Star. Sie können einen Film in
Hollywood machen: Sie spielen im neuen
Tarzan-Film.

Tauschen Sie nun die Rollen:

Fragen Sie nun Partner B:

- Wo waren Sie / warst du im Urlaub?
- Wie lange waren Sie / warst du dort?
- Wo haben Sie / hast du gewohnt?
- Ist etwas Besonderes passiert?
- Hat Ihnen / dir der Urlaub gefallen?
- Wo möchten Sie / möchtest du das nächste Mal Urlaub machen?

VOKABELN

kämpfen   to struggle, fight

Trend: Kurztrip statt Strandurlaub

Lesen Sie bitte den Text und beantworten Sie dann die
Fragen. Sie brauchen nicht alles zu verstehen.

Von je 100 Befragten, die in den letzten Jahren
eine 2- bis 4tägige Städtereise unternommen
haben, wählten
als Reiseziel:

Paris	19
Berlin	17
München	12
Wien	10
Hamburg	10
London	10
Prag	8
Rom	6
Dresden	6
Amsterdam	5
Venedig	4
Köln	3
Budapest	2
Florenz	2
Kopenhagen	2
Istanbul	2

Lieber häufiger im Jahr für einige Tage wegfahren, als im Urlaub 3 Wochen lang an einem Ferienort bleiben. 22 Millionen Deutsche finden Kurztrips (vor allem Städtereisen mit dem Bus) spannender als eine große Reise. Das Ergebnis einer „Gesamtdeutschen Tourismus-Analyse" zeigt auch: Absoluter Renner bei den Zielen für Wochenend-Trips ist immer noch Paris. Dann folgen Berlin, München, Wien und Hamburg (siehe Grafik li.).

Richtig oder falsch?

	Richtig	Falsch
a) Immer mehr Deutsche machen kurze Urlaube.	❏	❏
b) 22 Millionen finden lange Urlaube besser.	❏	❏
c) Die meisten Kurztrips sind mit dem Bus.	❏	❏
d) Die meisten Städtereisenden fahren nach Paris.	❏	❏
e) Es fahren mehr Leute nach Amsterdam als nach London.	❏	❏

Und Sie? Arbeiten Sie mit Ihrer Partnerin/Ihrem
Partner oder sprechen Sie in der Klasse.

Unternehmen Sie lieber Kurztrips oder längere
Reisen? Fahren Sie lieber ans Meer, in die Berge
oder woanders hin? Fahren Sie meistens mit dem
Auto, mit der Bahn oder fliegen Sie? Haben Sie schon
einmal eine Städtereise gemacht? Wenn ja, wohin?
Was haben Sie gemacht? Erzählen Sie.

V O K A B E L N

unternehmen	here: to do something
häufig	often, frequently
der Ferienort (-e)	holiday location, resort
das Ergebnis (-se)	result
der Renner (-)	winner, big hit

B | Das Wetter

Die vier Jahreszeiten

Lesen und Lernen

| **Der Frühling** | **Der Sommer** | **Der Herbst** | **Der Winter** |

Lesen und Lernen

Die Sonne
Die Sonne scheint. Gestern
hat die Sonne geschienen.

Der Regen
Es regnet.
Letzten Herbst hat es viel
geregnet.

Der Schnee
Es schneit.
Im Winter hat es viel
geschneit.

  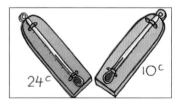

Der Wind
Es ist windig.
Im Herbst war es windig.

Der Nebel
Es ist neblig.
In London war es früher
sehr neblig.

Die Temperatur
Die Temperatur beträgt
24 Grad.
Die Temperatur hat 10 Grad
betragen.

ÜBUNG
9

2.32

Was für Wetter hatten Sie im Urlaub?

Sie hören drei Interviews. Wo waren die Leute im Urlaub?
In welcher Jahreszeit waren sie dort? Wie hoch waren die
Temperaturen? Wie war das Wetter: Hat es geregnet? Hat
die Sonne geschienen? Hat es geschneit?

	wo sie waren	*Jahreszeit*	*Temperaturen*	*Wetter*
Bärbel Specht				
Jutta Weiss				
Gerd Krönke				

Was können Sie noch über die Personen sagen?
Was haben sie noch gemacht?

ÜBUNG
10

Das Wetter in Europa

*Look at the weather map and answer the questions on the
next page.*

Nützliche Ausdrücke

Es ist heiter, wolkig,
bedeckt, usw.
Es gibt Schauer,
Gewitter, Schnee, Regen,
Nebel, usw.

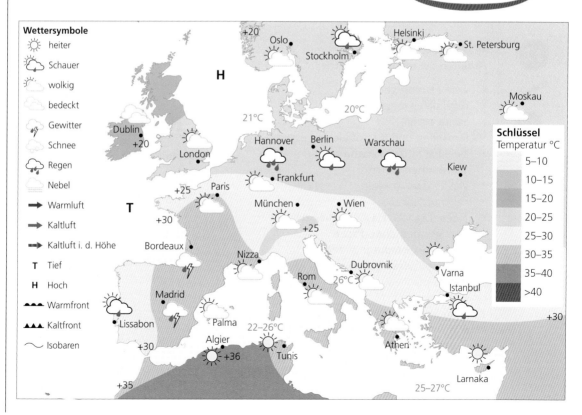

Wettersymbole

☼ heiter
⛅ Schauer
⛅ wolkig
☁ bedeckt
⛈ Gewitter
🌨 Schnee
🌧 Regen
🌫 Nebel
➡ Warmluft
➡ Kaltluft
➡ Kaltluft i. d. Höhe
T Tief
H Hoch
▲▲▲ Warmfront
▲▲▲ Kaltfront
〜 Isobaren

Schlüssel
Temperatur °C
5–10
10–15
15–20
20–25
25–30
30–35
35–40
>40

Sehen Sie sich die Wetterkarte an und
beantworten Sie die Fragen:

a) Wo ist es wärmer: in London oder in München?
b) Wie hoch sind die Temperaturen in Dublin?
c) Regnet es in Berlin?
d) Regnet es in Wien?
e) Wo gibt es in Europa Gewitter?
f) Wie ist das Wetter in Algier?

ÜBUNG

11

2.33

Der Wetterbericht im Radio

Welche Antwort stimmt?

a) Nachts sind es 8 bis 0 Grad / 8 bis 10 Grad.
b) Tagsüber sind es im Südosten 21 / 22 / 23 Grad.
c) Montag gibt es im Norden und im Osten Wolken und
   Regen / Wolken, aber keinen Regen.
d) Dienstag gibt es in ganz Deutschland Sonne / Regen.
e) Am Mittwoch ist es schlechter / besser.

V O K A B E L N

übrig	*remaining*
das Gebiet (-e)	*area, region*
die Aussicht (-en)	*prospect, outlook*

C | Leben Sie eigentlich gesund?

ÜBUNG

12

Was glauben Sie: Was ist gesund? Was ist ungesund?
Arbeiten Sie mit einem Partner. Ordnen Sie zu.

- viele Hamburger essen
- regelmäßig joggen
- Salate essen
- fernsehen und Kartoffelchips essen
- zweimal in der Woche
  schwimmen gehen
- viel Wasser trinken
- Fahrrad fahren
- jeden Tag vier Flaschen Bier trinken
- fünf Stunden ohne Pause
  vor dem Computer sitzen
- lange spazieren gehen
- Pilates machen

Können Sie mehr Beispiele finden?
Was ist noch gesund und ungesund?

Beispiel

gesund	ungesund
regelmäßig joggen	viele Hamburger essen

„Wenn"-Sätze

Benutzen Sie die Beispiele aus Übung 12.
Machen Sie Sätze mit „wenn".

Beispiele
Ich denke es ist gesund, wenn man
regelmäßig joggt.
Ich finde es ist ungesund, wenn man viele
Hamburger isst.

Schreiben Sie mehr Beispiele.

wenn

Wenn *can mean* if *or* when. *It sends the verb to the end of that part of the sentence which begins with* **wenn**:

Ich denke es ist gesund, **wenn** man jeden Tag **joggt**.

Note the comma in front of **wenn**.

Wenn *can also come at the beginning of a sentence. Look what happens to the verbs when this occurs:*

Wenn das Wetter schlecht **ist**, **fahre** ich mit dem Bus zur Arbeit.

In this case the two verbs need to be separated with a comma.

Was denken Sie? Sprechen Sie mit Ihrer
Partnerin/Ihrem Partner oder in der Klasse.

a) Ist es gut, wenn man manchmal einen
   Schnaps trinkt?
b) Ist es schlecht, wenn man zu viel
   fernsieht?
c) Ist es gesund, wenn man jeden Tag eine
   Stunde ins Fitnesscenter geht?
d) Ist es gesund, wenn man Yoga macht?
e) Ist man altmodisch, wenn man kein
   Instagram-Profil hat?

Lesen und Lernen

2.34–2.37

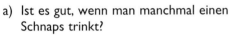

TUN SIE GENUG FÜR IHRE GESUNDHEIT?

Ich treibe viel Sport, spiele
Fußball, Handball, ein bisschen
Tennis. Ich rauche nicht, trinke
sehr wenig Alkohol. Außerdem
esse ich gesund, viel Salat und
Obst. Ja, ich denke ich tue genug.
Ich fühle mich sehr fit und bin nur
selten krank. Nächstes Jahr will
ich vielleicht einen Fitnessurlaub
machen.

LYDIA SCHMIDT-JOYNER

VOKABELN

krank	ill, sick
das Gewicht (-e)	weight
das Fett (-e)	fat
der Rücken (-)	back
das Tauchen	diving

MICHAEL WARNKE

Ich habe im Moment Rückenprobleme und soll viel schwimmen gehen. Meistens schwimme ich vier- bis fünfmal pro Woche. Früher habe ich oft Volleyball gespielt. Meine Ärztin hat mir gesagt, ich darf nicht mehr Volleyball spielen. Ich darf leider auch nicht mehr Ski fahren. Ich hoffe, es geht mir bald wieder besser, denn ich treibe sehr gerne Sport und will wieder aktiver leben.

EGBERT SCHMIDT-TIZIAN

Ich habe Probleme mit dem Herzen und meinem Gewicht. Der Arzt sagt, ich darf nicht mehr rauchen und soll auch weniger Fett essen. Außerdem soll ich auch mehr Sport treiben, denn ich sitze den ganzen Tag am Computer. Im Moment jogge ich abends, aber am Wochenende will ich auch mehr mit dem Rad fahren.

MARIANNE FEUERMANN

Meine Frau ist eine Sport-Fanatikerin. Im Sommer Windsurfen und Tauchen im Roten Meer, im Winter Ski fahren in den Alpen und ich muss immer mit. Mein Arzt hat schon gesagt, ich soll nicht mehr so viel Sport machen, denn das ist nicht gut für mich. Ich glaube, ich tue zu viel im Moment. Ich will mehr relaxen. Ich brauche mehr Freizeit.

Modal verbs

In Lektion 6 you met the modal verbs **können** *and* **müssen**. *Here are some more verbs of this kind:*

wollen *(to want to, to plan to)*
Wir wollen nächstes Jahr in die Schweiz fahren.
We plan to go to Switzerland next year.

dürfen *(to be allowed to)*
Darf ich noch Volleyball spielen?
Am I still allowed to play volleyball?
Ich darf nicht mehr rauchen.
I'm not allowed to smoke any more.

sollen *(should, to be supposed to)*
Mein Arzt sagt, ich soll weniger Fett essen.
My doctor says I should eat less fat.

Like **können** *and* **müssen**, *these new modal verbs are quite irregular. To check the right forms, look at the Grammar section, page 210.*

ÜBUNG
16

Lesen Sie den Text noch einmal. Finden Sie die Antworten.

	Was tun sie im Moment?	Was dürfen sie nicht tun?	Was sollen sie tun?	Was wollen sie tun?
Lydia		–	–	will vielleicht einen Fitnessurlaub machen
Michael		darf nicht mehr rauchen		
Marianne	geht vier- bis fünfmal schwimmen			
Egbert		–	soll nicht mehr so viel Sport machen	

ÜBUNG
17

Verbinden Sie.

Lydia Schmidt-Joyner Michael Warnke Marianne Feuermann Egbert Schmidt-Tizian	darf nicht mehr Ski fahren. will mehr Freizeit haben. fühlt sich sehr fit. soll mehr Sport treiben. darf nicht mehr rauchen. soll weniger Sport treiben.

ÜBUNG
18

Sollen, wollen, dürfen: Was passt am besten?

a) Herr Kaspar ist zu dick. Die Ärztin sagt, er _____ weniger essen.

b) Frau Apke liebt Italien. Sie _____ nächstes Jahr nach Neapel fahren.

c) Hakan ist morgens immer müde. Seine Mutter sagt, er _____ früher ins Bett gehen.

d) Beate Sabowski hat Herzprobleme. Der Arzt sagt, sie _____ nicht mehr rauchen.

e) Kinder unter 16 Jahren _____ den Film nicht sehen.

f) Man _____ nicht zu viel Kaffee trinken.

g) Im Sommer fahre ich nach Argentinien. Vorher _____ ich ein wenig Spanisch lernen.

D | Wehwehchen

Aches and pains

Lesen und Lernen. Körperteile:

der Kopf

die Nase

die Zähne

der Mund

das Auge

das Gesicht

die Haare

die Lippen

die Zunge

das Ohr

der Hals

die Brust

der Bauch

der Busen

der Arm

die Hand

der Rucken

der Finger

das Bein

das Knie

der Fuß

die Zehe

die Ferse

ÜBUNG
20

Was tut hier weh?

Welche Sätze passen zu welchem Bild?
Ordnen Sie bitte zu:

1 Die Augen tun weh. Sie hat zehn Stunden am
    Computer gearbeitet.
2 Sein Rücken tut weh. Er hat im Garten gearbeitet.
3 Der Hals tut weh. Er ist dick.
4 Sie hat eine Grippe: Kopfschmerzen und Fieber.
5 Der Zahn tut weh. Er muss zum Zahnarzt.
6 Ihm tut nichts weh. Er ist topfit.
7 Ihr Arm tut weh. Sie hat zu viel Tennis gespielt.
8 Ihr Kopf tut weh. Sie hat zu viel Wein getrunken.
    Sie hat einen Kater.

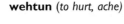

wehtun (to hurt, ache)

Beispiele
Mein Kopf tut weh.   *My head hurts / aches.*
Meine Augen tun weh.   *My eyes are aching / hurt.*

To say her arm, his back, *etc. in German you can simply use* **ihr
Arm**, **sein Rücken** *etc.*

Ihr Arm tut weh.   *Her arm hurts.*
Sein Rücken tut weh.   *My head aches.*

ÜBUNG
21

2.38

Beim Arzt

Herr Philipp ist bei seiner Ärztin. Hören Sie zu.

Richtig oder falsch?

NÜTZLICHE AUSDRÜCKE

Wie kann man es anders sagen?

Mein Zahn tut weh.	Ich habe Zahnschmerzen.
Sein Rücken tut weh.	Er hat Rückenschmerzen.
Ihr Hals tut weh.	Sie hat Halsschmerzen.
Meine Ohren tun weh.	Ich habe Ohrenschmerzen.

	Richtig	Falsch
a) Herr Philipp hat Rückenschmerzen.	❏	❏
b) Die Schmerzen hat er schon seit sechs Wochen.	❏	❏
c) Er arbeitet viel am Computer.	❏	❏
d) Die Ärztin verschreibt ihm zehn Massagen.	❏	❏
e) Herr Philipp darf nicht mehr schwimmen.	❏	❏
f) Die Ärztin sagt, es ist sehr gefährlich.	❏	❏

ÜBUNG
22

Hatten Sie recht?

Lesen Sie bitte den Dialog.

Dr. Scior	Guten Tag, Herr Philipp, was kann ich für Sie tun? Was fehlt Ihnen?
Herr Philipp	Doktor Scior, ich habe ziemlich starke Rückenschmerzen.
Dr. Scior	Oh, das tut mir leid. Wie lange haben Sie die Schmerzen denn schon?
Herr Philipp	Fast vier Wochen, aber es wird immer schlimmer.
Dr. Scior	Arbeiten Sie denn viel am Schreibtisch?
Herr Philipp	Ja, ich arbeite in einem Callcenter und sitze acht Stunden oder länger vor dem Computer. Dazu kommt dann noch der Stress.
Dr. Scior	Kann ich bitte einmal sehen ... Also, der Rücken ist sehr verspannt. Treiben Sie denn Sport?
Herr Philipp	Nicht sehr viel. Im Moment spiele ich nur ein bisschen Volleyball im Verein.

Dr. Scior	Also Herr Philipp, ich glaube, es ist nichts Schlimmes. Ich verschreibe Ihnen zehn Massagen und auch etwas gegen die Schmerzen. Und Sie dürfen in den nächsten Wochen kein Volleyball spielen, gehen Sie lieber zum Schwimmen. Ich empfehle Ihnen auch, Rückentraining oder Yoga zu machen.
Herr Philipp	Kann ich denn sonst noch etwas tun?
Dr. Scior	Ja, Sie müssen bei der Arbeit bequem sitzen und der Schreibtisch muss die richtige Höhe haben. Das ist sehr wichtig.
Herr Philipp	Gut, vielen Dank.
Dr. Scior	Gern geschehen. Und gute Besserung, Herr Philipp.

VOKABELN

Was fehlt Ihnen?	*What's the matter with you?*
verspannt	*seized up, in spasm*
verschreiben	*to prescribe*
die Höhe (-n)	*height*
Gern geschehen	*You're welcome*
Gute Besserung!	*Get well quickly!*

Deutschland-Info

KRANKENVERSICHERUNG
Health insurance

In Britain you go to a general practitioner (GP) first for almost any complaint and then you get referred to a specialist if necessary. In Germany you tend to choose a doctor appropriate to a given condition. You simply take along a **Krankenversichertenkarte** and get the doctor to sign a form. This is then sent to your **Krankenkasse**, or health insurance fund, who makes a payment on your behalf.

The **Allgemeine Ortskrankenkassen** (AOK) provide statutory health care for large numbers of people who are not insured privately or with their firm's insurance scheme.

To deal with an ageing population and long-term care, Germany introduced a compulsory **Pflegeversicherung** scheme in 1995. It is designed to help with the financial costs of home and residential care.

https://niedersachsen.aok.de

Source: AOK-Mediendienst

NÜTZLICHE AUSDRÜCKE

Ich habe ...	Magenschmerzen, Kopfschmerzen, usw.
Ich habe die Schmerzen ...	seit zwei Tagen, seit einer Woche, seit einem Monat, usw.
Kann ich / Darf ich ...	zur Arbeit gehen, aus dem Haus gehen, usw.?
Muss ich ...	im Bett bleiben, ins Krankenhaus?, usw.
Wie oft muss ich ...	die Tabletten / die Tropfen nehmen?
Was kann ich / darf ich / darf ich nicht / soll ich ...	essen, trinken, machen?, usw.

Verschiedene Ärzte

Dr. med. Wolfgang Hamann
Frauenarzt

Sprechstunden: Mo, Mi, Do   8.30 – 13.00 Uhr
Di, Fr   8.30 – 14.30 Uhr
Mo, Do   15.00 – 19.00 Uhr

Dr. med. Ekkehard Rieger
Augenarzt

Sprechstunden: Mo. Di. Do. Fr.:   8 – 11 Uhr
Di. Do. Fr.: 15 – 17 Uhr
nach Vereinbarung

Dr. med. Jürgen Möller
Kinderarzt
Kinder- und Jugendpsychiatrie

Dr. med. H. Stümpel
Fachärztin
für Allgemeinmedizin

Sprechzeiten: Mo – Fr   8 – 12 Uhr
Di. Do. Fr 16 – 18 Uhr

2. OG

Dr. med. D. Johann
Arzt für Orthopädie

Sprechstunden: Mo. – Fr.   8¹⁵ – 12⁰⁰
Mo. Di. Do. 15⁰⁰ – 17³⁰

Tel. 0511/864822

HANNA
SCHIEBENHÖFER
Zahnärztin

Sprechzeiten:
Mo – Fr   9 – 12 Uhr
Mo, Di, Do   16 – 18 Uhr
und nach Vereinbarung
Tel. 86 41 11

Ergänzen Sie bitte:

Beispiel
Wenn man Zahnschmerzen hat, geht man **zur Zahnärztin**
(oder **zum Zahnarzt**).

a) Mit den Kindern geht man zum _____ .

b) Wenn man Probleme mit dam Rücken hat, geht man zum
_____ .

c) Wenn man Probleme mit den Augen hat, geht man zum
_____ .

d) Wenn eine Frau ein Baby bekommt, geht sie zum
_____ .

e) Wenn man zum Beispiel eine Grippe oder Fieber hat, geht
man zur _____ .

TIPP
Man sagt:
zum Arzt
aber
zur Ärztin

Spielen Sie die Rolle der Patientin/des Patienten.

You might want to write out the answers first.

Dr. Amm	Guten Tag. Wie kann ich Ihnen helfen? Was fehlt Ihnen?
Patient/in	*(Say that you've got throat pains.)*
Dr. Amm	Oh, das tut mir leid. Wie lange haben Sie die Schmerzen denn schon?
Patient/in	*(Tell him for about three days and that it's getting worse.)*
Dr. Amm	Was sind Sie von Beruf, wenn ich fragen darf?
Patient/in	*(Say that you're a teacher.)*
Dr. Amm	Ach so! Lehrer haben oft Probleme mit dem Hals. In der Klasse müssen sie oft zu viel sprechen, das ist nicht gut für den Hals.
Patient/in	*(Say yes, but what should you do?)*
Dr. Amm	Also, ich verschreibe Ihnen Tabletten. Essen Sie auch viel Eis und trinken Sie viel Wasser. Fahren Sie bald in Urlaub?
Patient/in	*(Say yes, next week you're flying to Spain.)*
Dr. Amm	Gut, dann müssen Sie versuchen, ein bisschen zu relaxen. Und Sie dürfen nicht zu viel sprechen!
Patient/in	*(Say, all right and thanks very much.)*
Dr. Amm	Gern geschehen. Und gute Besserung.

TIPPS ZUR AUSSPRACHE

2.39

At the end of a word or syllable the letter **b** in German is pronounced more like an English *p*:

gib	hab	Urlaub	halb	abholen	Obst

When the **b** is no longer at the end of the word or syllable it is pronounced as an English *b*:

geben	haben	Urlaube	halbe

 How would you pronounce these words: ob, Ober, Herbst, schreibt, schreiben?

Grammatik

Modal verbs

You have now met all the main modal verbs. Here is a grid showing their present tense forms.

	dürfen	**können**	**müssen**	**sollen**	**wollen**
ich	darf	kann	muss	soll	will
du	darfst	kannst	musst	sollst	willst
Sie	dürfen	können	müssen	sollen	wollen
er/sie/es	darf	kann	muss	soll	will
wir	dürfen	können	müssen	sollen	wollen
ihr	dürft	könnt	müsst	sollt	wollt
Sie	dürfen	können	müssen	sollen	wollen
sie	dürfen	können	müssen	sollen	wollen

Note that the **ich**-form does not end in -e like normal verbs (**ich komme, ich spiele**, etc.). And the **er/sie/es** form does not end in -t (**er kommt, sie spielt**, etc.).

Modal verbs are occasionally used on their own:

Ich kann sehr gut Englisch.   *I can (speak) English very well.*
Wir wollen morgen nach München.   *We want (to go) to Munich tomorrow.*

But they usually need a second verb and this is sent to the end of the sentence or clause. Note that the second verb is usually in the infinitive form.

Hier	darf	man leider nicht	parken.
Jetzt	müssen	wir nach Hause	gehen.
Wir	wollen	morgen nach Berlin	fliegen.
	modal verb		*second verb (infinitive)*

Wenn

As you saw earlier in this **Lektion**, **wenn** can mean *if* or *when* and it sends the verb to the end of the **wenn** clause:

Mir gefällt es,   **wenn** die Sonne *scheint*.
                  wenn es im Winter *schneit*.
                  wenn es im Herbst windig *ist*.

Wenn es morgen nachmittag *regnet*,
Wenn ich nicht zu viel Arbeit *habe*,   gehe ich ins Kino.
Wenn meine Freundin mitkommen *kann*,

The **wenn** clause needs a comma either at the beginning or at the end, as in the examples above.

Mehr Übungen ...

1   Welche Präpositionen fehlen?

> Liebe Jana,
>
> wie geht's? Dieses Jahr sind wir nicht _____ Indien geflogen
> oder _____ die Berge gefahren. Nein, wir haben Urlaub
> _____ der Ostsee gemacht, _____ der Insel Rügen.
> Das Wetter war gut, wir sind viel _____ der Ostsee
> geschwommen. Außerdem haben wir einen
> Ausflug _____ Berlin gemacht. Dort war es natürlich auch
> sehr interessant. So viel hat sich verändert. Wir sind _____
> Jüdische Museum gegangen und waren auch _____
> Reichstag.
>
> Wie ist deine neue Wohnung?
> Ich hoffe, es geht dir gut.
>
> Bis bald und grüß alle!
>
> Deine Martina

2   Was haben Sie in Ihrem letzten Urlaub gemacht? Schreiben Sie eine E-Mail oder posten Sie
einen Text für Ihr soziales Netzwerk.

Schreiben Sie bitte, wo Sie gewesen sind, wie lange Sie dort waren, wie das Wetter war,
was Sie gemacht haben, usw.

3   Welches Wort passt nicht?

Beispiel
Herbst, Regen, Winter, Sommer: <u>Regen</u>

a) Strandurlaub, Städtereise, Hotelbar, Skiurlaub
b) Wind, Jahreszeit, Nebel, Regen
c) Fitnesscenter, Handball, Fußball, Pilates
d) Nase, Ohren, Auge, Arm
e) Fuß, Bauch, Ferse, Knie
f) Kopfschmerzen, Fieber, Rückenschmerzen, Kater
g) Tablette, Augenarzt, Arzt für Orthopädie, Zahnärztin

4 **Dürfen** oder **können**? Bitte ergänzen Sie.

Beispiel
Hier _____ man Luft und Wasser für das Auto
bekommen.
Hier **kann** man Luft und Wasser für das Auto
bekommen.

a) In diesem Geschäft _____ man Bücher,
   Postkarten und Kalender kaufen.
b) Hier _____ man Kaffee, Tee und Wein kaufen.
c) In dieser Straße _____ man nur langsam fahren.
d) In dieser Stadt _____ man sonntags um 10 Uhr in die
   Kirche gehen.
e) Werktags zwischen 7 und 19 Uhr _____ man hier bis
   zu 60 Minuten parken.
f) Vor dieser Tür _____ man nicht parken.

Now you have completed Lektion 11, can you:

tick

1 say where you went, what you did, etc. on holiday? ❑
   See pages 193–7.

2 talk about weather conditions? ❑
   See pages 198–200.

3 say what you consider to be healthy and unhealthy? ❑
   See pages 200–203.

4 say what aches and pains you have? ❑
   See pages 204–9.

Vokabeln

Was haben Sie gelernt?

URLAUB	*Holiday*
der Berg (-e)	*mountain*
der Ferienort (-e)	*holiday location, resort*
die Insel (-n)	*island*
das Meer (-e)	*sea*
die Ostsee	*the Baltic*
das Tauchen (no pl.)	*diving*
der Traum (¨e)	*dream*
liegen	*to lie (in the sun, etc.)*
Ski laufen / fahren	*to ski*
wieder|kommen	*to come again, come back*

JAHRESZEITEN	*Seasons*
der Frühling	*spring*
der Herbst	*autumn*
der Sommer	*summer*
der Winter	*winter*

WETTER	*Weather*
die Aussicht (-en)	*prospect, outlook*
das Gebiet (-e)	*area, region*
das Gewitter (-)	*thunderstorm*
der Nebel (-)	*fog*
der Regen (-)	*rain*
der Schnee (no pl.)	*snow*
die Sonne (-n)	*sun*
die Temperatur (-en)	*temperature*
der Wetterbericht (-e)	*weather report*
die Wettervorhersage (-n)	*weather forecast*
der Wind (-e)	*wind*
bedeckt	*overcast*
gewittrig	*thundery*
heiter	*bright, fine*
neblig	*foggy*
sonnig	*sunny*
windig	*windy*
wolkig	*cloudy*
regnen	*to rain*
scheinen	*to shine*
schneien	*to snow*

KÖRPERTEILE	*Parts of the body*
der Arm (-e)	*arm*
das Auge (-n)	*eye*
der Bauch (¨e)	*stomach, belly*
das Bein (-e)	*leg*
die Brust (¨e)	*chest, breast*
der Busen (-)	*bosom, breast, bust*
die Ferse (-n)	*heel*
der Finger (-)	*finger*
der Fuß (¨e)	*foot*

das Gesicht (-er)	*face*
das Haar (-e)	*hair*
der Hals (¨e)	*neck, throat*
die Hand (¨e)	*hand*
das Herz (-en)	*heart*
das Knie (-)	*knee*
der Kopf (¨e)	*head*
die Lippe (-n)	*lip*
der Mund (¨er)	*mouth*
die Nase (-n)	*nose*
das Ohr (-en)	*ear*
der Rücken (-)	*back*
der Zahn (¨e)	*tooth*
der Zeh (-en)	*toe*
die Zunge (-n)	*tongue*

GESUNDHEIT	*Health*
der Augenarzt/ die Augenärztin	*eye specialist*
der Frauenarzt/ die Frauenärztin	*gynaecologist*
der Kinderarzt/die Kinderärztin	*paediatrician*
der Zahnarzt/ die Zahnärztin	*dentist*
der Alkohol (-e)	*alcohol*
das Fett (-e)	*fat*
das Gewicht (-e)	*weight*
die Grippe (-n)	*flu*
die Höhe (-n)	*height*
die Krankenkasse (-n)	*health insurance fund*
die Krankenversicherung (-en)	*health insurance*
der Schmerz (-en)	*pain*
die Tablette (-n)	*tablet*
der Tropfen (-)	*drop*
Gute Besserung!	*Get well soon!*
gefährlich	*dangerous*
krank	*ill, sick*
verspannt	*seized up, in spasm*
fehlen (+ Dat.)	*here: to be the matter*
Was fehlt dir?	*What's the matter with you?*
rauchen	*to smoke*
verschreiben	*to prescribe*
weh|tun	*to hurt, ache*

MEHR VERBEN	*More verbs*
beenden	*to finish*
betragen	*to be, amount to*
kämpfen	*to struggle, fight*
(etwas) unternehmen	*here: to do (something)*

Das Leben in Deutschland

A| Telefonieren

- Telephoning
- Writing a CV
- Talking about German-speaking countries
- Expressing opinions on the German language
- Weak nouns
- Numbers (revision)
- **Dass** clauses

Am Telefon

Lesen und Lernen

Was kann man sagen?

a) Sie sprechen direkt mit der Person:

V O K A B E L N

| Bist du es? | Is that you? |
| verbinden | to connect, put through |

Hallo, Bernd, bist du es?

Na klar, bin ich's.

Guten Tag, Herr Preiß. Hier spricht Frau Weber.

Ah, Frau Weber. Wie geht es Ihnen?

Spreche ich mit Frau Schmidt?

Nein, hier ist Frau Lorch am Apparat.

b) Sie sprechen nicht direkt mit der Person:

Ist Inga da?

Einen Moment, bitte. Ich hole sie.

Einen Moment, bitte. Ich verbinde (Sie).

Ich möchte mit Herrn Klaus sprechen.

Kann ich bitte mit Frau Groß sprechen?

Es tut mir leid. Frau Groß ist im Urlaub.

ÜBUNG 2

Formell oder informell?

Welche Fragen sind formell, welche informell?
Machen Sie eine Liste.

> **informell**
>
> – Hallo, Bernd, bist du es?
>
> –
>
> –

> **formell**
>
> – Guten Tag, Frau Preiß.
>
> –
>
> –

Herrn

You will have noticed that the word **Herr** *has an* **n** *at the end in some of the examples. This is because* **Herr** *belongs to a group of nouns (called* weak nouns*) that add* -(e)n *in the accusative and dative:*

Das ist Herr Schmidt.	*Nominative*
Kennen Sie Herr**n** Schmidt schon?	*Accusative*
Ich möchte mit Herr**n** Schmidt sprechen.	*Dative*

Other nouns that belong to this group include:
der Mensch, der Name, der Student:

Bitte sagen Sie Ihren Name**n**.	*Accusative*
Können Sie diesem Student**en** helfen?	*Dative*

ÜBUNG 3

2.40–2.42

Telefonanrufe

In welchen Dialogen (Dialog eins, zwei oder drei) sagen die Leute die Sätze?

i) Hören Sie bitte zu und kreuzen Sie an.

ii) Hören Sie die Dialoge noch einmal.

a) Was macht Frau Dr. Martens gerade? (Dialog 1)
b) Wo ist Sandy und wann kommt sie wieder nach Hause? (Dialog 2)
c) Wo ist Peter Fink und wann ist er wieder im Büro? (Dialog 3)
d) Was möchte ihm Corinna geben? (Dialog 3)

	1	2	3
Sie ist beim Zahnarzt.			
Die Leitung ist besetzt.		X	
Er ist auf Geschäftsreise.			
Soll sie zurückrufen?			
Wollen Sie warten?			
Wollen Sie eine Nachricht hinterlassen?	X		
Er möchte mich morgen zurückrufen.			
Ich bin zu Hause.			
Ich rufe später noch mal an.			

V O K A B E L N

eine Nachricht hinterlassen	*to leave a message*
jemandem etwas aus|richten	*to give a message to someone*
zurück|rufen	*to call back*
Die Leitung ist besetzt.	*The line is busy/ engaged.*

4

Frage und Antwort. Was passt zusammen?

a) Ist Corinna da?

b) Können Sie Herrn Grün etwas ausrichten?

c) Spreche ich mit Frau Kemper?

d) Können Sie Julia sagen, ich habe angerufen?

e) Kann ich bitte mit Herrn Martin sprechen?

f) Bist du es, Renate?

1 Natürlich kann ich ihm etwas ausrichten.

2 Einen Moment. Ich verbinde.

3 Tut mir leid, sie ist nicht zu Hause.

4 Natürlich bin ich es. Meine Stimme ist ein bisschen tief.

5 Ja, hier ist Kemper am Apparat.

6 Natürlich kann ich ihr das sagen.

TIPP
ihm, ihr, ihnen …?
Siehe Lektion 10.

5

Erinnern Sie sich? Heißt es **ihr**, **ihm** oder **ihnen**?

Beispiel
Soll ich **Frau Martini** etwas sagen?
→ Soll ich **ihr** etwas sagen?

a) Ich sage es Herrn Lobinger.
Ich sage es _____ .

b) Ich richte es meinem Sohn aus.
Ich richte es _____ aus.

c) Soll ich Susi und Tim eine Nachricht geben? Soll ich _____ eine Nachricht geben?

d) Soll ich Frau Martens etwas ausrichten? Soll ich _____ etwas ausrichten?

e) Sag Mutti bitte, ich bin um 5 Uhr da.
Sag _____ bitte, ich bin um 5 Uhr da.

Können Sie die Sätze ins Englische übersetzen?

Deutschland-Info

TELEFONIEREN

German speakers often answer the phone by saying their surname: 'Schmidt' or 'Schmidt am Apparat'.

Using **du** or first names on the phone to someone you do not know is considered inappropriate.

As in most other countries, mobile phones (**Handys**) are very popular in Germany, too. Within the EU it is nowadays relatively cheap to use mobile phones between member states. The largest telecommunications company in Germany is the Deutsche Telekom AG. It operates several subsidiaries worldwide, including the mobile communications brand T-Mobile.

6 Benimmregeln für den Handygebrauch
6 rules of etiquette for the use of mobile phones

1. Im Restaurant lieber kein Handygebrauch.
2. In Meetings hat das Handy Pause.
3. Nachts im Bett sollte man das Handy auf Flugmodus stellen.
4. Das Handy lieber zu Hause lassen, wenn man z. B. ins Theater, ins Kino, etc. geht.
5. Keine lautstarken Handy-Gespräche im Zug oder Bus.
6. Mit einem Partner/einer Partnerin per Handy Schluss machen, ist ein No-Go.

ÜBUNG **6**

Frau Nadolny ist in einem Meeting.

Herr Kunz möchte mit Frau Nadolny sprechen. Was sagt
Herr Kunz? Ordnen Sie bitte zu.

1 Wenn das möglich ist, gerne.
2 Können Sie ihr sagen, dass ich angerufen habe. Sie möchte
   mich bitte zurückrufen.
3 Auf Wiederhören.
4 Herr Kunz, Firma Bötticher, Anschluss 212.
5 Wie lange geht das Meeting denn?
6 Ich bin bis 16.00 Uhr an meinem Schreibtisch.
7 Ich denke schon, aber ich kann sie Ihnen noch mal geben.

Antworten: a–5; b–_____ ; c–_____ ; d–_____ ;
e–_____ ; f–_____ ; g–_____ .

2.43

Hatten Sie recht? Hören Sie jetzt bitte den Dialog und
überprüfen Sie Ihre Antworten.

Spielen Sie dann den Dialog mit Ihrer Partnerin/Ihrem Partner.

ÜBUNG 7

2.44

Anrufbeantworter

Hören Sie den Anrufbeantworter von Familie Schweighofer. Welche Wörter fehlen?

> Guten Tag. _____ ist der telefonische Anrufbeantworter von Evelyn und Michael Schweighofer. Wir sind im Moment _____ nicht da. Sie können uns aber gerne eine _____ hinterlassen. Bitte sagen Sie uns Ihren _____ und Ihre _____ und wir _____ Sie dann so schnell wie möglich _____ .

Was sagen Sie? Schreiben Sie eine kurze Antwort. Lesen Sie die Antworten in der Klasse vor.

ÜBUNG 8

Wortspiel

Setzen Sie die fehlenden Wörter ein. In der Mitte erscheint dann (fast) ein zwölftes Wort. Was ist es?

```
        1 A__ __ [    ] __ __ t
                   [    ]
                   [    ]
  2 __ __ r __ __ __ [    ] __e__
            3 P [ f ] e  i  f  t  o  n
        4 __ __ __ [    ] __ __ __ __
        5 __ __ __ [    ] __
6 __ __ __ __ __ __ [    ] __ __ __ __
            7 __ [  ] __ __ __ __ __ __
        8 __ __ __ [  ] __ __ __ __
                   [    ]
                   [    ]
    9 __ __ __ __ [    ] __ __ __ __ __
                   [    ]
      10 __ __ __ [    ] __
      11 __ __ __ [    ] __ __ __ __ __ __
```

1 Guten Morgen. Schwarz am _____ .

2 Sagen Sie bitte, er soll _____ .

3 Sprechen Sie bitte nach dem _____ .

4 Ja, Herr Gruber ist in seinem Büro. Ich _____ .

5 Es tut mir leid. Aber diese Nummer ist _____ .

6 Möchten Sie eine Nachricht _____ ?

7 Freye, Firma Braun, _____ 314.

8 Die _____ ist besetzt. Ich versuche es später noch einmal.

9 Darf ich bitte eine _____ hinterlassen?

10 Bitte sagen Sie uns Ihren _____ und Ihre Telefonnummer.

11 Möchten Sie ihr etwas _____ ?

ÜBUNG **9**

B | Lebensläufe

Lebenslauf I: Peter Frankenfeld

Lesen Sie den Lebenslauf von Peter Frankenfeld und beantworten Sie die Fragen.

die Laufbahn (-en)	*career*
die Grundschule (-n)	*primary school*
der Realschulabschluss (¨e)	*roughly equivalent to GCSE in the UK*
die Lehre (-n)	*apprenticeship*
der Bankkaufmann (¨er)	*qualified bank clerk*
der Filialleiter (-)	*branch manager*
fließend	*fluent*

LEBENSLAUF

Name: Peter Frankenfeld

PERSÖNLICHE DATEN

Adresse   Lyoner Straße 4,
                   60528 Frankfurt
Tel.   +49 176 73 77 001
E-Mail   p.frankenfeld03@gmail.de
geb.   29.07.1985 in Frankfurt/Main
Familienstand   verheiratet, 2 Kinder

BERUFLICHE LAUFBAHN

2017 – heute   Filialleiter Commerzbank in Mainz-Süd
2008–2017   Bankkaufmann bei der Commerzbank, Frankfurt
2004–2008   Bankkaufmann bei der DZ Bank, Offenbach

AUSBILDUNG

2001–2004   Banklehre bei der Dresdner Bank, Offenbach
1995–2001   Schiller-Schule in Frankfurt
                   Abschluss: Realschulabschluss
1991–1995   Grundschule in Frankfurt

KENNTNISSE UND FÄHIGKEITEN
Englisch und Französisch fließend
Sehr gute Computerkenntnisse

ÜBUNG **10**

Richtig oder falsch?
Korrigieren Sie die falschen Aussagen.

	Richtig	Falsch
a) Herr Frankenfeld ist ledig.	❑	❑
b) Er ist in Frankfurt geboren.	❑	❑
c) In Frankfurt hat er auch seinen Realschulabschluss gemacht.	❑	❑
d) Nach der Schule hat er gleich eine Lehre gemacht.	❑	❑
e) Seinen ersten Job hatte er bei der Commerzbank.	❑	❑
f) Von 2008 bis 2017 hat er wieder in Frankfurt gearbeitet.	❑	❑
g) Seit 2017 ist er Filialleiter.	❑	❑

ÜBUNG

11

2.45

Lebenslauf II: Claudia Schulte

Claudia Schulte, von Beruf Journalistin, erzählt über ihr Leben.

Hören Sie zu und versuchen Sie die Fragen zu beantworten:

a) In welchem Jahr ist sie geboren?
b) Was hat sie nach der Schule gemacht?
c) Wo hat sie als Volunteerin gearbeitet?
d) Wann hat sie ihr Praktikum gemacht?
e) Wo hat sie studiert?
f) Für welche Teile hat sie bei der *Tageszeitung* in Berlin gearbeitet?
g) Seit wann arbeitet sie beim *Spiegel*?

Lesen Sie jetzt den Lebenslauf von Claudia Schulte. Hatten Sie recht?

Die Jahre auf Deutsch

2005 – Man spricht zweitausend(und)fünf

Vorsicht! Man sagt nicht:
✗ in 2005 ✗

2016 ist Silke 33 Jahre alt geworden.

*You can also say **im Jahre** ... .*
*Note that **im Jahre** is usually used in a more formal context:*
Im Jahre 1786 ist Goethe nach Italien gereist.

Useful prepositions
von ... bis ...   *from ... to ...*
seit   *since*

Von 2015 **bis** 2018 hat Peter Englischkurse besucht. **Seit** 2016 ist er mit Monika verheiratet.

LEBENSLAUF

Claudia Schulte

Kontakt:	Bundesstraße 4
	20114 Hamburg
Telefon:	+49 159 24 75 222
Mail:	cl.schulte@yahoo.de
geb.:	1.6.1991 in Bremen

Werdegang

2018–heute	Journalistin bei *Der Spiegel* in Hamburg
2014–2018	Journalistin bei *Die Tageszeitung* in Berlin
2011–2014	Studium der Journalistik in Hamburg Abschluss: Bachelor of Arts
2010–2011	Praktikum bei der *Hamburger Zeitung*
2009–2010	Reisen durch Asien Freiwilligenarbeit in Vietnam
2001–2009	Heinrich-Heine-Gymnasium in Bremen Abschluss: Abitur
1997–2001	Grundschule in Bremen

Besondere Kenntnisse
Englisch, Spanisch und Französisch fließend
Mittlere Kenntnisse in Vietnamesisch
Exzellente Computerkenntnisse

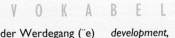

VOKABELN

der Werdegang (¨e)	*development, career*
das Praktikum (Praktika)	*internship, work placement*
die Freiwilligenarbeit (-en)	*volunteering*

Frau Schulte schreibt ihren Lebenslauf.

Helfen Sie ihr und setzen Sie ein.

Ich bin am _____ in _____ geboren. Von _____ bis _____ bin ich in die Grundschule in _____ gegangen. Danach bin ich auf das Heinrich-Heine-Gymnasium gewechselt. 20_____ habe ich mein Abitur gemacht. Nach der Schule bin ich _____ _____ gereist und habe als Volunteerin in

_____ gearbeitet. 20_____ habe ich ein Praktikum bei der _____ _____ gemacht. Anschließend habe ich Journalistik _____ _____ studiert und 20_____ meinen Abschluss gemacht. Nach dem Studium habe ich von _____ bis _____ bei _____ _____ in _____ gearbeitet. 2018 bin ich wieder nach _____ gezogen und arbeite beim Nachrichtenmagazin _____ _____ .

Was passt zusammen?

a) in die Grundschule   gemacht
b) auf das Gymnasium   gearbeitet
c) das Abitur   studiert
d) Journalistik   gewechselt
e) als Volunteerin   geboren
f) durch Asien   gegangen
g) in Bremen   gezogen
h) nach Hamburg   gereist

Welche Verben brauchen **haben** im Perfekt? Und welche brauchen **sein**?

Welche Präpositionen fehlen?

nach – bei – nach – in – seit – an

a) Kim ist _____ Shanghai geboren.
b) Viele Leute sind _____ Berlin gezogen.
c) Paulina hat _____ der Universität von Boston studiert.
d) Herr Neuss arbeitet _____ der Telekom.
e) _____ der Schule hat sie gleich studiert.
f) Er lebt _____ drei Jahren mit seiner Freundin zusammen.

Deutschland-Info

LEBENSLÄUFE

The tabular formats illustrated in Peter Frankenfeld's and Claudia Schulte's CVs are widely used in Germany.
What you are given here are the basic structures for a German CV.
It is quite common in German CVs to include a photograph of oneself.
If you search for *Lebenslauf* you will find many German websites that offer help with the writing of a CV and of a job application letter.

It is common practice in German CVs to include the school you went to and the qualifications you gained. The school system in Germany varies from **Land** to **Land**, but in general all pupils go to the **Grundschule** when they are about six, and then four years later – according to their attainment/abilities – transfer to one of various types of schools, where they do different courses and attend for different lengths of time: the **Hauptschule**, a non-selective school leading to the **Hauptschulabschluss**, the **Realschule**, leading to the **Realschulabschluss**, a bit like GCSEs in Britain; and the **Gymnasium** or grammar school, leading to the **Abitur**, which is roughly comparable to A-Levels. In many **Länder** all three types of secondary school are combined under one roof in what is known as the **Gesamtschule** (*comprehensive school*).

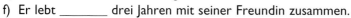

Und Ihr Lebenslauf?

Schreiben Sie einen tabellarischen
Lebenslauf wie Peter Frankenfeld oder
Claudia Schulte (Übungen 9 und 11).
Wenn Sie Probleme haben, fragen Sie
bitte Ihre Lehrerin/Ihren Lehrer.

LEBENSLAUF

Name:
Kontakt:
Telefon:
E-Mail:
geb.:
Familienstand:

WERDEGANG

BESONDERE KENNTNISSE

Schreiben Sie dann einen Lebenslauf wie Frau Schulte (Übung
12). Sie brauchen natürlich nicht die Wahrheit zu schreiben.

Mischen Sie alle Lebensläufe in der Klasse. Jeder Student liest
einen Lebenslauf vor. Sie müssen raten: Wer ist das?

Ist das nicht Benedict Cumberbatch?

Schreiben und erzählen Sie den Lebenslauf einer prominenten
Person. Die anderen müssen raten, wer es ist.

Wer ist es?

C | Was wissen Sie über Deutschland, Österreich und die Schweiz?

Lesen und Lernen

Eine Reporterin fragt Leute über Deutschland, Österreich und die Schweiz.

☺ Was passiert mit den Verben, wenn man „dass" benutzt?

ÜBUNG
18

Sagen Sie es komplizierter und benutzen Sie **dass:**

Beispiel

Ich denke, viele Touristen fahren nach Heidelberg.
Ich denke, **dass** viele Touristen nach Heidelberg **fahren.**

a) Ich meine, Frankfurt ist das Finanzzentrum von Deutschland.

b) Ich glaube, es gibt in Wien viele alte Kaffeehäuser.

c) Ich denke, München ist eine sehr schöne Stadt.

d) Ich glaube, Roger Federer kommt aus der Schweiz.

e) Ich denke, die Deutschen trinken relativ viel Bier.

f) Ich meine, Deutschland ist ein sehr interessantes Land.

ÜBUNG
19

Haben Sie es gewusst? Wissenswertes über die Schweiz, Österreich und Deutschland.

Bevor Sie den Text auf den Seiten 225–6 lesen:

Arbeiten Sie mit einem Partner oder in einer kleinen Gruppe. Besprechen Sie dann die Antworten in der Klasse.

Können Sie **dass** benutzen?

Beispiel

Ich denke / Wir denken, dass Österreich größer als die Schweiz ist.
Ich glaube / Wir glauben, dass die Schweiz größer als Österreich ist.

a) Welches Land ist größer: Österreich oder die Schweiz?

b) Wie heißt die Hauptstadt der Schweiz?

c) Wie viele offizielle Sprachen gibt es in der Schweiz?

d) Liegt Linz in Österreich oder in der Schweiz?

e) Wer ist in Salzburg geboren?

f) Wie viele Einwohner hat die Bundesrepublik Deutschland?

g) Wie heißt die Hauptstadt der Bundesrepublik Deutschland?

h) Welche Stadt ist größer: Hamburg oder München?

i) Wo und wann findet das Oktoberfest statt?

j) Wie viele Ausländer leben etwa in Deutschland?

Lesen Sie jetzt den Text und überprüfen Sie Ihre Antworten. Welche Gruppe hat die meisten richtigen Antworten?

---

dass

The word **dass** *can be useful when you want to introduce an opinion in German. It is very similar to that in English, except that* **dass** *sends the verb to the end of the sentence or clause:*

Ich denke, **dass** *Augsburg in Süddeutschland* **liegt.**

When you use **dass** *with the perfect tense, the* **haben** *or* **sein** *verb goes right at the end:*

Ich glaube, **dass** Frau Schulte in Hamburg studiert **hat.**
Ich glaube, **dass** Frau Schulte nach dem Abitur durch Asien gereist **ist.**

Note that the **dass** *part of the sentence starts with a comma.*

You can leave out the word **dass** *if you want to. The verb then comes earlier in the sentence:*

Ich denke, Augsburg **liegt** in Süddeutschland.
Ich glaube, Frau Schulte **hat** in Hamburg studiert.
Ich glaube, Frau Schulte **ist** nach dem Abitur durch Asien gereist.

ÜBUNG
20

Haben Sie es gewusst? Wissenswertes über die Schweiz, Österreich und Deutschland

Deutschland, Österreich und die Schweiz: Das sind die drei Länder, wo man Deutsch als Muttersprache spricht. Aber es gibt auch noch einige andere Regionen, wo die Leute Deutsch sprechen, zum Beispiel in Belgien an der Grenze mit Deutschland, in Luxemburg, im Fürstentum Liechtenstein und in Süd-Tirol, Italien. Deutschsprachige Minderheiten findet man auch in Kanada, den USA, Rumänien und sogar in Namibia! Insgesamt sprechen etwa 105 Millionen Deutsch als Muttersprache.

Von den drei Ländern ist die Schweiz das kleinste und hat 8,3 Millionen Einwohner. Die Hauptstadt ist Bern, nicht Zürich, aber Zürich ist die größte Stadt mit 365 000 Einwohnern. Interessant ist, dass man in der Schweiz vier Sprachen spricht: Deutsch, Französisch, Italienisch und Räteromanisch. Bekannt ist die Schweiz für ihre Uhren, Arzneimittel und für die Berge – ideal für einen Wanderurlaub im Sommer und einen Skiurlaub im Winter.

Österreich ist etwa doppelt so groß wie die Schweiz und hat 8,7 Millionen Einwohner. Die Hauptstadt ist Wien, mit 1,9 Millionen Einwohnern und Sehenswürdigkeiten wie das Schloss Schönbrunn, die Hofburg oder das Sigmund-Freud-Haus. Andere Städte in Österreich sind Linz, Graz, Innsbruck und Salzburg. Salzburg ist die Geburtsstadt von Wolfgang Amadeus Mozart und viele Leute besuchen die Stadt im Sommer. Sehr beliebt sind die Mozart-Kugeln, eine Süßigkeit aus Marzipan.

Seit der Wiedervereinigung 1989 umfasst die Bundesrepublik Deutschland insgesamt etwa 350 000 km^2 und hat 82,4 Millionen Einwohner. Seit dem 3. Oktober 1990 ist Berlin die neue Hauptstadt. Davor war Bonn die Hauptstadt der BRD und Ost-Berlin war die Hauptstadt der ehemaligen DDR. Berlin ist auch die größte Stadt in Deutschland, jetzt mit 3,7 Millionen Einwohnern.

Schloss Schönbrunn in Wien

Die Turmuhr von Graz

Reichstag, Berlin

München mit 1,5 Millionen. München ist aber von allen Städten am beliebtesten: Die meisten Deutschen wollen hier leben, denn das Wetter ist meistens schön im Sommer und im Winter sind die Alpen nicht weit. Vielleicht gehen aber auch viele Leute gern in die Biergärten oder (im September!) aufs Oktoberfest.

Deutschland ist aber auch schon längst eine multikulturelle Gesellschaft: Hier leben mehr als 10 Millionen Ausländer, die meisten aus der Türkei (etwa 1,5 Millionen), aber auch viele Menschen aus Polen, Italien, Griechenland, Spanien, Russland, Großbritannien und Irland. Unter den Ausländern gibt es auch viele Emigranten aus Ländern wie Syrien, Afghanistan, Sri Lanka oder dem Irak.

Berlin ist das politische und kulturelle Zentrum von Deutschland und hier tagt auch das deutsche Parlament im alten Reichstag. Berlin ist eine internationale Weltstadt mit einem großen Kulturangebot, einer langen Geschichte und vielen Sehenswürdigkeiten.

Nach Berlin ist Hamburg die zweitgrößte Stadt mit 1,8 Millionen Einwohnern vor

Was passt zu welchem Land? Ordnen Sie zu:

- Biergärten
- Sigmund-Freud-Haus
- Mozart-Kugeln
- Uhren
- Wiedervereinigung
- Arzneimittel
- 82,4 Millionen Einwohner
- Schloss Schönbrunn

- Oktoberfest
- viele Leute aus der Türkei
- vier Sprachen
- 8,7 Millionen Einwohner
- neue Hauptstadt
- multikulturelle Gesellschaft
- 8,3 Millionen Einwohner
- etwa doppelt so groß wie die Schweiz

SCHWEIZ	ÖSTERREICH	DEUTSCHLAND
		Biergärten

ÜBUNG 21

Finden Sie die Zahlen:

a) Fläche der Bundesrepublik Deutschland: 356 974 km^2
b) Einwohnerzahl von Deutschland: _____
c) Einwohnerzahl von Österreich: _____
d) Einwohnerzahl der Schweiz: _____
e) Deutsche Wiedervereinigung: _____
f) Seit wann Berlin Hauptstadt ist: _____
g) Einwohnerzahl von Berlin: _____
h) Zahl türkischer Menschen in
   Deutschland: _____
i) Zahl deutscher Muttersprachler:

   _____

TIPP
Zahlen: Mehr Informationen
finden Sie im Grammatik-
Teil, Seite 231.

D| Deutsche Sprache – schwierige Sprache?

ÜBUNG 22

Lesen und Lernen. Ist Deutsch wirklich so schwierig?

Viele Leute sagen, dass Deutsch eine schwierige Sprache ist. Besonders die Grammatik ist komplizierter als in anderen Sprachen, wie zum Beispiel Englisch. Stimmt das? „Deutsch heute" hat einige Leute gefragt, die Deutsch gelernt haben oder immer noch lernen. Wir haben auch gefragt: Was war einfach für Sie? Und was war schwierig?

Fahid, kommt aus Syrien und lebt seit vier Jahren in Deutschland. Er ist Tischler.

Ich bin vor vier Jahren nach Deutschland gekommen, denn wir haben große Probleme in meinem Land. Ich habe kein Wort Deutsch gesprochen und alles hier gelernt. Wenn man jeden Tag lernt, kann man es schnell sprechen. Ich bin zwar nicht perfekt, aber ich kann alles verstehen und jeder versteht mich. Schreiben ist noch schwierig. Und die Artikel, „der", „die" und „das". Die meisten Leute sind aber sehr nett und helfen mir.

Netsehet Bambusi, ist in Äthiopien geboren und lebt seit über 15 Jahren in Deutschland.

Ich bin in Äthiopien geboren und als Kind habe ich schon Deutsch an der Deutschen Schule in Addis Abeba gelernt. Mein Vater war Diplomat und mit zehn Jahren bin ich mit meiner Familie nach Berlin gezogen. Ich bin dort in die Schule gegangen. Ich habe schon als Kind Deutsch gesprochen, darum finde ich es nicht so schwer. Nur die Großschreibung macht mir Probleme. Warum schreibt man alle Nomen mit einem großen Buchstaben? Man soll das ändern.

Peter Williams, Banker aus den USA, ist oft geschäftlich in Deutschland.

Ich lerne Deutsch seit sechs Jahren, eine Stunde pro Woche. Ich lese sehr gern „Die Welt" oder auch die „Süddeutsche Zeitung" und spreche auch sehr gern. Aber ich bin kein Freund der Grammatik, besonders trennbare Verben wie „mitkommen", „abfahren" mag ich nicht. Aber Deutsch macht mir Spaß. Ich habe versucht, Spanisch zu lernen, aber das war viel zu schnell und zu schwierig. Ich glaube, dass Deutsch nicht so schwer ist, wenn man Englisch spricht.

Abigail Lawson, Touristen-Führerin in London.

Ich möchte einmal deutsche Touristen durch London führen, darum lerne ich Deutsch. Mein Hauptproblem sind die Artikel und die Adjektivendungen, wie „ein großes Bier" und „ein kleiner Mann." Ich gehe seit vier Jahren zu einem Abendkurs. Der Lehrer ist sehr nett und ich habe viel Spaß mit den anderen Studenten. Ich erzähle jetzt auch schon Witze auf Deutsch.

Wer sagt was über Deutsch? Finden Sie die Stellen in den
Texten und kreuzen Sie an.

	Fahid	Netsehet	Peter	Abigail
Sprechen ist einfacher als Schreiben.	✗	✗		
Trennbare Verben („abfahren", „mitkommen") sind ein Problem.			✗	
Adjektivendungen sind schwer.				
Die Großschreibung ist schwierig.				
Die Artikel (der, die, das) sind kompliziert.				
Wenn man Englisch spricht, ist Deutsch ziemlich einfach.				
Man kann Deutsch schnell lernen.				

Was denken / meinen / sagen / glauben die vier Leute?
Schreiben Sie, was die Leute sagen. Benutzen Sie **dass**.

Beispiel
Was denkt Fahid über Sprechen und Schreiben?
Er denkt, **dass** Sprechen einfacher als Schreiben **ist**.

a) Wie findet Fahid die Leute in Deutschland?
b) Was findet Netsehet schwierig?
c) Was sagt Peter über trennbare Verben?
d) Was glaubt Peter? Ist Deutsch schwer?
e) Was meint Abigail über Adjektivendungen?
f) Was denkt Abigail über ihren Abendkurs?

Und zum Schluss: Was denken Sie über die deutsche Sprache?

Sprechen Sie mit Ihrer Partnerin/Ihrem Partner und dann in der Klasse.

Was denken Sie? Was denkt Ihr Partner?

	Was denken Sie?	Was denkt Ihr Partner?
Finden Sie, dass Deutsch schwierig ist?		
Sind die Artikel kompliziert?		
Was finden Sie am schwierigsten?		
Was ist nicht so kompliziert?		
Welche Themen haben Ihnen Spaß gemacht? Welche nicht?		
Sprechen, Hören, Lesen, Schreiben: Was machen Sie am liebsten? Was machen Sie weniger gern?		
Was haben Sie in den letzten Lektionen gut verstanden? Was müssen Sie wiederholen?		
Was möchten Sie im nächsten Kurs machen? Welche Themen? Was möchten Sie lernen?		

TIPPS ZUR AUSSPRACHE

2.46

*In German the letter **a** is pronounced long in some words and short in others. Listen first to words that contain a short **a** and then to words that contain a long **a**:*

an	machen	was	Dank	Glas
nach	Name	war	haben	sagen

*You will probably find that you develop a feel for whether **a** should be long or short in a given word.*

 How would you pronounce these words – all of which you have met in the course? Hand, Nase, das, Grad, Tante, Hamburg.

Grammatik

Zahlen (Wiederholung)

Numbers can be difficult to understand and produce, particularly when they are said quickly. Here is a reminder of a few points about German numbers.

The numbers 21–99 are 'back-to-front' compared with English numbers:

21 einundzwanzig
37 siebenunddreißig
98 achtundneunzig

The numbers 101–120 tend not to have an **und** to link them together:

101 hunderteins
111 hundertelf
120 hundertzwanzig

All numbers up to one million are written as one word:

2843 zweitausendachthundertdreiundvierzig
10962 zehntausendneunhundertzweiundsechzig

Numbers after a million are written as follows:

4800543 vier Millionen achthunderttausendfünfhundertdreiundvierzig

Note that a comma is used in German where a decimal point would be used in English:

81,5 Millionen   spricht man: einundachtzig Komma fünf Millionen.

Dass

In this Lektion you have learned that **dass** can be used to introduce thoughts and opinions. It can also be used to report what someone has said:

Bitte sagen Sie ihr, **dass** ich angerufen habe.   *Please tell her that I phoned.*

Dass can also be used to give an indirect command:

Bitte sag ihm, **dass** er mich anrufen soll. *Please tell him to phone me*
(lit. that he should phone me).

Remember that **dass** sends the verb to the end of the sentence or clause:

Ich denke, **dass** es in München viele Biergärten gibt.

If there is more than one verb – for instance when using the present perfect tense or constructions involving modal verbs – then **haben** / **sein** or the modal verb goes to the last position:

Bitte sagen Sie ihr, **dass** ich angerufen *habe*.
Bitte sag ihm, **dass** er mich anrufen *soll*.

Don't forget to include the comma, whether the **dass** is used or not.

Conjunctions

Words like *that*, *because*, *although* which join two sentences or clauses together are known as *conjunctions*:

I think.   He is a carpenter.
→ I think *that* he is a carpenter.
I am learning German.   I often go to Germany.
→ I am learning German *because* I often go to Germany.

In German **dass** and **wenn** are examples of conjunctions that change the word order. At a later stage you might come across more examples, such as **weil** (*because*) or **obwohl** (*although*):

Ich lerne Deutsch, **weil** ich oft nach Deutschland **fahre**.
Ich fahre oft nach Italien, **obwohl** ich kein Wort Italienisch **spreche**.

Mehr Übungen ...

1 Was kann man auch sagen? Welche Sätze sind sehr ähnlich?
   a) Ich möchte mit Herrn Wittinger sprechen.
      1 Kann ich mit Herrn Wittinger sprechen?
      2 Ich soll mit Herrn Wittinger sprechen.
   b) Frau Kreuzer ist auf Geschäftsreise.
      1 Frau Kreuzer ist im Moment nicht da und für die Firma unterwegs.
      2 Frau Kreuzer ist in einem Meeting.
   c) Ich rufe zurück.
      1 Ich rufe nicht mehr an.
      2 Ich rufe später wieder an.
   d) Soll ich ihm eine Nachricht hinterlassen?
      1 Soll ich ihm etwas sagen?
      2 Soll er Sie zurückrufen?

2 Sagen Sie es komplizierter: Benutzen Sie **dass**.

   Beispiel
   Sagen Sie ihm, ich möchte ihn sprechen.
   Sagen Sie ihm, dass ich ihn sprechen möchte.

   Sagen Sie ihm,

   a) ... ich habe angerufen.
   b) ... ich bin heute Nachmittag an meinem Schreibtisch.
   c) ... er soll zurückrufen.

d) ... ich möchte heute Abend mit ihm essen gehen.

e) ... er soll seine Trainers mitbringen.

f) ... wir wollen nachher ins Fitnesscenter gehen.

3 Wie heißen die richtigen Präpositionen?

> am – in – beim – im – auf – in – am – auf

a) Hier ist Petersohn **am** Apparat.

b) Dr. Peters ist _____ Geschäftsreise.

c) Am Montag ist er _____ Berlin.

d) Ina liegt _____ Bett.

e) Paul war drei Wochen _____ Mallorca.

f) Sie waren zwei Stunden _____ einem Meeting.

g) Frau Krull ist _____ Zahnarzt.

4 Wissenswertes über Ihr Land
Lesen Sie den Text „Wissenswertes über die Schweiz, Österreich und Deutschland" noch einmal. Was können Sie über Ihr Land sagen? Schreiben Sie, wie groß Ihr Land ist, wie viele Einwohner es hat, wie die Hauptstadt heißt, was für Sehenswürdigkeiten es gibt, usw.

Now you have completed Lektion 12, can you:

		tick
1	answer the telephone, take messages and pass on requests? *See pages 214–18.*	❏
2	write your CV? *See pages 219–22.*	❏
3	talk about German-speaking countries and cities? *See pages 223–7.*	❏
4	talk about the German language and make comparisons with other languages? *See pages 227–30.*	❏
5	talk about your country of origin or the country you live in? *See page 233.*	❏

Congratulations! *Herzlichen Glückwunsch!* **You've finished the course. We hope that you have enjoyed working with** *Willkommen!* **1. If you wish to continue studying German, you might like to try our follow-up course** *Willkommen!* **2. And if you'd like to make any comments, you can contact us on jmlearning@hodder.co.uk**

Vokabeln

Was haben Sie gelernt?

TELEFONIEREN	*Telephoning*
aus|richten – jemandem etwas ausrichten	*to give a message to someone*
hinterlassen	*to leave (a message)*
verbinden	*to connect, put through*
warten	*to wait*
zurück|rufen	*to call back*
wieder|kommen	*to come back, come again*
der Augenblick (-e)	*moment*
der Anrufbeantworter (-)	*answering machine*
der Apparat (-e)	*apparatus, phone*
die Leitung (-en)	*line*
die Nachricht (-en)	*message*
die Stimme (-n)	*voice*
besetzt	*busy, engaged*

LEBENSLAUF	*CV*
das Abitur (-e)	*leaving exam at Gymnasium, roughly A-levels*
der Bankkaufmann (¨er) / die Bankkauffrau (-en)	*qualified bank clerk*
der Filialleiter (-) / die Filialleiterin (-nen)	*branch manager*
die Freiwilligenarbeit (-en)	*volunteering*
die Grundschule (-n)	*primary school*
das Gymnasium (...ien)	*grammar school*
die Kenntnis (-se) (often plural)	*knowledge*
die Laufbahn (-en)	*here: career, development*
die Lehre (-n)	*apprenticeship*
das Praktikum (Praktika)	*internship, work placement*
der Realschulabschluss (¨e)	*roughly equivalent to GCSE in the UK*
der Sprachkurs (-e)	*language course*
der Volunteer (-s)/ die Volunteerin (-nen)	*volunteer*
der Werdegang (¨e)	*development, career*
fließend	*fluent*
wechseln	*to change*
ziehen	*(here) to move*

MEINUNGEN	*Opinions*
denken	*to think*
glauben	*to believe, think*
meinen	*to think, be of the opinion*
Keine Ahnung!	*(I have) no idea!*

DEUTSCHSPRACHIGE LÄNDER	*German-speaking countries*
der Anteil (-e)	*share, proportion*
der Ausländer (-)	*foreigner*
der Einwohner (-)	*inhabitant*
der Emigrant (-en) / die Emigrantin (-nen)	*emigrant*
das Fürstentum (¨er)	*principality*
die Gesellschaft (-en)	*society*
die Grenze (-n)	*border*
die Hauptstadt (¨e)	*capital city*
die Minderheit (-en)	*minority*
der Rang (¨e)	*rank, place*
das Schloss (¨er)	*castle*
die Sehenswürdigkeit (-en)	*sight (worth seeing)*
die Wiedervereinigung (-en)	*reunification*
beliebt	*popular*
ehemalig	*former*
umfassen	*to comprise*

VERSCHIEDENES	*Miscellaneous*
ungefähr	*about, approximately*
ändern	*to change*
führen	*to guide, lead*
geschäftlich	*on business*
die Geschäftsreise (-n)	*business trip*
kompliziert	*complicated*
nötig	*necessary*
der Witz (-e)	*joke*

Partner B

Lektion eins

Partner B: *Choose one of the cards below* **(Visitenkarten)** *and introduce yourself. Ask for the name of your partner. Ask him or her to spell his or her name. Ask for the telephone number, mobile number and e-mail address as appropriate. Write the name down and check it later. Repeat the game with another card.*

Beispiel

B: Ich heiße Inge Maier. Wie ist Ihr Name?
A: Mein Name ist …
B: Wie schreibt man das? Bitte buchstabieren Sie.
A: …

HANSA Versicherungsgesellschaften
Leben • Feuer • Unfall • Kraftfahrt • Haftpflicht

Inge Maier
Generalagentur

Scharnhorststraße 265 28195 BREMEN
Handy 015 33 44 55 787 • Tel (0421) 23 45 61
www.hansabremen.de   E-Mail:i.maier@hansabremen.de

Die preiswerte Alternative!

Florian Wilhelmsberger

UMZÜGE

Mob. 0176 2606753   Tel. 0251 42 34 86

 **Frauen-Taxi Brinkmeyer**

Katrin Brinkmeyer

Karl-August-Platz 14a 10243 Berlin
Telefon 2 79 60 83 24 Stunden

Lektion zwei

Partner B:

Bea/Bernd Bosse – 0 16 12 69 79 88 – b.bosse@web.de
Heike/Hazan Mahmoud – 0 16 51 34 21 21 – H.Mahmoud@gmail.com
Karo/Kai Rennefanz – 0 15 63 19 17 71 – krennefanz@yahoo.de
Maike/Moritz Merkel – 0 34 60 53 48 53 – m.merkel@gmz.de

Partner B – Rollen

Name	Izzet Yalezan	Marga Hartmann
Staatsangehörigkeit	Türke	Italienerin
Geburtsort	Frankfurt	Meran
Wohnort	Düsseldorf	Bozen
Sprachen	Türkisch und Deutsch	Italienisch und Deutsch
Familienstand	ledig	seit zwei Jahren verwitwet
Arbeit?	nein, Studium in Düsseldorf	nein, seit drei Jahren pensioniert

Lektion drei

Partner B: Your partner is visiting the town of Dittburg and would like to know what buildings 1–6 on his/her map on page 36 represent. Here is the missing information that Partner A will ask you about:

1 Fitnesscenter – McFit
2 Bäckerei – Bäckerei Meyer
3 Kirche – Jakobskirche
4 Hotel – Bahnhofshotel
5 Café – Café Krause
6 Biergarten – Brauhaus Paulaner

Now change roles.

Partner B: You are visiting Schönheim and would like to know what the buildings 1–6 represent (see map below). Ask Partner A who lives locally to provide you with the missing information:

Example

B: Was ist Nummer 1?
A: Das ist **eine** Bäckerei.
B: Wie heißt **die** Bäckerei?
A: **Die** Bäckerei heißt ... / **Sie** heißt ...

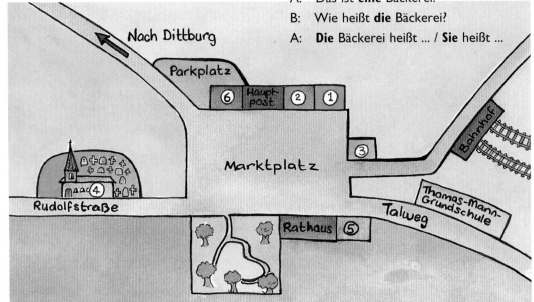

Partner B: Wählen Sie Ihre Rolle – Sie sind entweder Sheila oder George aus Bristol.
Choose the appropriate role – either Sheila or George from Bristol. You are visiting Hanover.

Fragen Sie Ihre Partnerin/Ihren Partner aus Hannover: Sind Sie Deutsche(r)? Sind Sie verheiratet? Ist Ihr Mann/Ihre Frau Deutsche(r)? Wie lange wohnen Sie in Hannover? Was sind Sie von Beruf? Wo arbeiten Sie?
Now answer the questions your partner asked using Sheila's or George's details.

Sheila Miller	**George Miller**
Engländerin	Amerikaner
Sie ist mit George Miller verheiratet.	Er ist mit Sheila Miller verheiratet.
George ist Amerikaner.	Sheila ist Amerikanerin.
Sie wohnt seit 44 Jahren in Bristol.	Er wohnt seit sieben Jahren in Bristol.
Sie ist Managerin bei Next.	Er ist Webmanager bei Bristol Waters.

Lektion vier

Partner B: Take either the role of Hannelore or Jürgen. Be prepared to talk about your family relationships. Partner A has similar information about another family. Find out as much as you can from him or her by using the questions and answers (on page 64) as a guide. Take some notes (in German) and write a short portrait of your partner.

Persönliche Angaben

Name: Hannelore Knuth-Kling, 29
verheiratet mit Jürgen
wohnt in Köln
ist Ärztin

Kinder: eine Tochter, einen Sohn
Cecilia, 3 Jahre; Tom, 2 Jahre

Eltern
Mutter: Hedi, 52, ist Lehrerin
Vater: Richard, 55, war Pilot

Geschwister: eine Schwester,
 einen Bruder
Schwester: Paula, 31,
 ist Modedesignerin
Bruder: Tristan, 22, ist Balletttänzer;
 beide ledig

Enkelkinder: noch keine

Haustiere: 4 Katzen – Adam, Eva, Herodes und Johannes

Name: Jürgen Knuth-Kling, 31
verheiratet mit Hannelore
wohnt in Köln
ist Ingenieur

Eltern
Mutter: Gertrude, 61, war Verkäuferin
Vater: Richard, 64, war Fußballtrainer,
 pensioniert

Geschwister: zwei Brüder
Karl, 36, ist Busfahrer, verheiratet
Peter, 32, ist Fußballprofi, ledig

Lektion fünf

Was kostet …?

Partner B Geben Sie die Preise an.

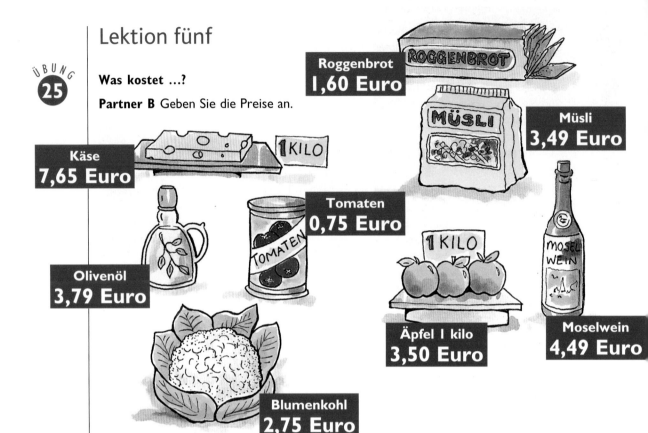

Roggenbrot
1,60 Euro

Müsli
3,49 Euro

Käse
7,65 Euro

Tomaten
0,75 Euro

Olivenöl
3,79 Euro

Äpfel I kilo
3,50 Euro

Moselwein
4,49 Euro

Blumenkohl
2,75 Euro

Lektion sechs

Partner B

Partner A bucht ein Zimmer. Sie spielen die Empfangsdame / den Empfangschef.
Danach buchen Sie ein Zimmer. Hier sind Ihre Details:

After this: Make up your own details and practise more.

Lektion sieben

Partner B:

a) **Preise für**	b) **Dauer**	c) **Wie oft**
Bahn: 4,65 €	Bahn: 11 Minuten	Bahn: alle 10 Minuten
Bus: 8,45 €	Bus: 25 Minuten	Bus: alle 30–60 Minuten
Taxi: 30,00 € (ungefähr)	Taxi: 20–30 Minuten	Taxi: fast immer

Lektion acht

Partner B: Fragen Sie Ihren Partner, was sie/er am Wochenende gemacht hat. Schreiben Sie die Antworten in die Box.

Beispiel
Was hast du am Samstagmorgen / Samstagnachmittag / Samstagabend gemacht?

	Samstag	**Sonntag**
Am Morgen …		
Am Nachmittag …		
Am Abend …		

Ihr Partner möchte jetzt wissen, was Sie am Wochenende gemacht haben. Erzählen Sie, bitte.

Samstag

9.00
frühstücken,
ein neues Handy kaufen

14.00
einen Spaziergang machen,
viel fotografieren

22.00
auf einer Party tanzen

Sonntag

10.00
mit Freunden skypen,
dann Mittagessen kochen

15.00
Musik hören,
Vokabeln lernen

18.00
Freunde besuchen, Computergames spielen

Lektion neun

Partner B:

Sie sind Frau/Herr Klinsmann und arbeiten im Verkehrsamt in Dresden. Ihr Partner sucht ein Hotelzimmer. Im Moment gibt es freie Zimmer im Hotel Britannia, im Hotel Mozart und in der Pension Hubertus.

Beantworten Sie die Fragen von Ihrem Partner.

Informationen zu den Hotels:

	Hotel Britannia	*Hotel Mozart*	*Pension Hubertus*
Wie weit bis ins Zentrum?	direkt im Zentrum	3 km vom Zentrum entfernt	5 Min. zu Fuß
Preis			
Einzelzimmer	125 Euro	95 Euro	45 Euro
Doppelzimmer	175 Euro	105 Euro	55 Euro
ruhig?	nicht sehr	sehr	ziemlich
Bad / Dusche?	✓	nur Dusche	auf dem Korridor
Restaurant?	✓	✓	✗
Pluspunkte	Sauna	antike Möbel	Garten
	Gratis WLAN	Gratis WLAN	Gratis WLAN

Lektion elf

Partner B:

Sie treffen eine alte Freundin/einen alten Freund (Partner A). Fragen Sie sie/ihn, was sie/er im Urlaub gemacht hat. Hier sind Ihre Fragen:

– Wo waren Sie / warst du im Urlaub?
– Wie lange waren Sie / warst du dort?
– Wie war das Wetter?
– Wo haben Sie / hast du gewohnt?
– Ist etwas Besonderes passiert?
– Hat Ihnen / dir der Urlaub gefallen?
– Wo möchten Sie / möchtest du das nächste Mal Urlaub machen?

Tauschen Sie die Rollen: Erzählen Sie nun von Ihrem Urlaub.
Hier ist Ihre Geschichte:

Sie waren in Heidelberg.
Sie sind drei Tage geblieben.
Sie haben in einer Jugendherberge gewohnt.
Sie sind abends in eine Karaoke-Kneipe gegangen.
Dort haben Sie ein Lied von Elvis Presley gesungen.
Ein Produzent hat Sie gehört. Ihre Stimme hat ihm sehr gut
gefallen.
Sie sind am nächsten Tag mit ihm nach Berlin geflogen.
Dort waren Sie auf einer Party mit Nicole Kidman,
Emma Watson und Johnny Depp.
Sie haben im Fernsehen und im Radio gesungen.

Videos und Aktivitäten

In this section, you'll find exercises and further activities for each of the 12 videos. The videos are closely linked to the relevant units in the book, and expand on the structures, vocabulary and language points covered. They will also give an insight into contemporary life in Berlin and help you when dealing with authentic spoken language. The transcripts can be found in the Support Book, available online at www.hodderplus.co.uk/willkommen. We hope you'll enjoy the videos and find them useful.

Video 1: Vier Interviews am Potsdamer Platz

Der Potsdamer Platz ist im Zentrum von Berlin. In diesem Video sehen Sie vier Interviews mit Einwohnern von Berlin.

The Potsdamer Platz is situated in the centre of Berlin. In this video you'll see four interviews with people from Berlin.

VOKABELN

schreiben	to write
man	one
eigentlich	actually
Süddeutschland	Southern Germany
finden	here: to think of, find
Wie finden Sie …?	What do you think of …?
laut	noisy
aufregend	exciting
interessant	interesting
etwas	here: somewhat
hektisch	hectic

Was fehlt?

Sehen Sie das Video und finden Sie die fehlenden Informationen.

Watch the video and find the missing information.

	Person 1	Person 2	Person 3	Person 4
Name	Horst _____	Ruth Köhler	Daniel Mele	Perdita _____
Wohnort				Berlin, in Hellersdorf
Geburtsort		Ratzeburg		
Wie finden Sie Berlin?	sehr schön und sehr _____	sehr _____ , aber auch sehr aufregend	sehr interessant und sehr _____	laut und etwas _____

Wer sagt was?
Who says what?

Schreiben Sie H (= Horst), R (= Ruth), D (= Daniel) oder P (= Perdita).

Write H (= Horst), R (= Ruth), D (= Daniel) or P (= Perdita).

a) Berlin ist laut und etwas hektisch. [P]

b) Berlin ist sehr schön und sehr multikulturell. ☐

c) Ich liebe Berlin. ☐

d) Ich bin Berliner. ☐

e) Bitte. Wiedersehen. ☐

f) Danke schön. ☐

Und jetzt Sie!
Now it's your turn!

Say what you can about yourself and where you come from.
You can use the following texts as models.

Mein Name ist Hyunju.
Ich komme aus Seoul.
Das ist in Südkorea.
Ich finde Seoul hektisch, aber aufregend.
Ich wohne jetzt in London.

Ich heiße Marty Rosen.
Ich komme aus London.
Ich wohne jetzt in München.
Das ist in Süddeutschland.
Ich finde München sehr schön und sehr interessant.

Video 2: In der Sprachschule GLS

Die GLS ist eine Sprachschule in Berlin. Eine Deutschlehrerin und drei Sprachschüler erzählen, woher sie kommen, welche Sprachen sie lernen und wie sie die Sprache finden.

The GLS is a language school in Berlin. A German teacher and three language students tell us where they come from, what languages they are learning and what they think of the language (lit. how they find the language).

Teil A – Bjanka Zafirovska

Was stimmt?

Unterstreichen Sie die richtige Antwort.
Underline the correct answer.

a) Bjanka kommt aus Slowenien / Mazedonien / Bulgarien.
b) Sie arbeitet in der Sprachschule seit einem Jahr / zwei Jahren / drei Jahren.
c) Sie ist verheiratet / nicht verheiratet.
d) Der Freund von Bjanka ist auch Lehrer / Game-Artist.
e) Die Muttersprache von Bjanka ist Mazedonisch / Deutsch.
f) In der Sprachschule kann man nur Deutsch und Englisch lernen / viele Sprachen lernen.

V O K A B E L N

Können Sie sich kurz vorstellen?	*Can you briefly introduce yourself?*
die Lehrerin (-nen)	*(female) teacher*
der Freund (-e)	*here: boyfriend*
natürlich	*naturally, of course*
die Muttersprache (-n)	*mother tongue*
lernen	*to learn, study*
und so weiter	*and so on*
schwer	*difficult*
Es macht (mir) viel Spaß	*It's a lot of fun (for me)*

N Ü T Z L I C H E   A U S D R Ü C K E

seit einem Jahr	*for (lit. since) one year*
seit zwei, drei Jahren	*for (lit. since) two, three years*
seit einem Monat	*for (lit. since) a month*
seit zwei, drei Wochen	*for (lit. since) two, three weeks*

Teil B – Drei Sprachschüler

Sehen Sie die Interviews mit Greta, Mathias und Lily und
finden Sie die fehlenden Informationen.

Watch the video and find the missing information.

	Greta	*Mathias*	*Lily*
Geburtsort	Achim bei Bremen		Wolfsburg
Staatsangehörigkeit	Deutsche		
Sprachen			Deutsch, Englisch, ein bisschen _____ und _____
Welche Sprache er/sie in der GLS lernt	Französisch		
Wie lange?	seit einem Monat	seit _____ Wochen	seit _____ Monaten
Wie er/sie den Kurs findet	_____ , aber auch schwer		

Und jetzt Sie!

Using the following sentences as models, say what you can about your language skills.

Meine Muttersprache ist Englisch.
Ich verstehe auch ein bisschen Französisch.
Ich lerne jetzt Deutsch.
Es ist sehr interessant, aber auch sehr
schwer.

Meine Muttersprache ist Koreanisch.
Ich spreche auch Englisch und ich verstehe
ein bisschen Chinesisch.
Ich lerne jetzt Deutsch.
Ich finde Deutsch super und es macht viel
Spaß.

Video 3: Co-working

Co-working ist populär in Deutschland. Laetitia Chapuis ist eine Co-Workerin aus Lausanne in der Schweiz. Sie sagt, seit wann sie in Berlin wohnt und erzählt über ihre Arbeit und ihre Kunden.

Laetitia erzählt über ihre Arbeit

Sehen Sie das Video und beantworten Sie die Fragen.

a) Seit wann wohnt Laetitia in Berlin?
b) Was ist sie von Beruf?
c) Wie lange arbeitet sie im Unicorn?
d) Wie viele Stunden arbeitet sie pro Tag?
e) Was sagt sie über die Atmosphäre und das Team?
f) Arbeitet sie normalerweise alleine oder im Team?

VOKABELN

der Illustrator (-en) / die Illustratorin (-nen)	*illustrator*
momentan	*at the moment*
die Karte (-n)	*map, card*
die Stunde (-n)	*hour*
die Atmosphäre (-n)	*atmosphere*
selbstständig	*freelance, independent*
der Kunde (-n) / die Kundin (-nen)	*client, customer*

Was passt zusammen?

Ordnen Sie zu.

a) Laetitia kommt
b) Sie arbeitet acht Stunden
c) Sie wohnt seit drei Jahren
d) Das Team
e) Sie ist
f) Sie arbeitet an Karten
g) Die Atmosphäre hier ist
h) Die Kunden von Laetitia sind

1 Illustratorin von Beruf.
2 Magazine und Touristikunternehmen.
3 ist sehr nett.
4 aus der Schweiz.
5 in Berlin.
6 pro Tag.
7 über Island, Schottland und Skandinavien.
8 richtig gut.

Und jetzt Sie!

Work in pairs. Using the following sentences as models, say what you can about yourself and your work or study.

Ich heiße Silvia.
Ich komme aus Italien.
Ich wohne seit vier Jahren in London.
Ich bin Filmproduzentin von Beruf.
Ich arbeite in London, in Soho.
Ich arbeite manchmal 12 Stunden pro Tag.
Manchmal arbeite ich nicht.
Ich finde meine Arbeit sehr interessant.

Mein Name ist Ankit Mukherjee.
Ich komme aus Kolkota.
Ich wohne seit zwei Jahren in München.
Ich lerne Deutsch seit vier Jahren.
Ich studiere Chemie an der Universität.
Ich arbeite / lerne / studiere 10 Stunden pro Tag.
Ich finde mein Studium sehr interessant, aber auch schwer.

Video 4: Ein türkischer Chor

Berlin ist eine multikulturelle Stadt und es gibt viele
Menschen mit türkischen Wurzeln. Mukaddes Çakmak und
Imdat Azak berichten, wo sie geboren sind und seit wann sie
in Berlin leben. Sie erzählen auch über ihre Familien und über
ihren Chor.

Was fehlt?

Sehen Sie die Interviews und finden Sie die fehlenden
Informationen.

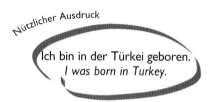

Nützlicher Ausdruck

Ich bin in der Türkei geboren.
I was born in Turkey.

	Mukaddes Çakmak	**Imdat Azak**
Alter		
Wo sie/er geboren ist	in _____ _____, in Yozgat	
Wie lange sie/er in Berlin wohnt		
Partner/Familie	ist nicht_____; hat einen Lebens_____	ist _____; hat zwei _____
Welche Sprache(n) sie/er zu Hause spricht		
Beruf	Pharmakantin; arbeitet in einem Pharmaunternehmen	Informationselektroniker; arbeitet als IT-Servicetechniker
Freizeit		

V O K A B E L N

der Hausmeister (-)	concierge, janitor
der Alltag (no pl.)	everyday life
der Pharmakant (-en) / die Pharmakantin (-nen)	pharmaceutical technician
das Unternehmen (-)	enterprise
der Informationselektroniker (-) / die Informationselektronikerin (-nen)	communications technician
der IT-Servicetechniker (-) / die IT-Servicetechnikerin (-nen)	IT service technician
singen	to sing
besuchen	here: to attend

2 Zwei Porträts

Welche Wörter fehlen? Sehen Sie das Video noch einmal und überprüfen Sie Ihre Antworten.

Mukaddes ist _____ Jahre alt und lebt seit _____ Jahren in Berlin. Sie ist aber in der _____ , in der Stadt Yozgat, geboren. Sie hat einen _____. Sein _____ ist Ibrahim. Zu Hause spricht sie _____ , im Alltag spricht sie Deutsch. Von _____ ist sie Pharmakantin. In ihrer Freizeit _____ sie sehr gerne und besucht einen _____. Sie reist auch sehr _____ .

Imdat ist _____ Jahre alt. Er ist in der Türkei _____ , lebt aber seit _____ Jahren in Berlin. Er ist verheiratet und hat zwei _____ : Burcu ist _____ Jahre alt und arbeitet als Recruiterin und Canzu ist 24 Jahre alt und ist _____ . Zu Hause sprechen sie _____ und _____ . Er _____ als IT-Servicetechniker. In seiner Freizeit _____ er im türkischen Chor und _____ gerne.

Mukaddes

Imdat

Video 5: Im Restaurant „Supersonico"

Der Stadtteil Berlin Wedding ist bekannt für seine schöne Architektur, seine trendigen Geschäfte und Cafés. Alma Rehberg und Nicolai Tegeler essen dort in einem italienischen Restaurant zu Mittag.

Richtig oder falsch?

Korrigieren Sie die falschen Antworten.

Berlin-Info

PEOPLE OF TURKISH HERITAGE IN GERMANY

About 3 million people living in Germany have family and religious ties with Turkey. They form the largest ethnic minority in Germany and the second largest Turkish community in the world outside Turkey. Around half now have German citizenship.

Originally, Turks migrated to Germany from the early 1960s onwards to find work. They were called **Gastarbeiter** or *guest workers*, implying that they would go back to Turkey once they had finished their jobs. However, such was the contribution of the Turks to the German economy that many stayed on and established families in Germany. Most people with Turkish roots in Germany live in Berlin.

	Richtig	Falsch
a) Als Vorspeise nimmt Alma die Petersilienwurzelsuppe.	❏	❏
b) Als Hauptgericht nimmt sie das ungarische Goulasch.	❏	❏
c) Nicolai nimmt eine Suppe und die Ravioli mit Fleisch.	❏	❏
d) Zum Trinken bestellen sie eine Flasche Rotwein und ein Mineralwasser.	❏	❏
e) Für das WLAN braucht man ein Passwort.	❏	❏
f) Das Essen hat nicht gut geschmeckt.	❏	❏
g) Sie nehmen noch einen Espresso und einen Tee.	❏	❏
h) Nicolai möchte mit Karte bezahlen.	❏	❏

VOKABELN

die Petersilienwurzelsuppe (-n)	*parsley root soup*
die Vorspeise (-n)	*starter*
das Hauptgericht (-e)	*main course*
die Kohlensäure (-n)	*carbon dioxide*
ohne Kohlensäure	*uncarbonated (still)*
das WLAN (no pl.)	*WiFi*
der Nachtisch (-e)	*dessert*
zahlen	*to pay*
die Rechnung (-en)	*bill*

Welche Antwort passt zu welcher Frage?

Sehen Sie das Video noch einmal und überprüfen Sie Ihre Antworten.

a) Möchten Sie bestellen?
b) Und als Hauptgericht?
c) Und zum Trinken?
d) OK. Ist das alles?
e) Entschuldigung, haben Sie auch WLAN hier?
f) War alles in Ordnung?
g) Möchten Sie noch einen Nachtisch?
h) Kann ich mit Karte zahlen?

1 Ja, danke. Es hat sehr gut geschmeckt.
2 Ja, natürlich. Ich bringe Ihnen sofort die Rechnung.
3 Ja, unser WLAN heißt „Supersonico".
4 Ich nehme eine Tasse Kaffee.
5 Wir nehmen eine Flasche Rotwein. Den Hauswein, bitte.
6 Ja, bitte.
7 Als Hauptgericht nehme ich das italienische Goulasch in Rotwein.
8 Ja, danke.

Und jetzt Sie! Rollenspiel

Partner A plays the role of the waiter, asking similar questions to those in Activity 2.

Partner B answers, choosing from the simplified menu. Then change roles.

Use the expressions from **Nützliche Ausdrücke** on the next page to help you.

Vorspeisen		*Alkoholische Getränke*	
Petersilienwurzelsuppe	4,5	Rotwein	Glas 4,5; Flasche 12,0
Tomatensuppe	4,5	Weißwein	Glas 4,5; Flasche 12,0
Gemischter Salat	5,0	Bier	3,5
Hauptgerichte		*Alkoholfreie Getränke*	
Gefüllte Ravioli mit Käse und Spinat	12,6	Mineralwasser (mit/ohne Kohlensäure)	3,5
Argentinisches Entrecote mit Frites	15,9	Orangensaft, Apfelsaft	3,5
Gebratener Tunfisch mit Reis	14,5	*Warme Getränke*	
Bratwurst mit Rotkohl und Kartoffeln	10,0	Filterkaffee	3,5
		Espresso	3,5
Dessert		Latte	4,0
Apfelkuchen	3,5	Schwarzer/Grüner Tee	3,0
Schwarzwälder Kirschtorte	4,0		

NÜTZLICHE AUSDRÜCKE

Ich möchte bestellen, bitte.	*I'd like to order.*
Als Vorspeise nehme ich ...	*As a starter I'll have ...*
Als Hauptgericht bekomme ich ...	*For my main course I'll have ...*
Als Nachtisch/Dessert möchte ich ...	*For dessert I'd like ...*
Zum Trinken nehme ich ...	*To drink, I'll have ...*
Kann ich bitte bezahlen?	*Can I pay, please?*

Video 6: Alternatives Berlin

Touristen möchten auch die alternativen Seiten von Berlin sehen, da können die City Guides Daniela-Caroline Bähr und Lina Grund helfen. Sie erzählen, wie lange sie normalerweise arbeiten, was sie nach der Arbeit machen und welche Sprachen sie mit ihren Touristen sprechen.

VOKABELN

die Serie (-n)	*serial, series*
fern|schauen	*to watch TV*
die Sehenswürdigkeit (-en)	*sight, place of interest*
der Fernsehturm (¨e)	*TV tower*
im Freien	*in the open air*
hauptsächlich	*mainly, predominantly*
der Geheimtipp (-s)	*secret tip*
die Möglichkeit (-en)	*opportunity, possibility*

Teil A – Ein typischer Wochentag

Sehen Sie die Interviews und finden Sie die fehlenden Informationen.

	Daniela	*Lina*
Wann sie aufstehen	normalerweise gegen 8.30 Uhr	
Was sie zum Frühstück essen		
Was sie trinken		
Wann die Arbeit anfängt	meistens kommt sie gegen 10 Uhr ins Büro	
Wie oft sie pro Woche arbeiten		
Was sie nach der Arbeit machen		trifft Freunde in einer Bar oder _____

Teil B – Tipps für Touristen

Beantworten Sie die Fragen.

a) Woher kommen die meisten Berlin-Touristen?
b) Welche drei Sehenswürdigkeiten kann man zum Beispiel am Wochenende sehen?
c) Wohin kann man noch gehen?
d) Welche Sprache sprechen Daniela und Lina meistens mit den Touristen?
e) Was kann man in der Oranienburger Straße finden?
f) Was für Möglichkeiten gibt es dort noch?

Und jetzt Sie!

Arbeiten Sie mit einem Partner oder in einer kleinen Gruppe und sprechen Sie über die folgenden Punkte:

- Welche Sehenswürdigkeiten kann man in Ihrer Stadt sehen?
- Wohin kann man gehen, wenn man im Freien sein möchte?
- Gibt es viele Touristen? Woher kommen die meisten Touristen?
- Haben Sie einen Geheimtipp für Touristen?

Man kann zum Beispiel den/die/das … sehen. Andere Sehenswürdigkeiten sind …

Man kann aber auch im Freien sein und …

Ja/Nein, es gibt viele/nicht so viele Touristen. Die meisten kommen …

Unser/Mein Geheimtipp ist … . Dort kann man …

Video 7: Mobil in Berlin

Berlin hat ein gutes öffentliches Verkehrssystem: Mit der U-Bahn, S-Bahn oder Straßenbahn und dem Bus kann man fast überall durch die Stadt fahren.

Hanna Starchyk kommt eigentlich aus Polen und arbeitet jetzt als Managerin im Unicorn. Sie erzählt, wie sie zur Arbeit kommt, wie lange die Fahrt dauert und was sie über das Verkehrssystem in Berlin denkt.

Beantworten Sie die Fragen.

a) Wie lange arbeitet Hanna schon im Unicorn?
b) Wie weit wohnt sie von ihrem Büro entfernt?
c) Wie kommt sie zur Arbeit und wie lange dauert es?
d) Wie fährt sie im Sommer?
e) Wie findet sie das Verkehrssystem?
f) Glaubt sie, Berlin ist eine gute Stadt für Fahrradfahrer? Warum (nicht)?
g) Was ist das Problem für Autofahrer?

der Bereich (-e)	sector
die Veranstaltung (-en)	event
entfernt	distant, away
die öffentlichen Verkehrsmittel (-)	public transport
der Verkehr (no pl.)	traffic
praktisch	practical
bequem	comfortable
zahlreich	numerous
höflich	polite
zueinander	to each other

Was gehört zusammen?

Verbinden Sie.

a) Ich arbeite hier in den Bereichen
b) Normalerweise komme ich zur Arbeit
c) Die Fahrt kann
d) Ich finde, das Verkehrssystem in Berlin
e) Es ist einfach und schnell,
f) Es gibt zahlreiche Fahrradwege
g) Man kann nicht so leicht in der Stadtmitte

1 und die Fahrradfahrer sind nett und höflich zueinander.
2 von A nach B zu kommen.
3 einen Parkplatz finden.
4 bis zu 20 Minuten dauern.
5 ist praktisch und bequem.
6 Veranstaltungen, Marketing und Social Media.
7 mit öffentlichen Verkehrsmitteln.

Und jetzt Sie!

Ein deutsches TV-Team möchte Sie über das Verkehrssystem in Ihrer Stadt interviewen. Beantworten Sie die Fragen.

Fahren Sie mit öffentlichen Verkehrsmitteln zur Arbeit/zur Uni? Finden Sie das Verkehrssystem praktisch und gut?

Sind die U-Bahnen/Züge/Busse pünktlich?

Gibt es viele und gute Fahrradwege?

Kann man als Autofahrer leicht einen Parkplatz finden?

Was möchten Sie noch sagen?

Video 8: Im Antiquitätengeschäft

In Berlin gibt es viele Antiquitätengeschäfte und Antikmärkte. In diesem Video zeigen uns Susanne Menner und Iris Bruhn, was sie in einem Geschäft gefunden und gekauft haben. Sie erzählen auch, wie sie nach Berlin gefahren sind und was sie in Berlin gemacht haben.

Was stimmt?

Unterstreichen Sie die richtigen Antworten.

a) Susanne kommt aus Frankfurt / Freiburg und Iris aus Kiel / Köln.
b) Iris und ihr Mann kaufen gern moderne Kunst / Antiquitäten.
c) Susanne hat ein Foto / eine Grafik gekauft.
d) Iris hat einen Biedermeierstuhl / einen Biedermeiertisch gekauft.
e) Susanne findet, die Grafik war sehr teuer / sehr günstig.
f) Susanne ist mit der Bahn / mit dem Fernbus nach Berlin gefahren.
g) Mit ihrer Freundin ist sie indisch / italienisch essen gegangen.
h) Iris ist mit dem Auto / mit der Bahn gekommen.
i) Sie hat das Jüdische Museum und die Neue / Alte Nationalgalerie besucht.

V O K A B E L N

die Antiquität (-en)	antique
die Grafik (-en)	artwork, picture
echt	genuine, real
der Biedermeierstuhl (¨e)	chair in the Biedermeier style (1815–48)
günstig	reasonable, lit. favourable
das Schnäppchen (-)	bargain
ursprünglich	originally
runter|handeln	to bargain
lecker	tasty, delicious
unternehmen	to do, undertake
das Paradies (-e)	paradise

Wer sagt was?

Susanne   Iris

a) Ich besuche eine Freundin hier in Berlin.
b) Mein Mann und ich sind Touristen hier.
c) In Berlin gibt es viele Geschäfte.
d) Ich finde die Farben fantastisch. Sie sind brillant.
e) Wir haben den Stuhl so lang gesucht.
f) Ich finde es war ein Schnäppchen!
g) Die Fahrt hat lange gedauert. Aber es war sehr billig.
h) Es gibt hier so viel Kulturelles zu sehen in Berlin.

3 Was Susanne und Iris in Berlin gemacht haben

Welche Wörter fehlen? Sehen Sie das Video noch einmal und überprüfen Sie Ihre Antworten.

Susanne

Ich habe meine _____ besucht. Wir sind zusammen indisch essen _____ . Es hat sehr _____ geschmeckt. Danach waren wir in einem _____. Es gibt hier so viel Kulturelles zu sehen in Berlin. Später sind wir noch _____ gegangen in diesen tollen _____ hier in Berlin. Ich besuche meine Freundin ein- bis zweimal im _____ und dann machen wir immer tolle Sachen _____ .

Iris

Natürlich haben wir das Brandenburger _____ und den _____ Platz gesehen. Wir haben auch das Jüdische _____ und die Alte Nationalgalerie besucht. Berlin ist kulturell ganz toll. Man _____ so viele Dinge unternehmen und auch zum _____ ist es ein Paradies. Mein Mann und _____ kommen gerne nach Berlin.

> **TIPP – Hundertwasser**
> *Friedensreich Hundertwasser was an Austrian painter and architect. He is well-known for his colourful and imaginative paintings. As an architect, he designed decorative buildings with irregular forms. His most famous building is probably the Hundertwasserhaus in Vienna.*

Video 9: Eine Wohnung in Kreuzberg

Sharon Bartel lebt mit ihrer Familie in Berlin-Kreuzberg. Sie zeigt uns ihre Wohnung und erzählt, was typisch für ihren Stadtteil ist und wie sich Kreuzberg in den letzten Jahren verändert hat. Außerdem erklärt sie, ob sie lieber auf dem Land oder in der Stadt wohnt.

VOKABELN

gemütlich	cosy, welcoming
kuschlig	snug, lit. cuddly
außerdem	in addition, as well
unglaublich	incredible / incredibly
der Ingwer (no pl.)	ginger
gönnen	to allow, grant; here: to treat
sich verändern	to alter, change
das Schloss (¨er)	castle

Beantworten Sie die Fragen.
a) Seit wann wohnt Sharon in ihrer Wohnung?
b) Wie viele Zimmer hat die Wohnung?
c) Lebt sie gern in der Großstadt?
d) Was ist typisch für Kreuzberg?
e) Was gönnt sie sich in der Markthalle?
f) Hat sich Kreuzberg in den letzten Jahren verändert?
g) Was macht sie, wenn sie mit ihrer Familie einen Ausflug zum Schloss Sanssouci macht?
h) Warum lebt sie lieber in der Großstadt als auf dem Land?

Adjektive

Setzen Sie ein.

a) Es gibt eine sehr gemütlich__ Küche, ein groß__
Wohnzimmer, 'n gemütlich__, klein__ Kinderzimmer, ein
Bad und dann noch ein kuschlig__ Schlafzimmer.

b) In Kreuzberg gibt es überall Graffitis und unglaublich
viel__ Sprachen, die man hört auf der Straße und
unterschiedlich__ Kulturen.

c) Es ist viel bunt__ geworden. Aber es ist auch teur__
geworden.

d) Ich wohne lieber in der Stadt. Es gibt hier viel__
Konzerte, toll__ Geschäfte und so viel zu tun.

Und jetzt Sie!

Ihre deutsche Tandempartnerin möchte mehr über Ihren
Stadtteil wissen. Beantworten Sie ihre Fragen.

a) Wie heißt Ihr Stadtteil? Wohnen Sie gern dort?

b) Gibt es dort unterschiedliche Kulturen?

c) Hört man viele Sprachen auf der Straße?

d) Was ist typisch für Ihren Stadtteil, z.B. Essen, Kleidung,
Wohnungen, etc.?

e) Hat sich Ihr Stadtteil in den letzten Jahren verändert?

f) Ist es auch teurer geworden?

g) Möchten Sie eigentlich woanders leben? Wenn ja, wo?
Wenn nein, warum nicht?

Video 10: Mode Made in Germany

Layla Müller ist eine junge Mode-Designerin und hat ein
Studio in Berlin-Charlottenburg. Sie erzählt, wie sie zur Mode
gekommen ist, was wichtig für ihre Kollektionen ist und
welche Bedeutung Berlin als Modestadt hat.

VOKABELN

der Gründer (-) / die Gründerin (-nen)	founder
werden	to become
sparen auf	to save for
die Nähmaschine (-n)	sewing machine
eigen	own
gründen	to found
der Schmuck (no pl.)	jewellery
die Auftragsarbeit (-en)	contract work
nachhaltig	sustainable
erreichen	to reach
verbinden	to combine

Richtig (R) oder falsch (F)?

Korrigieren Sie die falschen Aussagen.

Beispiele
Layla ist in Köln geboren. *Falsch – Layla ist in Bonn geboren.*
Sie ist in Köln zur Schule gegangen. *Richtig.*

a) Layla hat in Köln ihr Abitur gemacht.
b) Sie ist 2009 nach Berlin für ihr Studium gekommen.
c) Als sie 10 war, hat sie auf ihr erstes Kleid gespart.
d) Sie hat ihr Label *Layla De Mue* im Sommer 2017 gegründet.
e) Sie produziert nur eine Schmuckkollektion.
f) Sie trägt gern bunte Farben.
g) Soziale Medien sind nicht besonders wichtig für ihr Business.
h) Berlin ist sehr wichtig als Modestadt.

Was sagt Layla?

Sehen Sie das Video noch einmal und ergänzen Sie die Sätze.

a) Ich bin Modedesignerin und Gründerin der Firma *Layla De Mue* …
b) Bereits als Kind wollte ich …
c) Ich produziere eine Schmuckkollektion, Kostüme für eine Show und Auftragsarbeiten …
d) Sehr wichtig für meine Kollektionen sind mir, dass die Sachen nachhaltig sind, eine hohe Qualität haben und …
e) Ich mache sehr gerne eigene …
f) In Charlottenburg tragen die Leute mehr elegante Kleidung, wohingegen in Kreuzberg sehr alternative …
g) Berlin ist sehr international und verbindet viele Kulturen, viele …

Berlin-Info

BERLIN – THE CREATIVE CAPITAL OF GERMANY

Creative people of every kind are drawn to Berlin, not only from Germany, but from all over the world.

In the period immediately following the fall of the Berlin Wall in 1989, rents in Berlin, particularly in the former eastern sector of the city were comparatively low. Artists and technological innovators were drawn to Berlin from more expensive cities and found the 'alternative' lifestyle attractive. Soon Berlin had earned its reputation as the creative capital and this in turn brought yet more creative newcomers. Today Berlin is seen by many as the rising star of innovation and creativity.

Video 11: Im Fitnessstudio

Die Fitnessbranche boomt – Gesundheit und Fitness sind sehr wichtig für viele Leute in Deutschland. Norman Specht erzählt, warum und wie oft er ins Fitnesscenter geht, was er nach einer Session macht und wie wichtig ein gesunder Lebensstil für ihn ist.

Sehen Sie das Video und beantworten Sie die Fragen.

a) Seit wann geht Norman zwei- bis dreimal die Woche ins Fitnessstudio?
b) Was möchte er vor allem machen?
c) Wie lange dauert eine Klasse von *Becycle*?
d) Was trinkt und isst er nachher im Café?
e) Wie versucht er, sich gesund zu ernähren?
f) Gehen seine Freunde auch ins Fitnesscenter?
g) Lebt er die ganze Zeit gesund?
h) Benutzt er gelegentlich auch eine App für sein Training?

V O K A B E L N

die Muskel (-n)	muscle
auf|bauen	here: to build (up)
die Ausdauer (no pl.)	endurance
die Erwärmung (-en)	warm-up
gemeinsam	together, communally
quatschen	to chat, gossip
die Ernährung (-en)	food, nourishment
die Sportart (-en)	kind of sport
überwiegend	predominantly
gelegentlich	occasionally
die Geschwindigkeit (-en)	speed
die Ergänzung (-en)	complement
allgemein	general
das Ergebnis (-se)	result

Welches Verb passt am besten?

> ~~aufbauen~~ dauert trainieren gehen machen feiere denke lebe benutze ist hat checken arbeiten essen habe boomt

a) Vor allem möchte ich Muskeln *aufbauen*, stärker werden, und an meiner Kondition _____ .
b) Eine Klasse von *Becycle* _____ circa 45 Minuten.
c) Wir _____ einen Salat gemeinsam und dann _____ ich noch Zeit, meine E-Mails zu _____ .
d) Die Fitnessbranche _____ . Ganz viele meiner Freunde _____ und _____ regelmäßig zum Sport oder _____ Sportarten.
e) Ab und zu _____ ich natürlich auch gerne, am Wochenende gerade.
f) Ja, ich _____ schon, dass ich gesund _____.
g) Ja, gelegentlich _____ ich eine App, zum Beispiel eine Lauf-App.
h) Das _____ eine gute Ergänzung zum allgemeinen Training, dass man die Ergebnisse auch auf dem Handy _____ .

Und jetzt Sie!

Sprechen Sie mit einem Partner oder in einer kleinen Gruppe. Boomt die Fitnessbranche auch in Ihrem Land? Trainieren viele Ihrer Freunde?
Gehen Sie selber auch ins Fitnesscenter? Wenn ja: Wie lange gehen Sie schon und wie oft? Möchten Sie, wie Norman, auch Muskeln aufbauen? Arbeiten Sie an Ihrer Kondition? Oder machen Sie vielleicht eine andere Sportart? Was machen Sie allgemein für Ihre Gesundheit? Benutzen Sie Apps? Tragen Sie oder Ihre Freunde eine Fitnesswatch?

Video 12: *Notes of Berlin* – der Blogger Joab Nist

Joab Nist ist ein bekannter Blogger in Berlin. Er sammelt Notizen, die man überall in Berlin finden kann. Im Interview erzählt er über seinen Background und sein Projekt *Notes of Berlin*. Außerdem erklärt er, was wichtig ist, wenn man einen erfolgreichen Blog schreiben will und was ihn an Berlin fasziniert.

VOKABELN

die Notiz (-en)	note
faszinieren	to fascinate
die Kulturwissenschaft (-en)	Cultural Studies
sich identifizieren mit	to identify with
leidenschaftlich	passionate(ly)
erwarten	to expect
die Nachbarschaft (-en)	neighbourhood
der Diebstahl ("e)	theft
aus allen Ecken	from all corners
mit Sicherheit	here: certainly
verbunden mit	here: linked to

Richtig (R) oder falsch (F)?

Korrigieren Sie die falschen Aussagen.

Beispiele
Joab ist in München aufgewachsen. *Richtig.*
Er ist ein echter Berliner. *Falsch – er ist ein echter Bayer.*

a) Am Anfang hat Berlin ihn nicht fasziniert. ☐
b) Joab hat einen Bachelor in Kulturwissenschaften an der Freien Universität Berlin gemacht. ☐
c) Er will Berlin über die Notizen charakterisieren, die man in der Stadt findet. ☐
d) Er sagt, *Notes of Berlin* zeigt den puren Alltag aus der Hauptstadt. ☐
e) Ein guter Blogger muss sehr leidenschaftlich an seiner Idee arbeiten. ☐
f) Die Leser im Internet erwarten aber nicht täglich neue Inhalte. ☐
g) Themen in *Notes of Berlin* sind zum Beispiel Nachbarschaft, Fahrraddiebstahl oder Musik. ☐
h) Berlin ist repräsentativ für Deutschland. ☐
i) Joab meint, seine Zukunft wird mit *Notes of Berlin* verbunden sein. ☐

Was sagt Joab über Berlin?

Verbinden Sie.

a) Berlin hat mich von Anfang an
b) Und hier möchte ich
c) Es ist eine sehr lebendige Stadt,
d) *Notes of Berlin* zeigt damit den puren
e) Berlin ist eine sehr spannende Stadt zurzeit, denn hier
f) Berlin ist sehr
g) Berlin ist deswegen auch nicht wirklich repräsentativ für Deutschland,

1 international.
2 Alltag aus der Hauptstadt.
3 sondern Berlin ist eine europäische Weltstadt.
4 leben sehr viele Menschen mit kreativen Ideen aus allen Ecken der Welt.
5 sehr kreativ.
6 leben.
7 sehr fasziniert.

Und jetzt Sie!

Sie haben die 12 Videos über Berlin gesehen.

Welche Videos waren besonders interessant für Sie? Welche Videos waren nicht so interessant?

Welche Personen konnten Sie gut verstehen? Welche Personen nicht so gut?

Haben Ihnen die Videos geholfen, Ihr Deutsch zu verbessern?

Was haben Sie über Berlin gelernt?

Denken Sie, wie Joab, dass Berlin eine sehr lebendige und kreative Stadt ist?

Sind Sie schon einmal in Berlin gewesen oder möchten Sie Berlin besuchen? Oder welche andere Stadt in Deutschland, Österreich oder der Schweiz möchten Sie gerne sehen und warum?

> **Remember, you can email us with your comments and suggestions on the videos and any other aspects of the course at jmlearning@hodder.co.uk**

Credits for organisations and participants in the videos

Video 2 GLS Sprachschule Berlin
www.gls-german-courses.de/

Video 3 Unicorn Berlin
https://unicorn.berlin

Video 4 Türkischer Chor
www.facebook.com/defne.korosu.3

Video 5 Supersonico
www.supersonico.berlin/bild

Video 6 Alternative Berlin Tours
http://alternativeberlin.com/

Video 7 Unicorn Berlin
https://unicorn.berlin

Video 8 Antiquitätengeschäfte
www.suarezstrasse.com

Video 10 Mode Made in Germany
www.laylademue.com

Video 11 Im Fitnessstudio
BECYCLE Fitnessstudio https://www.becycle.de
My Goodness Kitchen
https://www.mygoodnessberlin.com/

Video 12 Notes of Berlin
www.notesofberlin.com
www.instagram.com/notesofberlin/

Irregular and mixed verbs

(See page 150.)

INFINITIVE		Vowel changes in the 3rd person singular present tense	PAST PARTICIPLE
an|fangen	to start	fängt an	angefangen
an|rufen	to call, to telephone		angerufen
auf|stehen	to get up		aufgestanden⊕
beginnen	to begin		begonnen
bleiben	to stay		geblieben⊕
bringen	to bring		gebracht
denken	to think		gedacht
empfehlen	to recommend	empfiehlt	empfohlen
essen	to eat	isst	gegessen
fahren	to drive, to go	fährt	gefahren⊕
finden	to find		gefunden
fliegen	to fly		geflogen⊕
geben	to give	gibt	gegeben
gehen	to go, to walk		gegangen⊕
haben	to have	hat	gehabt
helfen	to help	hilft	geholfen
kennen	to know		gekannt
kommen	to come		gekommen⊕
lesen	to read	liest	gelesen
nehmen	to take	nimmt	genommen
schlafen	to sleep	schläft	geschlafen
schneiden	to cut, to edit		geschnitten
schreiben	to write		geschrieben
schwimmen	to swim		geschwommen⊕
sehen	to see, to watch	sieht	gesehen
sein	to be	ist	gewesen⊕
singen	to sing		gesungen
sitzen	to sit		gesessen
sprechen	to talk, to speak	spricht	gesprochen
tragen	to carry, to wear	trägt	getragen
treffen	to meet	trifft	getroffen
trinken	to drink		getrunken
tun	to do		getan
um|steigen	to change		umgestiegen⊕
vergessen	to forget	vergisst	vergessen
verlassen	to leave	verlässt	verlassen
verlieren	to lose		verloren
waschen	to wash	wäscht	gewaschen
werden	to become	wird	geworden⊕
wissen	to know	weiß	gewusst

⊕ These verbs normally form their perfect tense with **sein**.

Glossary of grammatical terms

This glossary covers the most important grammar terminology used in this book. When applicable, there is a reference to the unit (→) where you will find more details and opportunities for practice. Detailed explanations are usually given in the grammar section of the relevant unit. However, further information may also appear within the unit.

Adjectives → *Unit 8* → *Unit 10*	***Adjektive*** Adjectives are used to provide more information about nouns. They can stand on their own following a noun or appear in front of a noun. In German, if an adjective comes *before* a noun it needs an ending: Das Land ist **schön**. Es ist ein schönes **Land**. For the endings needed when an adjective comes *before* a noun, see the relevant sections in the coursebook.
Adverbs	***Adverbien*** Adverbs provide more information about a) verbs: *Cleo ran quickly down the stairs;* and b) adjectives: *I was completely exhausted.* In German, adverbs normally have the same form as adjectives: Deine Arbeit ist gut. *Your work is good.* (adjective) Du arbeitest gut. *You work well.* (adverb)
Articles → *Unit 3*	***Artikel*** The word *the* is referred to as the **definite article**, and the word *a* or *an* as the **indefinite article**. In German, there are three articles. The definite articles are: **der** (masculine), **die** (feminine) and **das** (neuter). The indefinite articles are **ein** (masculine), **eine** (feminine) and **ein** (neuter). However, within the German case system, the forms of the articles can change. (See also **Cases**, **Cases and articles** and **Gender**.)
Cases → *Unit 4* *(nominative and accusative)*	***Fälle*** Cases are used in German to express relationships between the various parts of the sentence. The three cases that are covered in this course are: the nominative, the accusative and the dative.
→ *Unit 5* *(accusative)*	**Nominative** – this is the case that indicates the subject of the sentence. **Der Mann** kauft einen Computer. The man *buys a computer.*
→ *Unit 7* *(dative)*	**Accusative** – this is the case that indicates the direct object of the sentence: Der Mann kauft **einen Computer**. *The man buys* a computer.
→ *Unit 9* *(dative)*	**Dative** – this is the case that indicates the indirect object of the sentence: Wir haben **meinem Bruder** den Computer gegeben. *We gave the computer to my brother.* There is also a fourth case called the **Genitive case,** which indicates possession: Das ist der Computer **meines Bruders**. *That's my brother's computer.* Note that most prepositions in German are followed by either the accusative, dative or genitive case.

| Cases and articles | **_Fälle und Artikel_** |
| | Articles change their endings depending on the case they are linked to. This also applies to _possessives_ (**mein**, **dein** etc.). Here is an overview: |

	nominative	**accusative**	**dative**	**genitive**
Masc.	der, ein, mein	den, einen, meinen	dem, einem, meinem	des, eines, meines
Fem.	die, eine, meine	die, eine, meine	der, einer, meiner	der, einer, meiner
Neuter	das, ein, mein	das, ein, mein	dem, einem, meinem	des, eines, meines
Plural	die, meine	die, meine	den, meinen	der, meiner

| **Clauses** | **_Sätze_** |
| | See **Main clauses** and **Subordinate clauses** |

| **Comparative** → _Unit 9_ | **_Komparativ_** |
| | When we make comparisons, we need the comparative form of the adjective: cheap → cheaper. In German **-er** is added to the adjective to form the comparative: billig → billig**er**. Short adjectives often take an umlaut: Berlin ist größ**er** als Hamburg. (See also **Superlative**.) |

Compound nouns → _Unit 3_	**_Zusammengesetzte Nomen_**
	Compound nouns consist of two nouns or more and are a common feature in German.
	The last part of the compound noun determines the gender: das Handy + die Nummer → die Handynummer _mobile number_

Conjunctions → _Unit 11_ (wenn) → _Unit 12_ (dass, weil, obwohl)	**_Konjunktionen_**
	Conjunctions join words or clauses together. In German, a distinction is made between _coordinating conjunctions_ and _subordinating conjunctions_. Coordinating conjunctions such as **und** _and_, **aber** _but_ and **oder** _or_ simply join two main clauses together and do not affect the word order: Amal kommt aus München **und** ist 21 Jahre alt. _Amal comes from Munich and is 21 years old._
	Subordinating conjunctions include such words as **wenn** _when(ever)/if_, **weil** _because_, **obwohl** _although_ and **dass** _that_ and send the verb to the end of the clause: Ich glaube, **dass** Timo krank **ist**. _I think that Timo is ill._

| **Direct object** | **_Direktes Objekt_** |
| | See **Object** |

Gender
→ *Unit 3*

Geschlecht

In German, there are three genders, *masculine, feminine* and *neuter*: **der Computer** *the computer*, **die Adresse** *the address*, **das Taxi** *the taxi*. In German, nouns have a gender irrespective of sex. For instance, the gender of the word for *girl* (**das Mädchen**) is neuter.

Imperative
→ *Unit 5*

Imperativ

The imperative is the form of the verb used to give orders or commands and to make requests: *Help me, please*. In German, there are three main forms of the imperative, because of the various forms of address: Helfen Sie mir, bitte! (Sie form); Hilf mir, bitte! (du form); Helft mir, bitte! (ihr form).

Indirect object
→ *Unit 10*

Indirektes Objekt

See **Object**

Infinitive

Infinitiv

The infinitive is the form of the verb that you will find entered in a dictionary. In German, the infinitive usually ends in **-en**: gehen *to go*, spielen *to play*, machen *to do*, etc.

Irregular verbs
→ *List of irregular verbs p.242*

Irreguläre Verben

See **Verbs**

Main clause

Hauptsatz

A main clause usually consists of at least a subject and a verb. It can be a complete sentence on its own or linked to other clauses:
Ich gehe jetzt nach Hause. *I'm going home now.*
Ich gehe jetzt nach Hause, weil ich müde bin. *I'm going home now, because I'm tired.*

Modal verbs
→ *Unit 6*
(können, müssen)
→ *Unit 11*
(dürfen, sollen, wollen)

Modalverben

Modal verbs express concepts such as permission, obligation, possibility, etc. Modal verbs in German are **dürfen** *to be allowed to*, **können** *to be able to/can*, **müssen** *to have to/must*, **sollen** *to be supposed to/should* and **wollen** *to want to*.

Modal verbs cannot in general stand on their own; they require a second verb at the end of the clause: Ich **muss** jetzt nach Hause **gehen.** *I must go home now.*

Nouns
→ *Units 3, 4, 5*
(plural of nouns)

Nomen

Nouns are words like **Schuh** *shoe*, **Blog** *blog* or **Gesundheit** *health*. They are often called 'naming words'. A useful test of a noun is whether you can put *the* in front of it, e.g. *der Schuh, der Blog*. Nouns in German have one of three **genders** (*masculine, feminine* or *neuter*) and are written with a capital letter.

German nouns form their plural in a variety of different ways. Try to learn the gender and plural of a noun when you first encounter it.

Object
→ *Unit 4*
(direct object)
→ *Unit 10*
(indirect object)

Objekt
The term *object* expresses the receiving-end relationship between a noun and a verb. For example:
Der Hund beißt **den Postboten**. *The dog is biting* the postman.
The postman is said to be the object of the sentence, as he is at the receiving end of the action.

Sentences such as *Frau Marcus is giving my brother a dog* have both a direct object (a dog) and an indirect object (my brother) – indirect because the dog is being given **to** my brother. In German, the direct object requires the *accusative case* and the indirect object the *dative case*: Frau Marcus gibt **meinem Bruder** (dative) **einen Hund** (accusative). (See also **Cases** and **Subject**.)

Personal pronouns
→ *Units 1, 2, 3*
→ *Unit 10*
(dative pronouns)

Personalpronomen
Personal pronouns refer, as their name suggests, to persons. In German they are: **ich** *I*; **du** *you* (informal singular), **Sie** *you* (formal singular); **er**, **sie**, **es** *he, she, it*; **wir** *we*; **ihr** *you* (informal plural); **Sie** *you* (formal plural); **sie** *they*. (See also **Pronouns**.)

Plural

Plural
See **Singular and plural**

Possessives
→ *Unit 4*

Possessivpronomen
Words such as **mein** *my*, **dein** *your* (informal), **Ihr** *your* (formal), **sein** *his*, **ihr** *her, their* are given the term *possessives* or *possessive adjectives*, because they indicate who something belongs to.

Prepositions
→ *Unit 7*
(accusative, dative)
→ *Units 9, 10*
(dative)
→ *Unit 11*
(with places)

Präpositionen
Words like **in** *in*, **auf** *on*, **zwischen** *between*, **für** *for* are called prepositions. Prepositions often tell us about the location of something or about the direction in which something is moving. They are normally followed by a noun or a pronoun. In German, prepositions require the use of a **case**, such as the accusative or dative:
a Wir gehen heute **ins** (= in das) **Kino**. (accusative)
b Dein Tablet liegt **auf dem Tisch**. (dative)

Pronouns
→ *Units 2, 3*
→ *Unit 10*
(dative pronouns)

Pronomen
Pronouns fulfil a similar function to nouns and often stand in place of nouns mentioned earlier.
Der Vortrag war gut. **Er** war nicht zu lang. *The presentation* (noun) *was good. It* (pronoun) *wasn't too long.*

Note that in German the pronoun has to be the same gender as the noun which it stands for (**der Vortrag** → **er**). (See also **Nouns**.)

Reflexive verbs

Reflexivverben
These verbs take a reflexive pronoun such as **mich** *'myself'* or **sich** *'himself/ herself/themselves'* which refers back to the subject: Ich stelle **mich** vor. *I introduce myself.*

Separable verbs → Unit 6 → Unit 8 (in the perfect tense)	**Trennbare Verben** These verbs have prefixes such as **an-, auf-, mit-, vor-,** which can detach themselves from the verb and move to the end of the clause: **ankommen** Wir **kommen** heute Abend **an.** In the vocabulary sections of this book, separable verbs are usually indicated with a vertical bar: an|kommen *to arrive.*
Singular and plural → Units 3, 4, 5	**Singular und Plural** The terms singular and plural are used to make the contrast between 'one' and 'more than one': **Buch/Bücher** *book/books,* **Fernsehsendung/ Fernsehsendungen** *TV programme/TV programmes,* **Park/Parks** *park/parks.* There are several different plural forms in German. Some nouns do not normally have plural forms and are said to be uncountable: **das Obst** *fruit;* **das Glück** *luck.*
Subject → Unit 4	**Subjekt** The term *subject* expresses a relationship between a noun and a verb. In the sentence *The dog is biting the postman,* the dog is said to be the subject of the verb *to bite,* because it is the dog that is doing the biting. In German the subject of the sentence needs to be in the *nominative case:* **Der Hund** beißt den Postboten.
Subordinate clauses → Unit 11 (wenn) → Unit 12 (dass, weil, obwohl)	**Nebensätze** Subordinate clauses are linked to a main clause and normally can't stand on their own: *He goes home* **because it is late.** In German subordinate clauses are usually introduced by a subordinating **conjunction (dass, weil** etc.): Er geht nach Hause, **weil es spät ist.** All subordinate clauses are separated from the main clause by a comma or commas.
Superlative → Unit 9	**Superlativ** The superlative is used for the most extreme version of a comparison: **a** Dieses Poloshirt ist das **billigste** von allen. **b** Berlin ist die **bekannteste** Stadt in Deutschland. (See also **Comparative.**)
Tenses → Unit 3 → Unit 8	**Zeitformen** Most languages use changes in the verb form to indicate an aspect of time. These changes in the verb are traditionally referred to as tense, and the tenses may be *present, past* or *future.* Tenses are often reinforced with expressions of time: **Present: Heute** bleibe ich zu Hause. *Today I am staying at home.* **Past: Gestern** bin ich ins Fitnesscenter gegangen. Yesterday *I went to the gym.* The German tenses dealt with in this course are the *present* (**das Präsens**) and the *present perfect* (**das Perfekt**).

Verbs

→ *Unit 1, 2, 3*
→ *Unit 4*
(irregular)
→ *Unit 8*
(in the perfect)
→ *List of*
irregular verbs
p.242

Verben

Verbs often communicate actions, states and sensations. So, for instance, the verb **spielen** *to play* expresses an action, the verb **existieren** *to exist* expresses a state and the verb **sehen** *to see* expresses a sensation. A verb may also be defined by its role in the sentence or clause and usually has a **subject**. It may also have an **object**.

Verbs in German can be *regular* (often called *weak verbs*), or irregular (*strong* or *mixed verbs*). A list of the most common irregular verbs is provided in this reference section.

Word order

→ *Unit 6*
(subject-verb
inversion)
→ *Units 6, 11*
(with modal
verbs)

Wortstellung

Word order in German is often different from that in English.
In German, the verb is usually the second idea in the sentence. So if you put another idea, such as an expression of time, in first place, the subject (I, she, the man, etc.) has to go after the verb:

Ich	spiele	morgen	Fußball.
Morgen	spiele	ich	Fußball.
1	2	3	

In grammatical terms this is called **subject-verb inversion**.

Modal verbs normally require a second verb and this goes to the end of the sentence or clause: Ich **muss** jetzt für meine Prüfung **lernen**. *I have to study for my exam now.*

In most sentences, expressions of time (**morgen**), manner (**zu Fuß**) and place (**zur Uni**) have a more or less fixed order:

Ich muss	morgen	zu Fuß	zur Uni	gehen.
	1	2	3	

It is also possible to change the order of elements in a German sentence. For instance, the object of the sentence can appear in first position:

Das Tablet	schenkt	sie	ihrem Sohn (und nicht das Handy).
object	verb	subject	

Glossary

This glossary is intended to help you recall and use the most important words that you have met during the course. It is not intended to be comprehensive.

Abbreviations
form. = formal; inform. = informal; pl. = plural; sing. = singular; + acc. = + accusative; + dat. = + dative

* indicates that a verb is irregular; you will find most of these verbs on the list of irregular verbs (page 242).
| indicates that a verb is separable (e.g. **an|rufen**).

A

about (30 minutes)	ungefähr
to ache	weh|tun
My head aches	Mein Kopf tut (mir) weh
actually	eigentlich
adapter	der Adapter (-)
address	die Adresse (-n)
advantage	der Vorteil (-e)
adventure	das Abenteuer (-)
to advise	raten*
aeroplane	das Flugzeug (-e)
after	nach (+ dat.)
after that	danach
afternoon	der Nachmittag
in the afternoon	am Nachmittag/nachmittags
afterwards	anschließend
ago	vor
a year ago	vor einem Jahr
air	die Luft (¨e)
in the open air	im Freien
airport	der Flughafen (¨)
alarm clock	der Wecker (-)
alcohol	der Alkohol
already	schon
to alter	ändern
although	obwohl (sends verb to end)
always	immer
to amount to	betragen*
answer	die Antwort (-en)
to answer (a question)	(eine Frage) beantworten
answering machine	der Anrufbeantworter (-)
antique	die Antiquität (-en)
to appear	erscheinen*
apple	der Apfel (¨)
appointments diary	der Terminkalender (-)
apprenticeship	die Lehre (-n)
to do an apprenticeship	eine Lehre machen
approximately	ungefähr
April	der April
area	das Gebiet (-e)
arm	der Arm (-e)
armchair	der Sessel (-)
art	die Kunst (¨e)
aspirin	das Aspirin (-s)
to take an aspirin	ein Aspirin nehmen
asylum seeker	der Asylant (-en)
atmosphere	die Atmosphäre (-n)
August	der August
aunt	die Tante (-n)
autumn	der Herbst

B

baby	das Baby (-s)
back (noun)	der Rücken (-)
back	zurück
bad	schlecht
bag	die Tüte (-n)
baguette	die Baguette (-s/-n)
bakery	die Bäckerei (-en)
balcony	der Balkon (-)
balloon	der Luftballon (-s)
the Baltic (Sea)	die Ostsee
banana	die Banane (-n)
band	die Band (-s)
bank	die Bank (-en)
bargain	das Schnäppchen (-)
bathroom	das Badezimmer (-)
to be	sein*
to be able to, can	können*
beach	der Strand (¨e)
beautician	die Kosmetikerin (-nen)
beautiful	schön
to be called	heißen*
because	denn/weil (sends verb to end)
to become	werden*
bed	das Bett (-en)
bedroom	das Schlafzimmer (-)
beer	das Bier (-e)
beer belly	der Bierbauch (¨e)
beer garden	der Biergarten (¨)
before(hand)	vorher
to begin	an|fangen*, beginnen*
behind	hinter (+ acc. / + dat.)
to believe	glauben
belly	der Bauch (¨e)
between	zwischen (+ acc. / + dat.)
bicycle	das Fahrrad (¨er)
to ride a bike	ein Fahrrad fahren*

big	groß
bike	das Fahrrad (¨er); das Motorrad (¨er)
bill	die Rechnung (-en)
birthday	der Geburtstag (-e)
bit	bisschen
black	schwarz
blouse	die Bluse (-n)
blue	blau
body	der Körper (-)
book	das Buch (¨er)
bookshop	die Buchhandlung (-en)
border	die Grenze (-n)
boring	langweilig
bosom	der Busen (-)
bottle	die Flasche (-n)
boy	der Junge (-n)
boyfriend	der Freund (-e)
branch manager	der Filialleiter (-)
brands, branded clothing	die Markenkleidung (-en)
bread	das Brot (-e)
breakfast	das Frühstück
to (eat) breakfast	frühstücken
for breakfast	zum Frühstück
bricklayer	der Maurer (-) / die Maurerin (-nen)
bright	hell
brilliant	prima (inform.)
to bring	bringen*
brother	der Bruder (¨)
brother-in-law	der Schwager (¨)
brothers and sisters	Geschwister (pl.)
building	das Gebäude (-)
bus	der Bus (-se)
business	das Geschäft (-e)
business – on business	geschäftlich
business card	die Visitenkarte (-n)
business trip	die Geschäftsreise (-n)
busy	besetzt/beschäftigt
The line is busy	Die Leitung ist besetzt
I am busy	Ich bin beschäftigt
but	aber
butter	die Butter (-)
to buy	kaufen
bye	Tschüss! / Tschüs!

C

café	das Café (-s)
cake	der Kuchen (-)
to call	rufen
to be called	heißen
to call (telephone)	an|rufen*
to call back	zurück|rufen*
camera	die Kamera (-s)
can	die Dose (-n)
canteen (in a university)	die Mensa (Mensen)
cap	die Mütze (-n)
capital city	die Hauptstadt (¨e)

cappuccino	der Cappuccino (-s)
car	das Auto (-s)
car mechanic	der Automechaniker (-) / die Automechanikerin (-nen)
card	die Karte (-n)
career	die Karriere (-n), die Laufbahn (-en)
carpenter	der Tischler (-) / die Tischlerin (-nen)
carrot	die Karotte (-n)
cash desk	die Kasse (-n)
castle	das Schloss (¨er)
casual	lässig
cat	die Katze (-n)
cauliflower	der Blumenkohl (-e)
CD	die CD (-s)
to celebrate	feiern
celebration	die Feier (-n)
cellar	der Keller (-)
central	zentral
central heating	die Zentralheizung (-en)
to chat	schwatzen
champagne	der Sekt (produced in Germany)
to change (money, etc)	wechseln (Geld, etc)
to change (bus, train, etc)	um|steigen*
to change, alter	ändern
checkout	die Kasse (-n)
cheese	der Käse
chemist's shop	die Apotheke (-en)
chest	die Brust (¨e)
chicken	das Hähnchen (-)
child	das Kind (-er)
children's room	das Kinderzimmer (-)
Christmas	das Weihnachten (-)
church	die Kirche (-n)
cinema	das Kino (-s)
city	die Stadt (¨e), die Großstadt (¨e)
city centre	das Stadtzentrum (-zentren)
city life	das Stadtleben (-)
class reunion	das Klassentreffen (-)
client	der Kunde (-n) / die Kundin (-nen)
clock	die Uhr (-en)
clothing	die Kleidung
cloudy	wolkig
coat	der Mantel (¨)
coffee	der Kaffee (-s)
coffee machine	die Kaffeemaschine (-n)
cold	kalt
to collect	sammeln
colour	die Farbe (-n)
colourful	bunt

to come	kommen*
to come again, come back	wieder|kommen*
to come along	mit|kommen*
comfortable	bequem, komfortabel
to complete, do	erledigen
complicated	kompliziert
to comprise	umfassen
computer	der Computer (-)
confectionery	die Süßigkeit (-en)
connection	die Verbindung (-en)
to connect	verbinden
consumer article	der Konsumartikel (-)
container	der Behälter (-)
contrast	der Kontrast (-e)
to cook	kochen
cool	kühl
corner	die Ecke (-n)
cornflakes	die Cornflakes (pl.)
cosmopolitan	kosmopolitisch
to cost	kosten
cosy	gemütlich
country	das Land (¨er)
We are going to the country	Wir fahren aufs Land
countryside	das Land
creative	kreativ
cup	die Tasse (-n)
cupboard	der Schrank (¨e)
customer	der Kunde (-n) / die Kundin (-nen)
customer advisor	der Kundenberater (-) / die Kundenberaterin (-nen)
to cut	schneiden
CV	der Lebenslauf (¨e)
to cycle	Rad fahren*

D

to dance	tanzen
dangerous	gefährlich
dark	dunkel
daughter	die Tochter (¨)
day	der Tag (-e)
dear	lieb
Dear Peter	Lieber Peter (inform.)
Dear Mrs Meier	Sehr verehrte Frau Meier (form.)
December	der Dezember
decision	die Entscheidung (-en)
delicious	lecker
delighted	erfreut, sich freuen
I am delighted	Das freut mich
dentist	der Zahnarzt/die Zahnärztin
department store	das Kaufhaus (¨er)
dessert	der Nachtisch (-e)
for dessert	als Nachtisch
diary (for appointments)	der Terminkalender (-)
different	verschieden
difficult	schwer

direction	die Richtung (-en)
directory enquiries	die Auskunft
disadvantage	der Nachteil (-e)
district, quarter	der Stadtteil (-e)
diving	das Tauchen
divorced	geschieden
to do	machen, tun*, unternehmen
doctor	der Arzt (¨e) / die Ärztin (-nen)
dog	der Hund (-e)
double room	das Doppelzimmer (-)
to download	herunter|laden*
dream	der Traum (¨e)
to dress (oneself)	sich kleiden
drink	das Getränk (-e)
to drink	trinken*
to drive	fahren*
drop	der Tropfen (-)
drugstore	die Drogerie (-n)
dry cleaner's	die Reinigung (-en)
DVD recorder	der DVD-Rekorder (-)

E

ear	das Ohr (-en)
early	früh
earlier	früher
to earn	verdienen
East	der Osten
in the East	im Osten
to eat	essen*
egg	das Ei (-er)
electrical appliance	das Elektrogerät (-e)
electrical goods shop	der Elektroladen (¨)
electrician	der Elektriker (-)
else – Anything else?	Sonst noch etwas?
e-mail address	die E-Mail-Adresse (-n)
emigrant	der Emigrant (-en) / die Emigrantin (-nen)
employee	der Angestellte (-n) / die Angestellte (-n)
engaged (phone line)	besetzt
engineer	der Ingenieur (-e) / die Ingenieurin (-nen)
environment	die Umwelt
especially	besonders
Euro	der Euro (-/-s)
evening	der Abend (-e)
in the evening	abends
event	die Veranstaltung (-en)
every day	jeden Tag
everything	alles
examination	das Examen (-), die Prüfung (-en)
excellent	ausgezeichnet
exciting	aufregend
excursion	der Ausflug (¨e)
to excuse	entschuldigen

to expect	erwarten
expensive	teuer
expression	der Ausdruck ("e)
extras, bills	die Nebenkosten (pl. only)
eye	das Auge (-n)
eye specialist	der Augenarzt ("e) / die Augenärztin (-nen)

F

face	das Gesicht (-er)
fairly	ziemlich
family	die Familie (-n)
fantastic	fantastisch
far	weit
to fascinate	faszinieren
fashion centre	das Modezentrum (-zentren)
fashion designer	der Modedesigner (-) / die Modedesignerin (-nen)
fashion label	die Modemarke (-n)
fashion show	die Modenschau (-en)
fashion	die Mode (-n)
fashionable	modisch
fat	dick
fat (noun)	das Fett
father	der Vater (")
father-in-law	der Schwiegervater (")
February	der Februar
to feel	fühlen
to fetch	ab|holen
to fight	bekämpfen
film	der Film (-e)
to find	finden*
to finish	beenden
first, at first	zuerst
fish	der Fisch (-e)
flat	die Wohnung (-en)
flat-share	die Wohngemeinschaft (-en)
flea market	der Flohmarkt ("e)
flower	die Blume (-n)
flu	die Grippe (-n)
fluent	fließend
to fly	fliegen*
fog	der Nebel
foggy	neblig
food	die Lebensmittel (neuter pl)
foot	der Fuß ("e)
football	der Fußball ("e)
for	für (+ acc.)
foreigner	der Ausländer (-), die Ausländerin (-nen)
forest	der Wald ("er)
to forget	vergessen*
formerly	früher
to found	gründen
founder	der Gründer (-) / die Gründerin (-nen)
freelance	selbstständig

frequently	häufig
fresh	frisch
Friday	der Freitag
friend	der Freund (-e), die Freundin (-nen)
friendly	freundlich (for countries and towns)
from	aus (+ dat.); von (+ dat.)
front – in front of	vor (+ acc. / + dat.)
fruit	das Obst
full	voll
fun	der Spaß
to function, to work	funktionieren
furniture	Möbel (-) (neut.pl.)

G

game	das Spiel (-e)
garden	der Garten (")
garlic	der Knoblauch
gentleman	der Herr (-en)
German (language)	(das) Deutsch
German-speaking countries	deutschsprachige Länder
Germany	(das) Deutschland
to get	bekommen*
to get (fetch)	holen
to get up	auf|stehen*
gift	das Geschenk (-e)
girl	das Mädchen (-)
girlfriend	die Freundin (-nen)
to give	geben*
to give (as a present)	schenken
glass	das Glas ("er)
glasses (pair of)	die Brille (-n)
to go (in a vehicle)	fahren*
to go	gehen*
to go for a walk	spazieren gehen
good	gut
Goodbye	Auf Wiedersehen
Good day (including Good afternoon)	Guten Tag
Good evening	Guten Abend
Good morning	Guten Morgen
Good night	Gute Nacht
grammar school	das Gymnasium (...ien)
grandchild	das Enkelkind (-er)
grandfather	der Großvater (")
grandmother	die Großmutter (")
grandson	der Enkelsohn ("e)
great	toll
green	grün
greeting	der Gruß ("e)
grey	grau
guesthouse	die Pension (-en)
to guide	führen
guided tour (of a town)	die Stadtführung (-en)
gynaecologist	der Frauenarzt/die Frauenärztin

H

hair	das Haar (-e)
hairdresser	der Friseur (-e) / die Friseurin (-nen)
hairstyle	die Frisur (-en)
hand	die Hand (¨e)
hat	der Hut (¨e)
to hate	hassen
to have	haben*
to have to, must	müssen*
head	der Kopf (¨e)
health	die Gesundheit
health insurance	die Krankenversicherung (-en)
healthy	gesund
heart	das Herz (-en)
hectic	hektisch
heel	die Ferse (-n)
hello	hallo
to help	helfen*
here	hier
high	hoch
high point, climax	der Höhepunkt (-e)
to hike	wandern
hobby	das Hobby (-s)
holiday	der Urlaub (-e)
holiday location, resort	der Ferienort (-e)
honey	der Honig (-e)
hospital	das Krankenhaus (¨er)
hot	heiß
hotel	das Hotel (-s)
hour	die Stunde (-n)
house	das Haus (¨er)
house-warming party	die Hauseinweihungsfeier (-n)
how?	wie?
how many?	wie viele?
how much?	wie viel?
human being	der Mensch (-en)
to hurt	weh|tun

I

I	ich
ice, ice-cream	das Eis (-)
idea	die Idee (-n)
I have no idea!	Ich habe keine Ahnung!
if	wenn (sends verb to end)
ill	krank
illness	die Krankheit (-en)
important	wichtig
in	in (+ acc. / + dat.)
incredible	unglaublich
individual(ly)	individuell
information	die Auskunft (¨e)
informative	informativ
inhabitant	der Einwohner (-)
insurance	die Versicherung (-en)
interesting	interessant

internship, work placement	das Praktikum (Praktika)
to introduce oneself	sich vor|stellen
interview	das Interview (-s)
to interview	interviewen
invitation	die Einladung (-en)
to invite	ein|laden*
island	die Insel (-n)
IT specialist	der IT-Spezialist (-en) / die IT-Spezialistin (-nen)

J

jacket	die Jacke (-n)
jam	die Marmelade (-n)
January	der Januar
jewellery	der Schmuck (no pl.)
job	der Beruf (-e); der Job (-s)
job – Do you work?	Sind Sie berufstätig?
job – What work do you do?	Was sind Sie von Beruf?
joke	der Witz (-e)
journalist	der Journalist (-en) / die Journalistin (-nen)
juice	der Saft (¨e)
July	der Juli
June	der Juni

K

kiosk	der Kiosk (-e)
kitchen	die Küche (-)
knee	das Knie (-)
knowledge	die Kenntnis (-se) (often plural)
to know, be acquainted with	kennen*
well-known	bekannt
to know (a fact)	wissen*

L

lady	die Dame (-n)
lamp	die Lampe (-n)
language	die Sprache (-n)
language course	der Sprachkurs (-e)
language school	die Sprachschule (-n)
large	groß
to last	dauern
late	spät
to laugh	lachen
to lead	führen
to learn	lernen
least – at least	mindestens
to leave	verlassen*
to leave (a message)	hinterlassen*
lecture	die Vorlesung (-en)
left	links
leg	das Bein (-e)
lemonade	die Limonade (-n)
letter	der Brief (-e)
library	die Bibliothek (-en)
to lie (in the sun, etc.)	liegen
life	das Leben (-)
light	hell

to like – Do you like dancing?	Tanzen Sie gern?	*Monday*	der Montag
to like – What would you like?	Was möchten Sie?	*money*	das Geld
to like (on social media)	liken	*month*	der Monat (-)
line (telephone)	die Leitung (-en)	*morning*	der Morgen (-)
lip	die Lippe (-n)	*in the morning*	morgens
to listen	zu|hören (+ dat.)	*mostly*	meistens
little	wenig	*mother*	die Mutter (¨)
a little	ein bisschen	*mother-in-law*	die Schwiegermutter (-n)
to live	wohnen, leben	*mother tongue*	die Muttersprache (-n)
living room	das Wohnzimmer (-)	*mountain*	der Berg (-e)
long	lang	*mouth*	der Mund (¨er)
to look	aus|sehen*	*to move*	ziehen*
to look for	suchen (nach)	*Mr*	Herr
to lose	verlieren*	*Mrs*	Frau
loud	laut	*muesli*	das Müsli (-s)
to love	lieben	*multicultural*	multikulturell
low	niedrig	*mushroom*	der Pilz (-e)
lunch	das Mittagessen (-)	*music*	die Musik
for lunch	zu Mittag	*musician*	der Musiker (-) / die Musikerin (-nen)
lunch break	die Mittagspause (-n)	*my*	mein

M

main course	das Hauptgericht (-e)	**N**	
for the main course	als Hauptgericht	*name*	der Name (-n)
main post (office)	die Hauptpost	*national lottery*	das Lotto
maize	der Mais	*naturally*	natürlich
to make	machen	*near*	in der Nähe (von)
man	der Mann (¨er)	*nearby*	in der Nähe
map	die Karte (-n)	*necessary*	nötig
March	der März	*neck*	der Hals (¨e)
market	der Markt (¨e)	*to need*	brauchen
market hall	die Markthalle (-n)	*nephew*	der Neffe (-n)
married	verheiratet	*never*	nie
matter	die Sache (-n)	*new*	neu
What's the matter with you?	Was fehlt Ihnen/dir? (+ dat.)	*news (a piece of)*	die Nachricht (-en)
May	der Mai	*next*	nächst-
to mean	bedeuten	*next to*	neben (+ acc. / + dat.)
measure	das Maß (-e)	*nice*	schön, nett
meat	das Fleisch	*niece*	die Nichte (-n)
mechanic	der Mechaniker (-) / die Mechanikerin (-nen)	*night*	die Nacht (¨e)
		at night	nachts
medicine	das Arzneimittel (-), das Medikament (-e)	*no*	nein
		no (adj.)	kein
to meet	treffen*; sich treffen	*noisy*	laut
meeting place	der Treffpunkt (-e)	*normally*	normalerweise
menu	die Speisekarte (-n)	*North*	der Norden
message	die Nachricht (-en)	*in the North*	im Norden
to give a message to someone	jemandem etwas ausrichten	*nose*	die Nase (-n)
midday	der Mittag (-e)	*not*	nicht
at midday	mittags	*noun*	das Nomen (-)
milk	die Milch	*November*	der November
mineral water	das Mineralwasser (-)	*now*	jetzt
minority	die Minderheit (-en)	*number*	die Zahl (-en)
Miss	Fräulein	*(as in cardinal numbers)*	
mobile phone	das Handy (-s)	*number*	die Nummer (-n)
modern	modern	*(as in phone numbers)*	
moment	der Augenblick (-e), der Moment (-e)	*nurse (female)*	die Krankenschwester (-n)
at the moment	im Augenblick, im Moment	*nurse (male)*	der Krankenpfleger (-)

O

October	der Oktober
of course	natürlich
office	das Büro (-s)
often	oft
oil	das Öl (-e)
old	alt
old-fashioned	altmodisch
on	auf (+ acc. / dat.)
once	einmal
one (personal pronoun)	man
open	offen
opinion	die Meinung (-en)
opportunity	die Möglichkeit (-en)
or	oder
orange	die Orange (-n)
orange juice	der Orangensaft (¨e)
to order	bestellen
outing	der Ausflug (¨e)
outlook	die Aussicht (-en)
outside	außerhalb
over	über (+ acc. / + dat.)
overcast	bedeckt
oyster	die Auster (-n)

P

the Pacific	der Pazifik
packet	die Packung (-en)
paediatrician	der Kinderarzt/die Kinderärztin
pain	der Schmerz (-en)
paradise	das Paradies (-e)
parents	die Eltern (pl.)
park	der Park (-s)
part	der Teil (-e)
party	die Party (-s)
past	die Vergangenheit (-en)
to pay	zahlen, bezahlen
peaceful	friedlich
pension	die Rente (-n)
people	die Leute (pl.)
perfume	das Parfum/Parfüm (-s)
perhaps	vielleicht
person	die Person (-en)
personal pronoun	das Personalpronomen (-)
personal details	persönliche Angaben
photo	das Foto (-s)
to take a photo	ein Foto machen
to photograph	fotografieren
photographic shop	das Fotogeschäft (-e)
to pick up	ab|holen
picture	das Bild (-er)
piece	das Stück (-e)
pizza	die Pizza (-s/Pizzen)
place of birth	der Geburtsort (-e)
place of residence	der Wohnort (-e)
to play	spielen
please	bitte

police	die Polizei
polite	höflich
poor	arm
popular	beliebt
possibility	die Möglichkeit (-en)
post	die Post
postcard	die Postkarte (-n)
pot	das Kännchen (-)
potato	die Kartoffel (-n)
pound	das Pfund
practical	praktisch
prefer – I prefer (drinking) tea	Ich trinke lieber Tee
to prepare	vor|bereiten
to prescribe	verschreiben*
present	das Geschenk (-e)
pressure	der Druck (¨e/-e)
previously	bislang
price	der Preis (-e)
primary school	die Grundschule (-n)
principality	das Fürstentum (¨mer)
problem	das Problem (-e)
to produce	produzieren
producer	der Produzent (-en)
profession	der Beruf (-e)
proportion	der Anteil (-e)
prospect	die Aussicht (-en)
pub	die Kneipe (-n)
public transport	die öffentlichen Verkehrsmittel (pl.)
to pull	ziehen
pullover	der Pullover (-); der Pulli (-s)
to put	stellen, legen
to put on (clothes)	an|ziehen*
to put (s.o.) through	verbinden*

Q

quarter	das Viertel (-)
quarter to nine	Viertel vor neun
question	die Frage (-n)
quiet	ruhig
quite	ziemlich

R

radio	das Radio (-s)
radio broadcast	die Radiosendung (-en)
rail	die Bahn (-en)
railway station	der Bahnhof (¨e)
rain	der Regen
rain jacket	die Regenjacke (-n)
to rain	regnen
rank	der Rang (¨e)
to read	lesen*
really	wirklich
receptionist (female)	die Empfangsdame (-n)
to recommend	empfehlen*
record	die Schallplatte (-n) / die Platte (-n)

red	rot
refrigerator	der Kühlschrank (¨e)
region	das Gebiet (-e)
relatively	relativ
relaxed	relaxed, entspannt
rent	die Miete (-n)
to rent	mieten
to reserve	reservieren
result	das Ergebnis (-se)
retired	pensioniert
reunification	die Wiedervereinigung (-en)
rice	der Reis
rich	reich
right	rechts
the right one	der, das, die Richtige
rock band	die Rockband (-s)
roll (of bread)	das Brötchen (-)
room	das Zimmer (-)

S

safe	sicher
salad	der Salat (-e)
salami	die Salami (-s)
Saturday	der Samstag/Sonnabend
sausage	die Wurst (¨e), das Würstchen (-)
fried sausage	die Bratwurst (¨e)
to save	sparen
to save for	sparen auf (+ acc.)
to say	sagen
school	die Schule (-n)
sea	das Meer (-e); die See (-n)
season	die Jahreszeit (-en)
secretary	der Sekretär (-e) / die Sekretärin (-nen)
to see	sehen*
seldom, rarely	selten
series	die Serie (-n)
shampoo	das Shampoo (-s)
to share	teilen
shelves	das Regal (-e)
to shine	scheinen
shirt	das Hemd (-en)
shoe	der Schuh (-e)
shop	das Geschäft (-e); der Laden (¨)
to shop	ein|kaufen
shop assistant	der Verkäufer (-) / die Verkäuferin (-nen)
short(ly)	kurz
shower	die Dusche (-n)
to shower	duschen
sick	krank
sight (worth seeing)	die Sehenswürdigkeit (-en)
since	seit (+ dat.)
to sing	singen*
singer	der Sänger (-)
single	ledig
single room	das Einzelzimmer (-)

sister	die Schwester (-n)
sister-in-law	die Schwägerin
to sit	sitzen*
to ski	Ski laufen* / Ski fahren*
skin cream	die Hautcreme (-s)
skirt	der Rock (¨e)
o sleep	schlafen*
small	klein
to smoke	rauchen
smoothie	der Smoothie (-s)
snow	der Schnee
to snow	schneien
soap	die Seife (-n)
social	sozial
social media	soziale Medien
society	die Gesellschaft (-en)
sock	die Socke (-n)
sofa	das Sofa (-s)
sometimes	manchmal
son	der Sohn (¨e)
song	das Lied (-er)
sorry – I'm sorry about that	Das tut mir leid
soup	die Suppe (-n)
South	der Süden
in the South	im Süden
to speak	sprechen
to spell	buchstabieren
sport	der Sport (-)
sports equipment	der Sportartikel (-)
spring	der Frühling
stadium	das Stadium/Stadion (-ien)
to start	an|fangen*
starter	die Vorspeise (-n)
for a starter	als Vorspeise
station	der Bahnhof (¨e)
to stay	bleiben*
still	noch
stocking	der Strumpf (¨e)
stomach	der Bauch (¨e), der Magen (¨)
to stop	halten*
straight ahead, straight on	geradeaus
street	die Straße (-n)
strength	die Stärke (-n), die Kraft (¨e)
strength training	das Krafttraining (-s)
strenuous	anstrengend
stressful	stressig
strong	stark
student	der Student (-en) / die Studentin (-nen)
student residence	das Studentenwohnheim (-e)
study	studieren
What do you study?	Was studierst du?
sugar	der Zucker
suit	der Anzug (¨e)
summer	der Sommer (-)
sun	die Sonne (-n)
Sunday	der Sonntag (-e)

sunglasses	die Sonnenbrille (-n)
sunny	sonnig
super (inform.)	klasse
supermarket	der Supermarkt (¨e)
supper	das Abendessen (-), das Abendbrot (-e)
for supper	zu Abend, zum Abendbrot, zum Abendessen
surroundings	die Umgebung (-en)
sustainable	nachhaltig
sweet	süß
sweet(ish)	süß(lich)
sweet	der Bonbon (-s)
sweet corn	der Mais
to swim	schwimmen*

T

table	der Tisch (-e)
tablet	die Tablette (-n)
to take	nehmen*
to talk	reden
tandem partner	der Tandempartner (-) / die Tandempartnerin (-nen)
taste	der Geschmack (¨er)
to taste	schmecken
tasty	lecker
taxi	das Taxi (-s)
taxi driver	der Taxifahrer (-) / die Taxifahrerin (-nen)
tea	der Tee
teacher	der Lehrer (-) / die Lehrerin (-nen)
telephone	das Telefon (-e)
telephone number	die Telefonnummer (-n)
to telephone	an|rufen, telefonieren
television set	der Fernseher (-)
television show	die Fernsehshow (-s)
temperature	die Temperatur (-en)
tennis	das Tennis
terraced house	das Reihenhaus (¨er)
terrible	schrecklich
terrific	toll
thank you	danke schön
theatre	das Theater (-)
theme	das Thema (Themen)
then	dann
there	dort; da
they	sie
thing	die Sache (-n); das Ding (-e)
to think	denken*
to think of	denken* über, finden*
thirsty	durstig
throat	der Hals (¨e)
through	durch (+ acc.)
thunder storm	das Gewitter (-)
thundery	gewittrig
Thursday	der Donnerstag
ticket	das Ticket (-s)
ticket (for bus, train, etc)	der Fahrschein (-e)

tie	die Krawatte (-n)
till	die Kasse (-n)
time	die Zeit (-en)
What's the time?	Wie spät ist es? Wie viel Uhr ist es?
timetable	der Fahrplan (¨e)
tiring	anstrengend
to	zu (+ dat.)
today	heute
toe	der Zeh (-en)
tofu	der Tofu (no pl.)
tofu sausage	das Tofuwürstchen (-)
tomato	die Tomate (-n)
tomato juice	der Tomatensaft (¨e)
tomorrow	morgen
tongue	die Zunge (-n)
tooth	der Zahn (¨e)
toothpaste	die Zahnpasta (-pasten)
topic	das Thema (Themen)
totally	total
tour	die Tournee (-s/-n)
tourist information	das Verkehrsamt (¨er)
towel	das Handtuch (¨er)
tower block	das Hochhaus (¨er)
town	die Stadt (¨e)
town hall	das Rathaus (¨er)
traffic	der Verkehr
train	der Zug (¨e)
trainer	der Turnschuh (-e)
training	das Training (-s)
strength training	das Krafttraining (-s)
tram	die Straßenbahn (-en)
transport link, connection	die Verkehrsverbindung (-en)
public transport	die öffentlichen Verkehrsmittel (pl.)
to travel	reisen
travel agency	das Reisebüro (s)
travel guide	der Reiseführer (-)
traveller's cheque	der Reisescheck (-s)
trousers (pair of)	die Hose (-n)
true	wahr
to try on	an|probieren
to try out	aus|probieren
Tuesday	der Dienstag
to tweet	twittern
typical(ly)	typisch

U

ugly	hässlich
umbrella	der Regenschirm (-e)
uncle	der Onkel (-)
under	unter (+ acc. / + dat.)
underground (railway)	die U-Bahn (-en)
to understand	verstehen
unemployed	arbeitslos
university	die Universität (-en)
until	bis
up to now	bislang

urban	urban
urgent	dringend
useful	nützlich

V

vacation	der Urlaub (-e)
varied	abwechslungsreich
various	verschieden
vegan	vegan
vegetables	das Gemüse
vegetarian (person)	der Vegetarier (-) / die Vegetarierin (-nen)
vegetarian	vegetarisch
verb	das Verb (-en)
vest	das Unterhemd (-en)
village	das Dorf (¨er)
to visit	besuchen
vodka	der Wodka
voice	die Stimme (-n)
volunteering	die Freiwilligenarbeit (-en)

W

to wait	warten
waiter/waitress	der Kellner (-) / die Kellnerin (-nen)
to wake (s.o)	wecken
to wake up	wach werden
walk	der Spaziergang (¨e)
to want	wollen*
warm	warm
was (past tense of **sein**)	war
to wash	waschen*
washing machine	die Waschmaschine (-n)
to watch television	fern|sehen
water	das Wasser
we	wir
to wear	tragen*
weather	das Wetter
weather forecast	die Wettervorhersage (-n)
weather report	der Wetterbericht (-e)

Wednesday	der Mittwoch
week	die Woche (-n)
weekend	das Wochenende
weight	das Gewicht (-e)
were (past tense of **sein**)	waren
West	der Westen
in the West	im Westen
what?	was?
What is your name? (form.)	Wie ist Ihr Name?
when?	wann?
when(ever)	wenn (sends verb to end)
where?	wo?
where ... from?	woher?
where ... to?	wohin?
whether	ob (sends verb to end)
white	weiß
why?	warum?
widowed	verwitwet
wind	der Wind (-e)
windy	windig
winter	der Winter (-)
with	mit (+ dat.)
woman	die Frau (-en)
work	die Arbeit (-en)
to work	arbeiten
work experience	das Praktikum (...ka)
to write	schreiben*

Y

year	das Jahr (-e)
yellow	gelb
yes	ja
yoghurt	der/das/die Joghurt (-s)
you	Sie (formal), du (inform. sing.), ihr (inform. pl.)
young	jung
your	Ihr (form.), dein (inform. sing.), euer (inform. pl.)
youth hostel	die Jugendherberge (-n)